일 년 내내 여자의 문장만 읽기로 했다

일 년 내내 여자의 문장만 읽기로 했다
김이경 독서집

초판 1쇄 인쇄 2023년 5월 1일
초판 1쇄 발행 2023년 5월 15일

지은이	김이경
펴낸이	이영선
책임편집	김선정

편집	이일규 김선정 김문정 김종훈 이민재 김영아 이현정 차소영
디자인	김회량 위수연
독자본부	김일신 정혜영 김연수 김민수 박정래 손미경 김동욱

펴낸곳 서해문집 | 출판등록 1989년 3월 16일(제406-2005-000047호)
주소 경기도 파주시 광인사길 217(파주출판도시)
전화 (031)955-7470 | 팩스 (031)955-7469
홈페이지 www.booksea.co.kr | 이메일 shmj21@hanmail.net

ISBN 979-11-92988-12-2 03330

일 년 내내 여자의 문장만 읽기로 했다

김이경 독서집

서해문집

머리말

날마다 책을 읽고 쓴다. 그것이 내 일이다. 좋아해서 시작한 일
이고 나쁘지 않은 인생이다. 하지만 가끔은 내가 사는 게 아니
라 언어로 삶을 번역하는 것 같은 느낌에 몸이 차가워진다. 그
래도 그만둘 생각은 안 한다. 오히려 더 열심히 읽고 쓴다. 왜
그럴까.

"온갖 방법을 쓰며 누구나 온전해지기를 꿈꿔/ 자기와의 싸
움에서 이렇게 장기간 끌려/ 다니는 건 사람뿐일 거야."(안정옥,
〈내가 안정옥하고 불러줄 때가 있어〉 중에서)

우연히 본 시에서 나도 몰랐던 이유를 발견했다. 온전해지
고 싶어서 읽었구나, 비로소 알았다. 그토록 오래 그렇게 여러
번 실패했으면서도 나는 여전히 온전해지기를 꿈꾸고 있었다.
책은 그 꿈을 향한 '온갖 방법'의 하나였다.

그러나 책 속에 길이 있다고는 믿지 않는다. 길이 있다면 책을 읽는 사람들 속에 있겠지. 책이 보여주는 심란한 진실들을 묵묵히 감당하며 조금이라도 온전하게 살려 애쓰는 사람들이 길을 낸다. 그걸 알기에 오늘도 책을 읽는다.

글쓰기를 업으로 삼으면서부터 줄곧 책을 소개하는 칼럼을 연재했다.

책 읽기를 좋아하지만 독서가 일이 되면 얘기가 다르다. 읽는 재미를 마냥 누릴 수도 없고 책 자체가 싫어질 때도 있다. 그때마다 다시 동력을 부여하고 나를 책으로 이끈 것은 역시 책이었고, 책을 읽고 쓰는 사람들이었다.

주저앉으려는 나를 깨우치고, 새로운 눈으로 세상을 보게 하고, 상상도 못 한 세계를 열어젖힌 거인들이 있어, 나는 몸에 밴 비관을 넘어 다시 나아갈 수 있었다. 여기 실린 글은 모두 이 거인들의 문장에서 비롯한 것이다. 이 거인들은 모두—여성에서 남성으로 성전환한 트랜스젠더 벤 바레스를 제외하고는—여성이다. 나는 분야를 가리지 않고 여성이 쓴 책을 읽었다. 그동안 이어온 남성 편향의 독서를 바로잡기 위한 노력이자 여성인 나의 잠재력을 확인하고픈 열망 때문이었다. 처음엔 '고전 100선' 같은 권장 목록에 여성의 저작이 많지 않아서 금방 읽을 줄 알았는데 착각이었다. 놀라운 성취들이 어찌나 많은지,

책 제목은 "일 년 내내 여자의 문장만 읽기로 했다"이지만 사실은 일 년 넘게 읽었고 지금도 읽고 있다.

좋은 책이면 됐지 저자의 성별이 뭐가 중요하냐고 할지 모른다. 오랫동안 나도 그리 믿고 읽었다. 하지만 아무리 뛰어난 인간도 시대적·사회적 영향에서 자유로울 수는 없으니, 성차별에 근거한 사회에서 이를 뛰어넘는 혜안을 보여주는 책은 드물다. 편향을 극복하려면 편향된 독서가 필요하다. 편향임을 인정하고 편향의 가능성을 염두에 둘 때 비로소 균형으로 나아갈 수 있다.

작정하고 여성이 쓴 문장만 골라 읽으면서 나는 내 안의 남성 편향은 물론, 편향된 사회에서 알게 모르게 키워온 갖은 편견을 직시할 수 있었다. 기존의 위계적 인식론과는 전혀 다른 관점에서 세계를 보는 여성 저자들 덕분에 새로운 상상과 지식을 발견하고 편견을 넘어설 길을 찾을 수 있었다. 더불어 내가 읽은 많은 남성 작가 중에서 차별을 넘어선 비전을 그린 소수의 진짜 거인들을 재발견할 수 있었다. 여성이든 남성이든 거인들이 보여준 드넓은 세계를 마주하면 가슴이 뛴다. 한 권의 책을 읽고 가슴 뛰는 삶을 살게 됐다면 그것으로 독서의 보람은 충분하리라.

한 권의 책을 이루기까지 많은 이들의 도움이 있었다. 귀한

지면을 내어준《시사인》《한겨레21》《주간경향》《프레시안》에 감사한다. 덕분에 여기까지 올 수 있었다. 함께 공부하며 곁을 지켜준 글두레 독서회의 벗들에게도 고마움을 전한다. 정란 선배, 우주의 한 귀퉁이를 쓸다 가겠다는 말씀을 새깁니다. 30년 넘게 독서회를 지킨 선배 덕에 우리가 지금 여기 함께할 수 있네요. 고맙습니다. 나의 암중모색을 묵묵히 지켜보며 응원해준 옆지기와 벗들, 들쑥날쑥한 원고를 가지런히 묶어준 서해문집 여러 분들, 그리고 이 책을 읽는 당신에게 깊이 감사드린다. 비관을 부추기는 세상을 살면서도 끝내 지지 않은 사람들의 문장에서 부디 살아갈 힘을 얻기를, 진심으로 바란다.

머리말 • 4

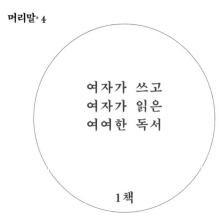

여자가 쓰고
여자가 읽은
여여한 독서

1 책

제1부 어디에나 있고, 아무 데도 머무르지 않는

제2부 여성이 제 삶의 진실을 말한다면

제4부　보이는 세계 너머를 볼 수 있다면

나를 단단하게
만든 여자의
문 장 들

2책

여자가 쓰고
여자가 읽은
여여한 독서

1책

○

어디에나
있고,
아무 데도
머무르지 않는

제1부

○

"왜 안 되겠어요?"

어슐러 르 귄,
《찾을 수 있다면 어떻게든 읽을 겁니다》
《남겨둘 시간이 없답니다》

일 년 전 이맘때 SF 판타지 작가 어슐러 르 귄의 산문집《찾을 수 있다면 어떻게든 읽을 겁니다》를 읽었다. 책장을 덮을 즈음 원고 청탁을 받았다. 오래 생각도 않고 "네, 쓰지요" 했다. 바로 며칠 전만 해도 독서 칼럼을 연재하는 일 같은 건 이제 정말 그만둬야지, 했는데. 갑작스런 변심은 순전히 르 귄의 책 때문이었다.

맘에 드는 책을 읽으면 가슴이 뛰고 세상이 장밋빛으로 보이는 경험, 다들 한 번쯤은 있을 것이다.《찾을 수 있다면 어떻게든 읽을 겁니다》를 읽었을 때 내가 바로 그랬다. 르 귄은 독자적인 환상 세계를 구축한 '어스시 시리즈', '헤인 우주 시리즈'로 유명한데, 그런 방대한 작품을 쓰는 와중에도 서평을 꾸준히 썼다는 걸 이 책을 읽고 알았다. 경이로운 생산력은 나를 주눅 들게 함과 동시에 자극했다. 열심히 써야지.

나를 더 자극한 건 그가 쓴 문장이었다. 책에는 2000년부터 2010년까지 쓴 강연 원고와 연설문, 에세이와 수십 편의 서평이 실려 있었다. 그러니까 그의 나이 일흔에서 여든 사이에 쓴 글들이었는데, 하나같이 재기발랄하고 유쾌하고 통쾌했다. 흔히 이런 문장엔 '젊다'는 수식어가 붙지만 그에겐 어울리지 않는 말이다. 왜냐면 그의 재치와 유머, 통쾌한 신랄함은 70년을 넘게 산 사람만이 가질 수 있는 과장 없는 통찰과 여유에서 나온 것이 분명하기 때문이다. 이만큼 오래, 이만큼 열심히 살았으면 이 정도 얘기는 할 수 있지, 하는 마땅한 자신감이 행간에 속속들이 스민 글. 그런 글을 읽자 나도 쓰고 싶어졌다.

읽는 사람은 줄고 자기를 읽어달라는 사람만 늘어나는 시대에 독서 칼럼을 쓰는 것이 무슨 소용일까 회의했는데, "사람들은 읽고 싶어 해요. 가끔은 모든 사람이 쓰고만 싶어 하는 것 같지만, 제 말 믿으세요. 더 많은 사람들은 읽고 싶어 해요"라는 문장에 안심했다. 듣도 보도 못한 책에 대한 그의 서평을 읽으면서, 책에 기대지 않고도 오롯이 존재하는 서평이 가능함을 보았다. 이런 글을 쓸 수 있다면. 그건 아주 큰 꿈이었지만, 불가능한 꿈처럼 사람을 자극하는 것은 없다. 그리고 달뜬 내게 마지막 쐐기를 박은 문장이 있었다.

(여성운동을 통해) 저는 여자들에게는 남자들에게는 없는 온전한 경험의 영역이 있고, 그런 글이 쓸 가치가 있고 읽을 가치가 있다는 걸 알게 됐어요. 그래서 버지니아 울프의 책을 찾아 제대로 읽었어요. 그 뒤로는 페미니스트들이 우리에게 준 모든 책, 다른 여자들이 수백 년 동안 써온 책들을 읽었지요. 여자들이 여자처럼 글을 쓸 수 있고, 남자와는 다른 이야기를 쓸 수 있다는 걸 알게 된 거죠. 왜 안 되겠어요?

그래, 왜 안 되겠어? 설령 잘 안 된다 해도 언제나처럼 자괴와 모욕을 감내하면 그뿐이고 거기서 배우면 그만이지. 나는 '여여한 독서'를 시작했다. 지금 보면 믿을 수 없을 만큼 당찬 마음으로. 그리고 일 년이 지났다. 팽팽하게 부풀었던 가슴은 한 편의 원고를 쓸 때마다 바람이 빠져 납작해졌다. 어슐러 르 귄처럼 거침없이 자유롭게 상상하고 대거리하고 말하겠다는 처음의 다짐은 어디 갔을까? 초심을 찾아 다시 어슐러 르 귄을 펼쳤다. 이번엔 그가 여든이 넘어서 쓴 《남겨둘 시간이 없답니다》로.

이 책은 블로그에 쓴 글을 모은 것인데 첫 페이지부터 웃음이 난다. 2010년 10월 여든 살에 블로그를 시작한 이유를 밝히면서, 처음엔 블로그란 말도 싫었다고, "콧구멍을 가로막은 장애물 이름" 같다고 한 걸 보고 한참 키득거렸다. 기발하면서도 정확하고 유머러스한 비유를 보는 즐거움이야말로 글을 읽는 재미다. 르 귄은 자신에게 영감을 주는 선배 작가 주제 사라마구의 블로그를 보고, "오! 나도 이렇게 해볼까?" 하고 블로그를 시작했단다. 주제 사라마구의 블로그는 못 봤지만 《눈먼 자들의 도시》 같은 그의 소설로 미루어 "계시"라는 르 귄의 평가가 과장이 아닐 건 분명했다. 역시나 대단한 사라마구! 르 귄은 그에게서 "자유로움"을 빌렸다는데, 할 수만 있다면 나도 두 대가의 자유로움을 몽땅 빌리고 싶다.

자유의 시작은 유머다. 르 귄의 유머는 세월과 함께 더 농익어서 읽자마자 웃음이 터져 나온다. 가령 이런 식이다.

"선의를 가득 담아 내게 말하는 사람들이 있다. '오, 선생님은 늙지 않으셨어요.' 교황더러 가톨릭교가 아니라고 하는 격이다." 하하하!

유머만이 아니다. 신랄한 현실 비판은 더 신랄해졌다.

"나는 어떻게 경제학자들이 성장을 끊임없이 주장할 수 있는지 의문을 던지려 한다. 성장이란 그럴싸한 비유의 일종이다. 아기라면 어른의 몸집만큼 성장할 것이고 이후엔 성장이 안정감 유지와 항상성, 균형 잡기로 바뀐다. 아기의 몸집이 끝없이 커진다면 머지않아 죽음을 초래하게 된다. (…) 모든 경제적 성장은 부자들만의 이익으로 남고 대부분의 사람들은 점점 더 가난해진다."

이게 너무 길다면 아주 짧은 문장도 있다.

"어른이 되는 것보다 어른 탓을 하는 편이 훨씬 쉬운 법이다."

르 귄의 문장을 읽다 보니 촌철살인은 노년의 문장이란 생각이 든다. 긴 세월을 살면서 겪은 배반과 수치, 의심, 분노와 좌절, 그럼에도 불구하고 여전히 미래를 그리는 사람이 가지는 회한 어린 희망이 바로 촌철살인의 짧은 문장을 낳는 건 아닐까.

매일 아침 눈뜨는 게 두려운 날들이 있다. 텅 빈 백지를 마주하는 공포의 시간도 있다. 그러나 산다. 삶이 언젠가 내게 촌철살인의 문장을 선물할 것이다. 살아남기만 한다면. 우리가 지치지 않고 끝내 서로를 믿고 살아내기만 한다면, 선물 같은 문장이 햇살처럼 쏟아지는 날이 오리라.

제인 에어, 길 위에 서다

샬럿 브론테,
《제인 에어》

열두어 살 무렵 《제인 에어》를 처음 읽었다. 아마 축약본이었을 텐데, 소설 줄거리도 기억 못 하는 걸 보면 딱히 감동을 받은 것 같지는 않다. 다만 한 가지는 또렷이 기억난다. 어린 제인이 고아원 비슷한 기숙학교에 가서 호밀빵(요즘 번역본엔 귀리빵)을 먹은 것. 소설에서는 퍽 불행한 일인 양 묘사했지만 나는 집을 떠나 아이들만 있는 기숙학교에 가고 생전 처음 보는 호밀빵이란 걸 먹는 제인이 부러웠다. 호밀빵이 뭔지는 몰라도—난 '호밀'이 외국어인 줄 알았다—어쩐지 부드럽고 특별한 맛이 나는 빵일 것 같았다. 나는 기숙사와 호밀빵에 대한 동경에 이끌려 내 생애 최초의 소설을 썼다. 작은 공책에 서너 장 쓰다가 말았지만 어쨌든 소설을 써본 건 처음이었다. 호밀빵에 대한 동경은 한참 뒤 진짜 호밀빵을 맛보면서 끝났다. 골판지 같은 빵이었다. 그걸로《제인 에어》와는 끝인 줄 알았다.

　수십 년 만에《제인 에어》를 다시 읽었다. 잘못 안 건 빵 맛만이 아니었다. 어려서 읽은 뒤론 여기저기서 들은 이야기로 그 소설을 안다고, 그저 그런 로맨스 소설이라 여겨 다시 보지 않았는데, 다시 읽은 소설은 내 생각과는 전혀 달랐다.《제인 에어》는 여성이 주인공인 드문 성장소설이었다. 열두어 살의 내가 그걸 읽고 글을 써보려 했던 것은 당연했다. 바로 그것이 《제인 에어》가 가진 힘이었다. 여자아이에게 독립을 꿈꾸게 하고, 다른 세상을 그리게 하고, 자기 이야기를 써볼 마음을 내게 하는 것.

　제인 에어는 부모도 없고 돈도 없고 예쁘지도 않다. 성격이 좋으냐면 그것도 아니다. 애교는 부릴 줄도 몰랐고 불뚝성마저 있었다. 여성이 살아가려면 사랑이나 적어도 동정이라도 받아야 하는 세상에서 그는 결격의 존재였다. 주위 사람들은 고분고분하게 굴라고 나무라지만 그는 말을 듣지 않는다. 제가 옳다고 믿기도 했지만 그보다 불같은 성정과 그걸 제어할 줄 모르는 치기 때문에. 자신을 옥박지르는 사람들에 대한 원망 때문에.

　분노를 터뜨리고 잠시 만족했다가 이내 후회와 불안을 곱씹는 그의 모습은 얼마나 익숙한가. 주위의 비난을 부당하다고 생각하면서도 그 시선을 떨치지 못한 채 자기연민과 자기혐오에 시달리는 그의 모습에서 나는 아직 젊던 나를 본다. 이제는 나이 들어 전처럼 격분하지 않는 나, 지혜로워져서가 아니라 비난의 시선에 길들여진 나를 본다.

돌이켜보면 나는 두려웠다. 어린 제인처럼. 붉은 방에 갇힌 그는 거울에 비친 유령을 본다. 어둠 속에 하얗게 질린 도깨비 같은 작은 유령. 세상이 원하는 착한 여자애가 되지 못하면 황야의 골짜기를 떠도는 괴물이 될 거란 두려움은 그렇게 모습을 드러낸다.

그러나 두려움에 발목 잡힌 나와 달리, 두려움은 제인을 막지 못한다. 찬바람 부는 바깥세상을 바라보며 "앞으로 어찌해야 하나?" 걱정하면서도 그는 집안에서 냉대를 견디는 대신, 차디찬 세상으로 나아가기를 선택한다. 가난의 무서움과 세상의 냉혹함을 알면서도 그는 낭만적 환상이 아니라 계몽된 이상에 이끌려 길을 떠난다. 제인 에어는 세상이 요구하는 복종과 정체를 거부하고 자신의 주인, 자신의 정체를 찾아 나선다. 온전한 평화를 누릴 수 있는 자신의 집을 찾아 떠난다. 자아의 독립, 평등한 관계라는 이상을 푯대 삼아 순례의 길에 오른다.

게이츠헤드―'문'이라는 상징을 담은―의 끔찍했던 친척집을 나선 제인이 처음 이른 곳은 로우드다. 저지대 숲을 의미하는 그곳에서 그는 지혜롭고 차분하며 너그러운 템플 선생과 헬렌을 만난다. 교사이자 어머니, 언니이며 친구인 두 여성은 한동안 제인의 이상적 자아가 된다. 그는 이들과 달리 무모하리만큼 이상적이고 반항적인 자신의 내면을 깨닫고 인정한다. 그리고 이들을 통해 내면의 불길을 감추고 얼음장 같은 세상에서 차갑게 관조하는 법을 배운다. 자매애에 힘입어 자신의 다름을 자랑도 혐오도 없이 받아들인 그는 이제 새로운 관계의 꿈을 향해 나아간다.

이윽고 닿은 곳은 손필드. 가시덤불을 뜻하는 손필드에서 제인은 자신이 꿈꾸던 평등의 이상을 실현할 상대를 만난다. 지체 높고 돈 많고 나이도 스무 살이나 많은 로체스터가 그 상대다. 로체스터는 세상의 편견을 넘어 제인을 바라보고, 상처 입은 두 영혼은 서로를 인정하고 사랑한다. 하지만 둘이 결혼으로 이어지려는 순간, 다락방에 감금된 미친 아내 버사의 존재가 드러나고 제인은 다시 길 위에 선다.

괴물 같은 버사는 사랑의 장애물처럼 보이지만, 샌드라 길버트와 수전 구바가 유명한 비평서《다락방의 미친 여자》에서 탁월하게 그려냈듯, 그는 제인의 또 다른 자아다. 버사는 자신을 집안의 천사로 만들려 했던 남편과 오빠를 공격하고, 결혼을 앞두고 자신을 잃을까 두려워하는 제인을 대신해 면사포를 찢는다. 덕분에 제인은 가시덤불에 갇히지 않고 자신을 찾는 순례를 계속한다.

죽음을 무릅쓴 순례의 끝에서 제인은 마침내 자아의 독립을 이루고 "나의 주인은 나 자신"이라고 천명한다. 그리고 두 눈이 멀고서야 제인 에어라는 사람을 있는 그대로 보게 된 로체스터는, 당찬 연인과의 평등한 관계를 통해 한쪽 눈을 뜨게 된다. 세상은 사랑을 하면 눈이 먼다고들 하는데, 샬럿 브론테는 로체스터의 에피소드를 통해 편견에 멀어버린 눈을 뜨게 하는 것이야말로 참사랑이라 말하는 듯하다.

소설의 결말은 전형적인 로맨스물의 해피엔딩과는 사뭇 다르다. 둘의 사랑은 이루어지지만 거기엔 상처와 상실이 따른다. 현실의 가혹함을 알았던 브론테의 비관적 시선이 엿보이는 대목이다. 하지만 상처로 가득하다 해도《제인 에어》는 두 사람의 결합을 그린 해피엔딩으로 끝난다. 샬럿 브론테가 쓴 네 작품―《교수》《제인 에어》《셜리》《빌레트》― 중 유일한 해피엔딩이다. 이러한 결말이 서른을 갓 넘긴 브론테가 아직 사랑의 힘을 믿은 증거인지, 아니면 첫 소설의 실패를 되풀이하기 싫어 사랑의 환상을 남겨둔 타협적 결말로 끝낸 것인지는 알수 없다. 다만 분명한 것은 6년 뒤에 발표한 마지막 작품《빌레트》가 보여주듯, 그에게 중요한 것은 로맨스가 아니라 삶이라는 사실이다. 브론테가 남긴 모든 작품은, 삶을 함께 감당할 사랑을 꿈꾸지만 그 사랑보다 먼저 자신의 삶을 스스로 감당하려 애쓰는 사람의 고독과 위엄을 보여준다.

두려움과 환상에 발목 잡혔던 한 생애가 저물어가는 나이에

《제인 에어》를 읽으며 늦은 꿈을 꾼다. 너무 이르지도 너무 늦지도 않게 이 소설을 읽었더라면 나의 사랑도 삶도 달라졌을까. 아니, 제인 에어라면 이런 뒤늦은 후회 대신 짐을 꾸렸으리라. 아직 남은 아침을 향해 다시 길을 떠났으리라.

불만에 찬 비관론자에게도
행복은 가능하다

비스와바 쉼보르스카,
《충분하다》
《읽거나 말거나》

갈수록 바라는 게 적어진다. 호되게 앓고 나선 아프지만 않으면 되었다 싶고, 지독한 폭염에 시달린 뒤엔 선선한 바람 한 줄기면 더 바랄 게 없다. 무사히 살아 있어서 감사한 마음. 누구는 그걸 행복이라 하지만 글쎄, 더 나빠질지도 모른다는 불안 속에서 잠시 느끼는 안도감을 행복이라 할 수 있을까. 고약한 시절 탓에 범사에 감사하는 처지긴 하지만 그렇다고 살아남음이 곧 행복이라 말하고 싶지는 않다. 행운이라면 몰라도.

그럼 대체 행복이 무엇이냐고? 말로는 설명할 수 없지만 보여줄 수는 있다. 현실의 불행에 눈 감지 않으면서도 행복하게 살 수 있음을 온몸으로 보여준 시인이 있고, 그 시인이 마지막으로 남긴 아름다운 유언이 있으니까. 오랫동안 나는 행복을 믿지도 바라지도 않았으나 비스와바 쉼보르스카의 유고 시집

《충분하다》를 읽으며 비로소 믿게 되었다. 불만에 찬 비관론자에게도 행복은 가능하다는 것을.

비스와바 쉼보르스카는 1996년 노벨문학상을 받은 폴란드 시인이다. 한국에는 2007년 폴란드어 번역자 최성은이 엮어 옮긴 시선집 《끝과 시작》을 통해 본격적으로 알려졌다. 책에 실린 170편의 시를 통해 나는 한 편의 시가 단순명료하면서도 의미심장할 수 있음을 알았고, 쉼보르스카는 내가 가장 사랑하는 시인이 되었다. 시 강연을 할 때마다 나는 그가 노벨문학상 수상 연설에서 한 말을 인용한다.

진정한 시인이라면 자기 자신을 향해 끊임없이 '나는 모르겠어'를 되풀이해야 합니다. 시인은 자신의 모든 작품들을 통해 이 질문에 대답하기 위해 끊임없이 노력하는 사람입니다. 시인은 자신이 쓴 작품에 마침표를 찍을 때마다 또다시 망설이고, 흔들리는 과정을 되풀이합니다.[*]

이런 말을 하는 사람을 어찌 좋아하지 않을 수 있으랴. 말만이 아니다. 스페인의 문학 전문기자 사비 아옌이 쓴 인터뷰 책

---

[*] 오르한 파묵 외, 《아버지의 여행가방: 노벨문학상 수상 연설집》, 이영구 외 옮김, 문학동네, 2009.

《16인의 반란자들》에는 여든셋 나이에 "짓궂은 계집애"처럼 웃는 그의 사진이 실려 있는데 그 모습에도 반했다. 그 나이에 그처럼 질문으로 반짝이는 눈을 가질 수 있다니. 어떻게 살면 그럴 수 있을까? 어떻게 살아야 하나요? 그의 시를 보면 이런 질문을 한 사람이 또 있었던 모양이다.

"어떻게 살아야 할까요?" 누군가 내게 편지로 물었다.
이것은 내가 다른 이들에게 묻고 싶었던
바로 그 질문이었다.

또다시, 늘 그래왔던 것처럼,
앞에서 내내 말했듯이,
이 순진하기 짝이 없는 질문보다
더 절박한 질문은 없다.
－〈20세기의 마지막 문턱에서〉(부분 인용)[*]

시가 보여주듯, 쉼보르스카는 세계적으로 유명한 원로 시인이 되어서도 "순진하기 짝이 없는 질문"을 놓치지 않았다. 그

---

* 비스와바 쉼보르스카, 《끝과 시작》, 최성은 옮김, 문학과지성사, 2016(개정판).

런 자세로 여든아홉 생을 '충분하다' 한마디로 갈음할 만큼 충만한 삶을 살았다. 하지만 근거 없는 낙관에 의지하거나 익숙한 희망을 설파한 적은 한 번도 없었다. 인간을 선악으로 나눠 정의하지도 않았다. 《충분하다》에 실린 〈손〉이란 시에서 그는, 인간은 《곰돌이 푸의 오두막》을 쓰는 손으로 《나의 투쟁》을 쓰기도 하는 이중적 존재라고 말한다. 그럼에도 인류에겐 희망이 있으니, 쓰레기더미에서 찾은 비둘기장을 "새장이 텅 빈 채로/ 남아 있게 하기 위해" 집으로 들고 가는 사람이 있어서라고 믿었다(〈얼마 전부터 내가 주시하는 누군가에 대하여〉).

그는 늘 이런 시선으로 세상을 보았다. 선에서 악을, 빛에서 그늘을, 아주 작은 미생물에서 가장 큰 우주를 보았고, 자신이 본 것에 경탄했으되 과장하지 않았다. "누구나 고통을 겪는다"는 사실을 알았으나 그래서 고통을 함께 나눌 수 있다고 낙관하지는 않았다. 누구나 "자신만의/ 나눌 수 없는 방식으로" 고통스럽고, 사람이란 그렇게 닮은 듯 다르고 함께하되 고독한 존재라는 걸 알았으므로.

사랑하는 이를 잃는 사별의 아픔에 대해서조차 그는, "단지 우리 스스로 받아들이기 힘들어할 뿐" "그것은 진부하기 짝이 없는 현실"이고 "자연스러운 귀결"이라고 담담히 일깨웠다. 남달리 냉정하거나 대단한 깨달음을 자부해서가 아니라, 그 어떤 말도 슬픔을 위로하기엔 모자람을 알기에 그는 다만 이렇게 말했다. "그러나 아주 이따금/ 자연이 작은 호의를 베풀 때도 있으니/ 세상을 떠난 가까운 이들이/ 우리의 꿈속에 찾아"온다고 (〈누구에게나 언젠가는〉).

"세상의 거대함과 자신의 무력함에 공포를 느낀다"라고 고백했던 쉼보르스카. 그는 "책을 사기 위해 서점에 갔지만 일단 지갑에 돈이 얼마나 남았는지 확인해봐야 하는 평범한 사람들"을 생각하며 시를 썼다. 일상의 사소한 일들을 난해한 은유 대신 쉽고 담백한 말로 그린 시는 그렇게 탄생했다. 그 말들이 이룬 엄정하면서도 경이로운 세계를 보노라면 깨닫게 된다. 익숙하다 못해 지겹기까지 한 일상이 얼마나 특별한 것인지.

시시한 일상을 특별하게 만드는 쉼보르스카의 능력은 시뿐 아니라 서평집 《읽거나 말거나》를 통해서도 확인할 수 있다. 솔직히 나는 이 책을 오랫동안 외면했더랬다. 몇 해 전 책을 선물 받았는데 몇 쪽 훑어보다가 그냥 덮었다. 소개하는 책들은 낯설고 내용 또한 내가 알던 서평과는 너무 달라서 뜨악했다. 역시 시인은 시를 써야 해, 아마 그랬던 것 같다. 코로나19로 도서관이 문을 닫는 바람에 집에 있는 묵은 책들을 들춰보지 않았다면 내가 뭘 놓쳤는지 끝내 몰랐으리라.

《읽거나 말거나》는 쉼보르스카가 1967년부터 2002년까지 잡지와 신문에 연재한 562편의 서평 중 137편을 모은 책이다.

연재한 매체는 몇 번 바뀌었지만 코너 제목은 한결같이 '비(非) 필독도서'였다. 꼭 읽어보라고 권하는 대개의 서평과 달리, 그는 《아파트 도배하기》《포옹 소백과》《스리 테너의 사생활》 등 읽거나 말거나 상관없는 온갖 책에 대해 짧은 독후감을 썼다. 심지어는 매일 한 장씩 뜯어내는 '일력'에 대해서도 썼다. "터무니없는 졸저임에도 불멸을 지속하는 책들"이 많은 데 반해, "달력은 우리보다 더 오래 존재를 지속하려 들지 않는 유일한 책"이라면서.

읽지 않아도 괜찮은 책에 대해서만 쓴 건 아니다. 개중에는 많은 지식인들이 필독서로 꼽는 《서로마제국 쇠망사》《총 균 쇠》《사랑의 기술》 같은 고전도 있다. 하지만 그 책들이 얼마나 대단한지 역설하거나 꼭 읽으라고 추천하는 법은 없다. 어떤 책을 다루든 그는 자기만의 방식으로 읽고 느끼고 평한다.

유익한 정보를 얻을 수 있는 지적인 책은 물론이고 그렇지 않은 시시한 책들도 얼마든지 고를 수 있으며, 결국에는 거기서도 뭔가를 배우게 된다. 모든 것은 자신에게 달려 있다.

그에게 반드시 읽어야 하는 책은 없다. 읽거나 말거나 상관 없는 많은 책이 있고, 그중 마음에 드는 책과 안 드는 책이 있을 뿐. 그는 이 책들에 대해 읽거나 말거나 상관없다는 태도로 쓴다. 나도 그러고 싶지만 어려서부터 '필독 권장 추천 도서'에 길들여진 탓인지 번번이 세상 눈치를 보고 만다. 그래서 궁금하지도 않은데 읽거나 읽지 못한 걸 창피해하며 교만과 수치 사이에서 전전긍긍한다. 세상에 만연한 '맨스플레인(mansplain)'에서 초연하기란 참 쉽지 않다.

무엇보다 그의 서평은 솔직하다. 그는 좋으면 좋다, 형편없으면 형편없다고 쓴다. 이 책을 사느니 차라리 감자 요리법 책을 사는 게 낫다고 쓴다. 요즘 대세인 주례사 비평과는 전혀 다르다. 더욱 놀라운 건, 좋다고 숭배하지도 않고 형편없다고 무시하지도 않는 태도다. 책에 대해 신랄하게 혹평을 쏟아내는 이들은 종종 있다. 그들은 대개 분통을 터뜨린다. 쉼보르스카는 아니다. 한심한 책을 쓰거나 만들었단 이유로 한심한 인간이라고 비웃지 않는다. 인간의 한계를 알기 때문이고, 비분강개하기보다 가볍게 웃어넘기는 쪽이 삶에 도움이 된다는 걸 아는 까닭이다.

표도르 도스토옙스키보다 찰스 디킨스가 좋다고 했던 그는 뭉뚱그린 인류보다 낱낱의 사람을 좋아하고, 유머를 사랑한다. 그러니 이 책이 자서전·회고록·평전·일기·편지 같은 사람 사는 이야기로 가득하고, 읽는 내내 미소와 폭소를 부르는 것은 당연하다. 시도 때도 없이 울리는 긴급재난 문자에 한숨 짓던 코로나 시국에서 나는 이 책 덕분에 몇 번이나 바닥을 구르며 웃었다. 혹시 당신도 웃고 싶다면 159쪽의《모두를 위한 하타 요가》를 추천한다. 아뿔싸, 또 추천을!

"여기 내가 있다,
내가 있어야만 하는 곳에"

카렌 블릭센,
《아웃 오브 아프리카》

여행을 즐기는 편이 아닌데 요즘은 떠나고 싶다. 여기 말고 다
른 어디로 가고 싶다. 코로나 탓이라 해두자. 어쩌면 서둘러 봄
을 타는지도. 아무튼 새들도 세상을 뜨는데 나는 그럴 수 없으
니 텔레비전으로 대신한다. 직접 가도 보기 힘든 세계 곳곳의
비경에 감탄한다. 하지만 그때뿐, 때깔 고운 화면으론 성이 안
찬다. 마음 깊이 다른 세상의 기운을 불어넣어 줄 이야기가 그
립다. 여행의 욕구를 부추기는 멋진 이야기가 아니라 마음자리
를 통째로 옮겨놓는 전혀 다른 이야기가 필요하다.

　카렌 블릭센의 《아웃 오브 아프리카》는 오래전 동명의 영화
를 봤을 때부터 독서 목록에 올려둔 책이다. 하지만 아프리카
를 식민화한 유럽 백인의 시선으로 아프리카를 읽는 게 내키지
않아 차일피일 미뤘다. 한데 이즈음 그 책이 자꾸 떠올랐다. 망

설이다 그가 이자크 디네센이란 필명으로 쓴 소설집《바베트의 만찬》을 먼저 읽었다. 작가의 자질을 떠본 셈인데, 읽어보니 결례도 그런 결례가 없었다.

다섯 편의 중단편이 실린《바베트의 만찬》은 그가 얼마나 유려한 이야기꾼이며 얼마나 진지한 예술가인지 보여준다. 예술이란 무엇이고 무엇일 수 있는지 깊이 천착한 소설을 읽는 동안, 나는 자작나무 숲을 떠도는 여행자가 된 것 같았다. 이런 소설을 쓰는 작가의 글이라면 무엇이든 읽고 싶었다.

덴마크에서 나고 자란 카렌 블릭센은 1913년 남편과 케냐로 이주해 커피 농장을 차렸다. 이혼하고 홀로 농장을 경영하던 그는 1931년 사랑하는 사람과 농장을 모두 잃은 뒤 고국으로 돌아갔고 본격적으로 글을 쓰기 시작했다. 첫 작품집《일곱 개의 고딕 소설》부터 작가로서의 역량을 인정받은 그는, 1937년 17년간의 아프리카 생활을 그린 회고록《아웃 오브 아프리카》를 출간했다. 생생하면서도 담백하고 비극적이면서도 유머가 번뜩이는 그의 문장은 두 차례 노벨문학상 후보에 오를 만큼 높은 평가를 받았다. 함께 후보에 올랐던 헤밍웨이는 수상 소감에서, 이 상은 그가 받아야 한다고 했다. 헤밍웨이는 쓸데없는 수사를 쓰는 법이 없다.

《아웃 오브 아프리카》는 "말을 타고, 총을 쏘고, 진실을 말하다"라는 제사(題詞)로 시작한다. 처음엔 감감했다. 하지만 긴 독서 끝에 다시 이 문장을 마주하자 쉼표마다 가슴 죄는 설렘과 회한이 느껴진다. 아득하다. 어쩌면 삶이란, 아주 잘 살아낸 삶이란, 이 한 줄로 가름할 수 있는 것인지 모른다. 나는 아직 삶을 다 살지도, 제대로 살지도 못했기에 이것은 그저 추측일 뿐이지만 그럼에도 이런 생각이 든다.

책의 첫머리에서 블릭센은 케냐의 은공 고원에 자리한 농장 풍경을 짧게 묘사한 뒤 이렇게 말한다.

"여기 내가 있다. 내가 있어야만 하는 곳에."

어떤 장소에 대해 나는 이런 확신을 가진 적이 없다. 아프리카가 아니라 세상 그 어느 천국 같은 곳이라 해도 나는 이런 마음에 이르지 못할 것이다. 그것은 아름다운 천혜의 장소가 주는 선물이 아니라 내부에서 비롯한 확신이므로. 자신이 만난 모든 존재를 인정하는 편견 없는 마음에서 비롯한 확신.

여행기라 생각하고 읽기 시작했는데 어느새 나는 거기서 인생의 나침반을 보고 있었다. 책에는 수많은 죽음과 상실이 적혀 있지만 그걸 쓴 문장에 슬픔이나 아픔이란 말은 나오지 않는다. 남편에게서 매독이란 병을 얻고, 사랑하는 이를 사고로 잃고, 공들여 일군 농장이 가뭄과 메뚜기떼의 습격으로 무너지고, 끝내 운명이라 여겼던 땅에서마저 떠나야 했던 사람이 그 모든 시간을 슬픔이 아닌 말들로 회고한다. 책을 읽기 전엔 이런 일이 가능하리라 생각지 못했다. 그러나 이젠 이런 힘이 사람에게 있음을 믿는다. 카렌 블릭센이 증거이니, 그 사람됨을 보여주는 일화가 있다.

어느 해에 오두막 여러 채가 무너질 만큼 큰 지진이 일어났다. 첫 번째 진동이 일어났을 때 카렌은 표범이 지붕에 올라갔다고 생각한다. 두 번째 진동에 "나는 죽는구나" 했던 그는 뒤늦게 지진임을 깨닫는다. 세 번째 진동이 찾아온다. 그는 평생 맛보지 못한 "압도적인 기쁨"을 느낀다. 그리고 천체의 운동법칙을 발견하고 황홀경을 느꼈던 케플러를 떠올린다.

> 케플러와 내가 느낀 엄청난 환희는 움직일 수 없는 줄 알았던 물체가 스스로 움직일 수 있는 힘을 지녔음을 깨달은 데서 비롯되었다. 죽은 흙덩어리에 불과한 줄 알았던 지구가 내 발 아래서 떨치고 일어나 기지개를 켠 것이다. 그건 자연이 보낸 작은 제스처였지만 무한한 중요성을 지니고 있었다. 자연은 한바탕 웃음으로 외쳤다. '그래도 지구는 돈다.'

삶을 뒤흔드는 지진 앞에서 자기 존재가 아닌 자연의 필연을 떠올리는 담대한 시선. 그는 이 시선으로 자신의 불행을 바라본다. 연이은 상실에 무너질 것 같은 순간, 그도 많은 이들이 그랬듯 불행의 의미를 묻는다. 왜 이런 일이 일어났는지, 자신이 무얼 잘못했는지. 그리고 그는 답을 얻는다.

응답은 이러했다. 어느 날 그의 눈앞에서 사건이 벌어진다. 카멜레온을 발견한 수탉이 순식간에 카멜레온의 혀를 쪼아 먹은 것이다. 그는 혀를 잃은 카멜레온을 돌로 내리친다. 카멜레온은 혀 없이는 살 수 없기에. 그리고 며칠간 자신이 겪은 충격적인 사건의 의미를 헤아리던 그는 마침내 깨닫는다. '신은 자신보다 더 자신의 존엄을 지켜주었으며 진실을 알려달라는 탄원에 큰 웃음으로 답했다'는 것을. 비로소 그는 카멜레온을 고통 속에 서서히 죽지 않도록 해줄 수 있어 너무나 기뻤다고 말한다.

《아웃 오브 아프리카》는 가혹한 생사의 필연조차 웃으며 받아들이는 삶이 가능함을 보여준다. 모든 것을 잃은 사람이 보여주는 이 진경, 내가 다시 봄꿈을 꾸는 이유다.

손맛, 글맛, 그래
이 맛이야!

김서령,
《여자전》
《외로운 사람끼리 배추적을 먹었다》

엄마에 대해 쓴 글을 보고 내가 효성스럽고 모녀 사이가 퍽 살 가운 줄 오해하는 이들이 있다. 그러면 얼마나 좋으랴마는, 아 마 그럼 글을 쓰지도 않았으리라. 대개 글이란 마음에 남은 앙 금을 어쩌지 못해 쓰는 것이니까. 사실을 말하자면 나는 종종 불뚝성을 내고 늙은 엄마를 돌보는 일에 싫증을 낸다. 올여름 에도 그랬다. 그래서 도망치듯 피서를 갔는데 바닷가 책방에서 김서령의 문장을 만났다. 이글거리던 마음이 지극한 문장 앞에 서 한순간에 잦아들었다.

김서령의 유작 《외로운 사람끼리 배추적을 먹었다》는 《여 자전》에 이어 두 번째로 만난 그의 책이다. 일곱 명의 여성을 인터뷰한 《여자전》을 읽고 반해서 엄마에게 권했더니, 엄마는 한 번 읽고 두 번 읽고 시도 때도 없이 읽었다. 당신과 엇비슷한 동년배 친구들 이야기라 공감의 깊이가 남다른 듯했다.

엄마의 취미는 노래 부르기다. 일주일에 두 군데 노래교실에 다녔다. 하지만 코로나19로 노래교실이 문을 닫으면서 엄마의 취미 생활은 막을 내렸다. 심심해하는 엄마에게 큰글씨책을 갖다 드렸다. 혼자 노는 데는 책만 한 것이 없으니까. 하나둘 목록이 늘었다. 그즈음 엄마 또래 여성들이 자신의 놀라운 인생사를 들려주는 《여자전》을 울면서 읽고 밑줄을 치면서 읽고는 엄마에게 주었다. 눈이 좀 아프겠지만 쉬엄쉬엄 읽어보라고. 그다음에 만났을 때 엄마가 쑥스러운 듯 말했다.

"네가 준 책을 읽다가 나 혼자 막 웃었다. 아이고, 책을 보다가 큰 소리로 웃었어, 나 혼자."

"엄마도 그랬어? 나도 그랬어! 난 막 울었어."

"너도 그랬어?"

나는 엄마에게 도서관에서 책 보다가 큰 소리로 웃거나 훌쩍이는 사람들이 종종 있다고 했다. 엄마는 웃었다. 엄마는 그 책을 다섯 번도 넘게 읽었다. 처음 읽었을 땐 웃음이 났는데 두 번 세 번 읽으니까 다르다면서 잠시 먼 데를 봤다. 그 여자들은 정말 대단하다, 똑똑한 여자들이야 하고 눈을 반짝였다. 당신이 겪은 식민과 전쟁, 분단과 독재와 가부장의 지독한 세월을 당차게 살아낸 여자들, 당신보다 더 신산한 삶을 살아야 했던,

하지만 끝내 포기하지 않은 '아주 똑똑한 여자들'에 대해 이야기했다.

동상으로 발가락을 다 잃고도 빼어난 수완으로 식구들과 가난한 이웃까지 거둬 살린 빨치산 고계연, 월북한 남편을 기다리며 자식도 없이 평생 시집살이를 한 안동 종부 김후웅, 창문 너머로 춤을 배워 '선무'를 창시한 춤꾼 이옥선…… 집안도 학력도 성격도 다 다르지만 '같은 시대 같은 나라 같은 젠더로 태어난', 그래서 비슷한 운명으로 엄마의 벗이 되어준 그들에 대해 이야기하다 문득 깨달았다. 지금 내 앞에 한 역사가 있는데 나는 그걸 읽지 않았구나. 나는 물었다.

"엄마는 왜 어려서부터 돈을 벌었어? 할아버지는?"

"그야 할아버지가 책만 보다가 돌아가셔서……."

수없이 들었으나 한 번도 귀담아 듣지 않았던 이야기를, 엄마가 눈을 반짝이며 말했다. '한 여자가 한 세상'이고 한 세상 건너는 일이 역사임을, 나는 무지개 같은 일곱 삶에 또 한 삶을 읽으며 배웠다.

'시절 인연'이란 말이 있다. 《외로운 사람끼리 배추적을 먹었다》가 그렇다. 전에도 보긴 했으나 음식에 관한 책이라 관심을 주지 않았다. 어디서 무엇을 하든 맛집부터 챙기고 게걸스럽게 먹는 걸 보여주는 세태에 싫증이 나서 언젠가부터 나는 음식이야기라면 멀리해왔다. '조선 엄마의 레시피'란 부제를 단 김서령의 이 책도 그래서 읽을 마음이 없었다. 한데 엄마 생각이 나서 책을 집어 들고 앞에 실린 '먼저 한 꼭지'를 몇 줄 읽는 순간 아이고! 기세등등했던 뜨거움이 식으며 저문 숲길을 걷듯 온몸과 마음이 순식간에 차분해지고 아련해지더니 모든 것이, 이리저리 따지고 헤집던 모든 궁리가 다 아스라해지고 고즈넉해지며 순해지는 것이었다. 그렇다. 마음이 순해졌다. 그렇게 펄펄 뛰며 사납던 마음이 단박에 순하게 가라앉았다. 단 몇 줄의 문장에!

《여자전》에서도 느꼈지만 이번 책을 읽으며 절감했다. 김서령은 글을 잘 쓴다. 잘 쓴 글이란 여러 가지다. 기막힌 이야기로 가슴을 울리는 글, 감은 눈을 뜨게 하는 밝은 글, 새로운 실천을 다짐하게 하는 당찬 글, 모두 잘 쓴 글이다. 한데 김서령의 글은 이와는 다른 의미에서 잘 쓴 글이다. 낱말 하나하나가 제 존재 이유를 보여주는, 더도 덜도 없는 한가위 달처럼 아름다운 글이니 플롯도 스토리도 다 떠나 그저 문장 자체로 글 읽는 재미와 맛과 멋을 느끼게 한다. 우리가 만날 쓰는 언어가 왜 때로 예술이 되는지 보여주는 글이다. 만날 먹는 밥이 때로 위장보다 심장을 두드려서 군침이 돌기보다 그리움이 돋고 눈물마저 맺히게 하는 이치와 같이, 그의 글은 눈이 아니라 마음을 뜨게 하고 잊었던 먼 시간을 돌이키게 한다. 언어가 참 힘이 세구나, 느끼게 한다.

　이런 글을 쓰려면 아무래도 타고난 재능이 있어야 할 성싶다. 발문을 쓴 김성희 기자의 말처럼, "그리 여겨야 그의 글에 대한, 시새움에 가까운 경탄이 정리가 된다." 하지만 재능은 일부일 뿐. 타고난 재주로 시작은 했으나 이후를 감당하지 못하는 사람이 좀 많은가. 약력을 보니 김서령은 잡지《샘이 깊은 물》에서 인터뷰 기사를 썼다고 한다. 몇 해 전 나는《뿌리 깊은 나무》와《샘이 깊은 물》을 만든 한창기 선생(그가 이룬 것을 생각하면 절로 선생이라 부르게 된다)에 관한 책《특집! 한창기》를 읽고 한글 문장의 지극함을 실감한 적이 있다. 책에는 그와 인연을 맺은 이들의 추억담이 실려 있었는데, 여러 글이 감동을 주었지만 특히《샘이 깊은 물》의 편집주간 설호정이 쓴 한창기 부고 기사를 읽으며 토씨 하나 버릴 게 없는 문장 앞에서 오래 숙연했다. 하염없는 슬픔을 꾹꾹 눌러 담은 최소의 언어들. 과연 나는 언제나 이런 문장을 쓸 수 있을까, 아득했다.

　그런데 김서령이 바로 그 잡지에서 글을 썼다니, 고개가 끄덕여졌다. 문재(文才)는 개인의 몫이지만 그가 이루는 문장의 깊이와 넓이는 한 시대의 몫이기도 함을, 나는 이들의 문장을 읽으며 절감했다. 안타까운 것은 이런 문장도, 이런 문장을 가능케 한一김서령 식으로 말하면 "하염없는 정성을 최대 가치로 삼는"一시대도 지고 있다는 사실이다. 아마 젊은 세대는 내가 안타까이 목을 매는 이 문장의 아름다움을 나처럼 절감하진 않을지도 모른다. 부뚜막에 집장 항아리를 모셔둔 엄마를 우습게 여기며 차라리 그 시간에 읍내에 나가 영화 한 편이라도 보는 엄마이기를 바랐던 젊은 날의 김서령처럼. 나 또한 제대로 된 음식 맛에 목을 매는 엄마가 성가셔서 타박해놓고 이내 엄마가 담가준 된장에 고추를 찍어 먹으며 이 장맛을 언제까지 볼 수 있을까 벌써 그리워하는 판이다.

손맛도 문장 맛도 내지 못한 채 나는 속절없이 나이만 먹는다. 봄볕 속에 쑥을 뜯으며 그 노릇만으로도 "인생은 응분의 위엄을 획득"했다고, "나는 더 자유롭고 강력해졌다"고 당당히 선언하는 김서령의 마지막 경지는 꿈도 못 꾼다. 이쯤 되면 호박처럼 묵묵히 늙어야 하련만 마음은 아직도 늙을 줄을 몰라서 김서령의 묵은 문장을 베끼며 조금이라도 닮고 싶고, 무딘 손끝이지만 엄마의 묵은 장맛을 조금이라도 배워 익히고 싶다. 그렇게라도 나란 사람을 키운 여자들의 지극한 전통을 내 곁에 가까이 두고 싶다. 그렇게라도 이 사람들을 내내 살게 하고 싶다. 이렇게 하고 싶은 게 많으니 먹고 싶은 것도 많을 수밖에!

끝내 지지 않고
새로운 역사를 쓰다

유미리, 《도쿄 우에노 스테이션》
캐시 박 홍, 《마이너 필링스》

책은 좋아하지만 소장에는 별 뜻이 없다. 5년, 10년에 한 번씩 책을 솎아낸다. 사인북도 예외는 아니다. 딱 한 권만 빼고. 읽지도 않은, 아니 읽지도 못하는 책을 오로지 작가 서명 때문에 간직하고 있다. 유미리의 《골드러시》 일본어판이다. 면지 가득 붓으로 이름을 썼는데, 서예나 필적학엔 조예가 없지만 글씨를 보는 순간 유미리라는 작가의 단단한 투지, 열렬한 내면이 느껴진다. 나중에 《골드러시》 번역본을 읽고 느낌은 확신이 되었다. 하지만 그를 좋아하는 작가라고 말할 순 없다. 그의 문장은 내가 감당하기엔 너무 차갑고 너무 뜨겁다. 일말의 도취도 허용하지 않아 읽고 나면 녹초가 돼버린다. 이런 글을 좋아하긴 힘들다. 피하고 싶어진다, 할 수만 있다면.

2020년 그의 소설 《도쿄 우에노 스테이션》이 전미도서상을 받았다. 수상 기념 기자회견에서 그가 말했다.

"일본 작가로는 두 번째 수상이라고들 하는데 저는 일본인이 아닙니다. 제 국적은 한국이고, 재일한국인·자이니치란 이유로 공격을 받았기 때문에 작가로서 '국가란 무엇인가'를 계속 묻게 됩니다."

다른 회견에서는 이런 말도 했다.

"나는 한국인도 일본인도 아니며, '아니다'라는 데 정체성을 두고 있습니다."

많은 사람들이 민족·인종·성별·종교·지역·나이 따위로 자신을 정의하고 거기서 살아갈 힘을 얻는 시대에, 정체 없음이 자신의 정체성이자 힘이라고 말하는 사람. 그의 글을 읽어야 했다.

《도쿄 우에노 스테이션》은 200쪽이 채 안 되는 짧은 소설이다. 한나절 만에 다 읽고 일주일쯤 지나서 다시 읽었다. 뒤엉켰던 실타래가 서서히 풀리며 마음이 가라앉았다. 이런 글을 쓴 사람이 어떻게 살고 있는지, 어떻게 살 수 있는지 궁금했다. 그는 쓰나미와 원전 폭발로 황폐해진 후쿠시마에 터를 잡고 서점을 열어 세상에서 내쳐진 사람들과 함께 새로운 삶을 꾸리고 있다 했다. 아!

소설의 화자는 죽은 사람이다. 도호쿠 지방의 가난한 집에서 여덟 남매의 장남으로 태어나 평생 찬이슬을 맞으며 노동한 사람, 죽도록 일하고 한숨 돌리려 할 즈음 젊은 아들을 앞세우고 종내는 아내마저 갑자기 잃은 남자, 막막한 슬픔에 노숙자가 되고 끝내 이승의 끈을 놓아버렸으나 죽어서도 비극을 목격해야 했던 가여운 영혼. 그는 자신의 삶을 돌아보며 "운이 없었다"고 말한다.

언뜻 그 말이 맞는 것도 같다. 가난한 집의 장남이라는 출신, 갑작스런 아들과 아내의 죽음, 고향집에 들이닥친 쓰나미와 다른 죽음들까지 전부 다 운이 나빠서였는지 모른다.

그러나 우에노 공원의 노숙자 대부분이 도호쿠 지방 출신이라는 사실이 말해주듯, 개인의 불운처럼 보이는 이 운명은 일본 사회, 그 정치적 궤적과 떼려야 뗄 수 없다. 천황의 아들과 같은 날 태어났으나 너무나 다른 인생을 살다 죽은 그의 아들은, 첨단의 시대에도 운명이라는 과거의 언어로밖에는 설명하지 못하는 그 사회의 불평등을 일깨운다. 그러나 남자는 불평등이 아닌 불운만을 곱씹다 스스로 삶을 거둘 뿐, 다른 도리를 알지 못한다. 철저히 불평등한 사회, 내몰린 사람들은 그렇게 죽어서도 영면하지 못하고 귀신이 되어 떠돈다.

유미리는 이 운 없는 사람들, '이름 없는 사람'으로 정리돼버리는 낮은 사람들에게 이름을 주는 것이 소설가의 일이라 했다. 그는 12년 동안 이 일에 매달려 《도쿄 우에노 스테이션》을 완성했다. 죽어서도 이름으로 기억되지 못한 낮은 생애를 꼼

꼼꼼히 기록해 기렸다. 안식하지 못한 영혼을 위로하거나 해원(解冤)을 위해서가 아니었다. 해원은 소설가가 아니라, 원망을 키우고 책임을 떠넘기고 죽음을 은폐하는 사회가 짊어져야 할 일. 소설가인 그는 묵묵히 이 사회가 자랑하는 성취가 숱한 이름들의 무덤임을 드러내 보였다.

재일 작가 유미리가 '아니다'를 정체성으로 삼은 사람만이 쓸 수 있는 극한의 문장으로 전율을 안겨주었다면, 재미 한인 캐시 박 홍은 같은 해 전미도서비평가협회상을 수상한 에세이 《마이너 필링스》에서 아시아계 미국인이라는 정체성을 바닥까지 파헤쳐 충격을 준다.

그에게 아시아계 미국인이라는 인종 정체성은 부정도 긍정도 할 수 없는 요령부득의 표지다. 미국 사회에서 아시아인은 "다음에 백인이 될 모범 소수자"로 거론되며 인종 경계를 지우는 존재로 기능한다. 캐시 박 홍이 고백하듯이 모범 아시아인은 "백인의 환심을 사도록 교육되고, 환심을 사려는 욕망이 의식에 뿌리 박혀" 백인에게 인정받기를 꿈꾼다. 그러나 그것은 불가능한 꿈이다.

"흑인에겐 불신당하고 백인에겐 무시당하는" 현실에서 그는 말한다. 아시아인은 "백인이 될" 인종이 아니라 "사라질" 인종이며, "백인의 권력을 나눠 갖지 못하고 권력에 흡수되어, 우리의 조상을 착취한 백인 이데올로기의 꼭두각시가 될 것"이라고. 왜냐면 미국 사회에서 아시아인은 스스로의 정체조차 모르는 "유령" 같은 존재이기 때문이다.

유령을 살아 있는 존재로 만들기 위해 그는 자신이 느낀 '소수적 감정들(minor feelings)'을 해부해 드러낸다. 세상도 그 자신도 '사소한 감정'이라 치부해왔으나 끝내 떨치지 못한 모욕·수치·피해망상·우울. 그는 이 감정의 연원을 좇아 자신의 내면과 개인사를 더듬는 한편, 19세기 중반 노예를 대체할 막노동꾼으로 중국인 이민자를 미국에 받아들이면서 시작된 아시아인 혐오의 역사를 파헤친다. 그 역사는 다인종 미국 사회에 대한 무지갯빛 환상을 송두리째 날려버리며, 최근의 아시아인 혐오가 코로나 시대의 일탈이 아니라 오랜 역사의 산물임을 일깨운다.

바다 저편에, 무겁고도 무서운 역사에 존재를 위협당하면서도 끝내 지지 않고 새로운 역사를 쓰는 작가들이 있다. 지금 이곳의 혐오와 차별에 지면 안 되는 이유다.

아직 당도하지 않은 겨울에
지레 겁먹은 영혼에게

데버라 리비,《살림 비용》
메리 루플,《나의 사유 재산》

애초에 나는 새로운 지식이 가득한 과학책에 대해 쓰려고 했다. 하지만 어느 날 아침 일어나니 성큼 가을이었고, 바로 어제까지 나를 설레게 했던 과학책은 굳은 떡처럼 느껴졌다. 나는 책장으로 눈길을 돌렸다. 작은 산문집 두 권이 눈에 들어왔다. 여름에 펼쳤다가 하염없이 미뤄둔 책들이었다. 짧은 이야기들로 채워진, 그러나 처음부터 끝까지 한 번에 읽을 수는 없는, 파란 가을 하늘을 쉼표 삼아 천천히 읽어야 하는 문장들이었다. 독서의 계절이란 말을 귓등으로 듣던 나지만 지금이야말로 이 에세이들을 읽을 때였다.

소설가 데버라 리비가 쓴 생활자서전 3부작 중 하나인《살림 비용》은 글쓰기의 마중물 같은 책이다. 생계를 책임진 작가이자 두 아이를 키우는 엄마이고 아픈 어머니를 간병하는 딸인 그가 일상에서 길어 올린 글줄을 읽노라면 내 안에 고였던 문장들이 울컥울컥 흘러나온다. 똑같은 경험을 한 것도 아닌데 그의 문장은 내 삶의 후미를 건들며 고개를 끄덕이게 하고, 잊고 있던 기억의 단면을 들여다보게 하고, 그 모두를 쓰고 싶게 한다. 내가 왜 쓰는 사람이 되고 싶었는지, 한동안 잊었던 처음의 원망을 떠올리게 한다. 고독을 두려워 않던 젊은 날 이 책을 읽었다면 나는 이런 문장들에 밑줄을 그었을 것이다.

삶은 허물리고 무너진다. 우리는 와해되는 삶을 지키려 뭐든 부여잡는다. 그러다 깨닫는다. 그 삶을 지키고픈 마음이 없음을.

느끼는 대로 삶을 말하고 표현하는 것도 하나의 자유인데 우리는 대개 이 자유를 택하려 들지 않는다. 그러나 그날 내가 엿본 여자의 내면은 하고 싶은 말들로 살아 생동하고 있었다.

자유는 결코 공짜가 아니다. 자유를 쟁취하고자 분투한 사람치고 그에 수반하는 비용을 모르는 사람은 없다.

그러곤 "좀 더 자유로운 삶이 가능한 방향"을 향해 나아가겠노라 결심하고 그이처럼 글을 쓰기 시작했을 것이다. "불확실에 내재된 불안을 감당할 수 있게 해준 활동의 하나가 글쓰기"라고 믿으며, 내 언어로 나 자신을 자유롭게 하겠다고 다짐했을 것이다. 리비가 20년의 결혼생활을 끝내고 낡은 아파트에서 새 삶을 시작하며 냉장고 문에 조각가 바버라 헵워스와 루이스 부르주아의 사진을 붙여놓았던 것처럼, 나 역시 자신을 죽일 뻔했던 과거로부터 탁월한 예술을 일군 선배들을 생의 뮤즈로 삼았을 것이다. 그랬다면 지금 내 삶은 어떻게 달라졌을까? 지금 나는 어떤 글을 쓰고 있을까?

《살림 비용》의 한국어판에는 요즘 활발하게 활동하는 여러 작가들의 추천사가 실려 있다. 하나같이 저자처럼 자신의 이름으로 존재할 자유를 쟁취하기 위해 기꺼이 삶의 비용을 지불하겠다고 다짐하는 글들이다. 오래전이라면, 아니 불과 몇 달 전이라면 나도 이런 독후감을 쓸 수 있었을지 모른다. 그러나 지금은 밤이 매일 한 뼘씩 길어지고 무량의 파랑이 눈을 시게 하는 가을이어서 나는 감히 그렇게 말할 수 없다. "새롭게 시작하는 젊은 여성들"에게 여성성이라는 유령 대신 "다른 재능을 가진 새로운 주인공"을 찾아 나서라고 리비처럼 당당하게 말하고 싶지만 그럴 수가 없다. 추운 겨울을 앞둔 내게 간절한 것은 혼자일 수 있는 자유가 아니라 익숙한 체온, 세상이 여성에게 허락한 "상징적 보호" 안에 머물며 다가올 추위를 피하고 싶은 마음이 컸기에.

　이것이 두려움임을 나도 안다. 이 두려움이 "나란 사람이 누구인지"를 묻지 못하게 하고, 그래서 누구의 것도 아닌 거짓 문장을 쓰게 하고, 자기혐오에 사로잡힌 삶을 살게 한다는 걸 안다. 한심한 것은 이 삶에도 비용이 든다는 거다. 어쩌면 더 많은 비용이 든다. 아무 대가도 없는, 계절처럼 속절없이 사라져버리는 비용을, 단지 살아남기 위해 지불해야 한다. 용기 없는 자가 치러야 할 대가라 받아들이지만 설움이 없을 순 없다.

　다행히 자기연민의 늪에 빠지기 전에 메리 루플의 《나의 사유 재산》을 만났다. 시인인 메리 루플의 문장은 시처럼 간명하고 여백이 많다. 하얗게 맨몸을 드러낸 자작나무 같은 문장을 바라보며, 나는 이 숲에 잠시 깃들어 바람이 불 때마다 마지막처럼 흔들리는 이파리들을 느끼고 싶었다. 생각보다 긴 시간을 안간힘으로 살아온 지난 세월을 위로받고 싶었다.

　하지만 오해하지 말라. 메리 루플은 위로의 글을 쓰는 작가가 아니다. 〈무언가를 묘사할 수 있었다 해도 할 수 없었던 여자〉라는 짧은 글이 보여주듯, 그는 삶의 자명한 진실을 직시하고 그 냉엄함을 유머로 받아들인다. 내겐 이렇게 태연히 늙어가는 그의 모습이 위로다. '울음 일기'를 쓸 만큼 괴로운 갱년기를 보낸 그가 〈나의 사유 재산〉이라는 절창에 이른 것은 더 큰 위안이다. 죽은 자의 머리를 잘라 오렌지 크기만 한 슈렁큰 헤드(쪼그라든 머리)로 만들었던 아마존 부족의 전통을—읽기 괴로운 제작 과정까지—꼼꼼히 소개하고서 그는 말한다. "내 개인적인 사유 재산으로 열두 개의 사랑하는 머리를 소유"하고 싶다고.

문명이 잔인하다 비난하는 전통에서 "친구를, 살고 싶다는 전율을 느끼게 해줄 존재"를 떠올리고, 커다랗게 부푼 머리로 죽을 수밖에 없었던 자신의 어머니를 그리는 이 글을 읽으며 나는 안심했다. 나 자신으로 살 용기를 내지 못한 채 살아가는 보잘것없는 내 옆에 나를 걱정하는 이들이 있음을 떠올렸다. 내게도 지켜야 할 사유 재산이 있었다.

혹시 지금 나처럼 아직 당도하지 않은 겨울에 지레 겁먹은 영혼이 있다면 그에게 말해주고 싶다. 모든 것이 저무는 가을에도 삶은 지속되니 때론 최선이 아니어도 함께 살아남는 것이 희망이라고. 지치지 않고 제 식대로 쓰면서 살아가는 두 작가의 문장에 기대어 이 계절의 소식을 전한다.

사랑의 이름으로
삶을 원망하지 않을 수 있다면

서보 머그더,
《도어》

미식가 브리야 사바랭은 "뭘 먹는지 말해달라, 그러면 당신이 어떤 사람인지 말해주겠다"라고 했다. 먹는 걸로 그 사람을 알 수 있단 얘기다. 한때 나는 읽는 것으로 그 사람을 알 수 있다고 생각했다. 지금은 아니다. 무엇을 읽고 쓰고 말하는가로 어떤 사람을 알 수 있다면 삶은 쉬울 것이다. 내가 허방을 짚고 아득해질 일도 없을 테고. 쓸쓸한 깨달음이지만 그래도 배우는 건 있다. 사람은 오직 행위로만 판단할 수 있다는 자명한 사실. 그 사실을 잠시 잊었을 때, 그래서 다시 넘어져 깨진 무릎을 일으켜 세울 엄두조차 내지 못하고 있을 때, 서보 머그더의 《도어》를 만났다.

　헝가리 출신의 서보 머그더는 처음 보는 작가였다. 나는 이름을 잊지 않으려 종이에 썼다. 'Szabo Magda'라는 낯선 언어의 철자를 욀 때까지 썼다. 할 수만 있다면 그의 모든 문장을 외우고 싶었다. 그렇게 해서 그가 보여준 사랑의 진상을, 삶의 양면을 기억할 수만 있다면. 그래서 다시는 사랑의 이름으로 삶을 원망하지 않을 수 있다면. 그의 문장이 잊고 있던 내 안의 간절함을 일깨웠다.

처음부터 그랬던 건 아니다. 사람만큼 책에도 싫증이 나던 참이었다. 특히 소설이 그랬다. 굉장한 작품이라는 찬사에 혹해 책장을 펼쳤다가 반도 못 읽고 덮곤 했다. 독자를 놀래주려는 야심이 빤히 보이는 문장들, 과장으로 가득한 장광설을 참아주기에 내 눈은 너무 약하고 소중하다. 《도어》의 도입부에서 "에메렌츠를 죽인 것은 나였다"라는 문장을 보았을 때, 책을 덮고 싶었다. 독자를 꾀는 전형적인 충격요법, 쯧. 바로 뒤에 에메렌츠가 나오지 않았다면 독서는 거기서 끝났을 것이다. 하지만 에메렌츠가 나왔고, 나는 사로잡혔다. 이처럼 강력한 여성 캐릭터라니! 나는 서보 머그더가 열어준 좁은 문으로 들어가 이 놀라운 사람을 만났다.

유명 작가인 '나'는 집안일 해줄 사람을 찾다가 공동주택의 관리인인 에메렌츠와 인연을 맺는다. 통상적으로 보면 '나'는 고용인이고 에메렌츠는 피고용인이지만 정작 면접을 하는 것은 에메렌츠다. 그는 '나'와 남편의 평판을 듣고 일을 하겠노라 통고한 뒤 노동시간과 급료, 일하는 방식까지 전부 자신이 결정한다. 그리고 마지막으로 선언한다.

"누구의 것이든 더러운 속옷은 빨지 않아요."

그렇다. 에메렌츠는 자기 기준에 철저하며 단호하다. 남의 시선이나 기분을 의식해 할 말을 못 하거나 결정을 바꾸는 일은 없다. 남의 인정을 바라지도 않는다. 언제나 머릿수건을 쓰고 회색 옷을 입고 풀 먹인 아마포 수건을 사용하는 그만의 엄격함으로 사람들을 대한다. 늙었지만 튼튼한 몸으로 "자신이 맡은 모든 일을 흠결 없이 완수"하고, 아픈 이웃들에게 보양식을 제공하고, 갈 곳 없는 길고양이들에게 집을 내어주고, 겨울이면 밤이든 새벽이든 쉬지 않고 거리의 눈을 쓸었으나, 어떤 형태의 칭찬이나 사례도 거절한다. 그리고 남의 감정 따위는 아랑곳없이 독설을 퍼붓는다.

"타인의 감정에 공감하는 것이 중요"했던 '나'에게 에메렌츠는 이해하기 힘든 이상한 사람이다. 하지만 아픈 남편을 잃을까 두려워하는 '나'를 위로하기 위해 그가 자신의 내밀한 고통을 보여주면서 둘 사이엔 깊은 우정이 자란다. 우정은 관계의 이상(理想)이다. 육체가 야기하는 맹목적인 끌림이나 핏줄이 주장하는 당위의 사랑이 아닌, 인간과 인간이 서로의 영혼에 감응할 때 피어나는 사랑이 우정이다. 종일 글쓰기에만 몰두하는 작가와 반인텔리주의자인 가사노동자는 서로 다른 가치관, 성격, 환경, 모녀지간 같은 나이 차를 뛰어넘어 우정을 나눈다.

그 모습을 보며 나는 몇 번이나 큰 소리로 웃었다. 그렇게나 즐겁고 신이 났다. 보는 것만으로도.

그러나 "에메렌츠를 죽인 것은 나였다"라는 고백이 예고하듯 이야기는 비극으로 끝난다. 누구도 집 안으로 들이지 않던 에메렌츠가 '나'에게만 문을 열어주었을 때 비극은 시작되었으니, 그로 인해 에메렌츠의 삶도 우정도 파국을 맞는다. 그러니까 사랑 때문에. 문을 열어 자신의 속살을 보여준 사랑 때문에 그는 약해지고, 그를 걱정하고 구하려 한 사랑 때문에 '나'는 죽음을 부른다.

일찍이 에메렌츠는 말했다.

"누구도 사랑하지 않는 것이 가장 좋아요. 그러면 그 누군가를 도륙할 일도 없을 것이고, 그 대상 또한 열차에서 뛰쳐나갈 필요가 없겠지요."

어린 시절, 자신 때문에 사랑하는 암소가 두 다리가 부러진 채 도륙당하는 것을 지켜본 에메렌츠의 뼈아픈 깨달음이었다.

그래, 어쩌면 누구도 사랑하지 않는 것이 최선일지 모른다. 죄를 짓지도, 슬픔에 사무치지도 않도록. 그러나 사랑하지 않으려 문을 닫았던 에메렌츠가 '나'에게 문을 열었듯, 삶은 늘 다짐을 넘어 꿈꾸게 하고 그래서 사무치게 한다.

이 사무침을 《도어》는 통절한 참회의 기록으로 전한다. 자신이 부른 파국 앞에서 '나'는 비로소 자신이 사람의 일을 이야기하면서도 결국 자기 자신의 말에만 골몰한 지식인이었음을 깨닫는다. "세상에는 빗자루질을 하는 사람과 그렇지 않은 사람이 있고 빗자루질을 하지 않는 사람은 어떤 짓도 할 수 있다"는 에메렌츠의 신념에 드리운 깊은 절망을 깨닫고, 그런 절망에도 불구하고 그가 내어준 사랑이 있어 자신이 "자기 손으로 해야 할 일을 남에게 맡기고" 세상에서 빛나는 성취를 이루었음을 깨닫는다. 그리고 "사랑을 위해서는 죽일 수도 있어야 한다"는 에메렌츠의 가르침이 뜻하는 바를 뒤늦게 깨닫는다.

이 깨달음이 사무쳐서, 모든 이야기가 끝난 뒤에도 나는 책을 덮지 못했다. 나를 괴롭히던 분노와 원망, 탄식은 잊힌 지 오래였다. 비록 사람을 믿고 마음을 열고 다시 사랑할 용기를 내지는 못했지만. 그래도《도어》덕분에 앞으론 절대 문을 열지 않겠다는 헛된 다짐은 버릴 수 있었으니, 이렇게 책에 기대어 또 한 고비를 넘긴다. 그럼에도 쓸쓸함은 남지만, 어쩌겠는가. 삶은 읽고 아는 것으로 감당할 수 있을 만큼 호락호락하지 않다. 제대로 살려면 제때 제대로 행동해야 한다. 생각이 아니라 행해야 한다. 온몸으로 온 마음을 다해.

닿을 수 없는
고통에 대한 예의

한강,
《작별하지 않는다》

웬만하면 안 읽고 싶었다. 한강의 장편소설 《작별하지 않는다》 얘기다. 출간 당시 한창 화제가 되고 있을 때도 애써 외면했다. 한강의 소설은 읽는 데 공력이 드는 데다 특히 지난번 5·18 광주민주항쟁을 다룬 《소년이 온다》를 보고는 꽤 오래 아팠기 때문에 제주 4·3사건을 다뤘다는 이 소설을 읽을 엄두가 나지 않았다. 하지만 독서회 친구들이 하나둘 작품을 읽었다고 하는데 더 이상 미룰 수가 없었다. 독서회 선생이 회원들의 요구를 언제까지 모르쇠 할 수는 없는 노릇이다. 결국 마음을 다잡고 책을 펼쳤다.

역시나 한강의 필력은 대단했다. 처음의 망설임은 두어 페이지 만에 어디론가 사라지고 나는 속절없이 작가의 문장을 따라갔다. 첫 장을 읽을 때는 그냥 작가 자신의 이야기라고 생각했다. 《소년이 온다》를 읽으면서 독자도 감당하기 힘든 이런 글을 작가는 어떻게 썼을까, 과연 그는 괜찮을까 걱정했던 터라 소설을 쓴 이후의 고통을 토로한 내용이 고스란히 이해되었다. 한강이 이런 자기 고백적 서사도 쓰는구나, 반가운 마음마저 들었다. 그런 글이라면 차라리 감당할 수 있을 듯했다.

하지만 아니었다. 작가가 자신의 분신과도 같은 소설가 '나'를 화자로 내세운 것은 자기 고백을 위해서가 아니라 참혹한 역사를 기록하는 일의 지난함을 생생히 드러내고자 함이었다. "학살과 고문에 대해 쓰기로 마음먹었으면서, 언젠가 고통을 뿌리칠 수 있을 거라고, 모든 흔적들을 손쉽게 여읠 수 있을 거라고, 어떻게 나는 그토록 순진하게 ─ 뻔뻔스럽게 ─ 바라고 있었던 것일까?"라는 '나'의 고백은, "아우슈비츠 이후 시를 쓰는 것은 야만"이라 했던 아도르노의 회의를 상기시킨다.

인간에 대한 모든 선한 정의를 허물어뜨리는 사태 앞에서, 기억하고 기록하는 일은 가능하지도 진실하지도 않다는 지독한 회의에 시달리는 것은 당연하다. 그럼에도 불구하고 작가는 다시금 기억하고 기록한다. 어떻게 그럴 수 있었을까, 왜 그랬을까. 한 번 하기도 힘든 작업을 두 번씩 하게 만든 그 힘이 뭘까?

5·18이나 4·3 같은 현대사의 참혹을 소설로 쓴다는 것은 작가에게는 엄청난 도전이다. 이 사건들에 대해 도덕적·정치적

으로 이미 판단이 내려진 한국 사회에서, 그 선명한 이분법을 넘어 사건을 문학적으로 형상화한다는 것은 거의 불가능한 미션이다. 한강은 다양한 화자와 시점(視點), 삶과 죽음의 경계를 넘나드는 서술로 이 불가능해 보이는 미션을 수행한다.《소년이 온다》에서 '너'라는 이인칭으로 5·18 당사자의 고통을 묘사한 것은, 닿을 수 없는 고통에 대한 제삼자의 예의이자 이분법 너머의 비통으로 독자를 이끌려는 작가의 안간힘이라 할 수 있는데, 이런 태도는《작별하지 않는다》에서 더욱 두드러진다.

《작별하지 않는다》에는 여러 화자의 목소리가 마치 물 위에 파문이 일듯 겹겹의 동심원을 이루며 울려 퍼진다. 5월 광주를 이야기한 뒤 삶을 이어가기 힘들어진 소설가가 있고, 4·3의 그늘에서 태어나 비극을 정면으로 마주하는 친구 인선이 있고, 4·3을 겪고 입을 다물어버린 인선의 아버지와 그 이후를 묵묵히 그러나 꿋꿋하게 감당한 인선의 어머니가 있고, 같은 일을 보고 듣고 겪은 목격자들의 증언이 있고, 인선이 취재한 베트남전쟁 희생자들의 목소리가 있다. 그뿐이랴. 거기엔 사람처럼 말하지만 사람은 아닌, 그래서 말이되 말이 되지 못한 앵무새들의 목소리가 있고, 귀를 때리는 비명 같은 바람 소리가 있고, 바람이 불 때마다 사납게 흔들리는 나뭇가지의 아우성이 있고, 그 모든 소리를 지우는 듯 품어 안는 한량없는 눈[雪]의 침묵의 목소리가 있다.

사람과 자연, 산 것과 죽은 것, 존재와 부재가 한데 어울린 이 모든 목소리가 증언하는 것은 사람이 사람의 이름으로 행한 상상할 수 없는 잔인이다. 그러나 작가는 사람이 사람에게 왜 이렇게까지 잔인했는지 캐묻지 않는다. 이념이든 복수든, 잔인의 연유가 무엇 때문이든 학살은 설명될 수도 용납될 수도 없으므로. 대신 그는 30만 명의 섬 주민 중 3만여 명이, 그러니까 열 명 중 한 명이 죽임을 당했고 그 속엔 거동조차 힘든 늙은이는 물론 젖먹이 아기도 있었음을 전한다.

젖먹이 아기도?

절멸이 목적이었으니까.

무엇을 절멸해?

빨갱이들을.

문장 사이의 텅 빈 공백이, 말할 수 없는 것을 말해야 하는 참담함을 일깨운다. 회의가 엄습한다. 사람을 모조리 죽여 씨를 말려버리겠다는 이 잔인을 기억하는 것이 무슨 의미가 있나, 인간이란 원래 그런 존재이거늘……

그러나 작가는 인간이란 원래 그런 존재라는 익숙한 냉소를 거부한다. 잘린 손가락을 살리기 위해 지독한 아픔을 겪어야 하듯, 죽고 싶을 만큼 끔찍한 고통을 겪으면서도 살기 위해, 살리기 위해, 죽어서까지 기억으로 되살아오는 존재가 인간이라 말한다. 그 인간을 절멸하려는 시도가 있었으나 그것은 실패한 기획이라 말한다. 왜냐면 어떤 이념을 내세운다 해도 가장 강하고 지극한 것은 무력이 아니라 삶에 대한 사랑이기에.

소설을 읽는 내내 한 번도 울지 않았는데 마지막 페이지에 이르러 나도 모르게 울고 말았다. 끔찍하고 비참해서가 아니었다. 가엾거나 미안해서도 아니었다. 고마워서. 인간이 얼마나 강하고 아름다울 수 있는지 보여준 사람들이 고맙고, 그들의 목소리로 "지극한 사랑에 대한 소설"을 쓴 작가가 고마워서 울었다. 봄비가 잠든 뿌리를 깨우고 떠난 이들이 돌아오는 4월이다. 작별하기엔 아직 이른 계절이다.

그때는 나를
용서하리라

앨리스 먼로,
《디어 라이프》

노벨상이 아니었다면 앨리스 먼로가 누군지 끝내 몰랐을 것이다. 그의 책이 이미 세 권이나 번역된 줄도 몰랐을 테고. 비스와바 쉼보르스카나 헤르타 뮐러도 그랬지만, 이럴 때마다 새삼 노벨상의 존재 이유를 실감한다. 아무튼 단편 작가로는 최초로 노벨문학상을 받았다는 말에 혹해 뒤늦게 그의 책을 섭렵했다.

《미움, 우정, 구애, 사랑, 결혼》을 시작으로《떠남》*과《행복

---

*   2004년에 나온《Runaway》를 옮긴 이 책(김명주 옮김, 따뜻한손, 2006)은 원작의 수록작 중 세 편이 빠져 있는데, 나중에 다른 출판사에서 빠진 단편들을 더해《런어웨이》(황금주 옮김, 웅진지식하우스, 2020)란 제목으로 다시 내놓았다.
사족 하나.《떠남》의 편집자는 후기에서 '도망, 탈주, 가출' 따위의 뜻을 가진 'runaway'를 '떠남'이라는 제목으로 번역하기까지의 고민을 털어놓고 있다. 책을 읽은 뒤 느낌은 '도망'이 작품의 의미에 더 가까운 듯했지만 출판인의 고민도 이해가 되었고, 덕분에 제목과 작품에 대해 오래 생각하게 되었다.

한 그림자의 춤》을 이어 읽었다. 어쩌다 보니 첫 소설집《행복한 그림자의 춤》을 나중에 읽게 되었는데 결과적으로는 잘된 일이었다. 먼로가 이십대부터 15년간 쓴 단편을 모은 이 소설집을 먼저 읽었다면, 후기의 성취를 예고하는 몇몇 빼어난 작품에도 불구하고 글을 잘 쓴다는 감탄을 넘어 그의 책을 빌려 읽고 다시 사서 또 읽을 만큼 흠뻑 빠지지는 않았을 테니까.

《미움, 우정, 구애, 사랑, 결혼》은 먼로가 일흔 살에 발표한 소설집이다. 한국어판에 작가 연보나 작품 집필에 대한 자세한 정보가 없어서 처음엔 훨씬 더 젊어서 쓴 줄 알았다. 회고적인 시선도 없고, 인생의 지혜를 설파하지도 않고, 게다가 수식어가 별로 없는 담백한 문장으로 팽팽한 긴장을 자아내는 데서 단단한 근육 같은 것이 느껴졌다. 일흔이 되기도 훨씬 전부터 체력을 핑계 삼아 문장과 타협하는 데 길이 난 나는 이런 글을 '노인'이 썼을 리 없다고 생각했다.

하지만 이 책에 이어 먼로가 일흔셋에 내놓은《떠남》과 여든이 넘어 출간한《디어 라이프》를 읽고서 노년에 대한 내 시선이 얼마나 상투적인지 깨달았다. 어디 나만 그런가. 내가 마

이 점에서 새 번역본이 영어 제목을 그대로 쓴 것은 아쉽다.《디어 라이프》도 마찬가지다. 번역가가 밝히고 있듯이 원제가 가진 여러 의미 중 하나를 택하는 것이 부담스럽겠지만, 번역가가 그 부담을 감수할 때 독자도 더 적극적으로 고민하지 않을까.

흔이 넘어 글을 쓰겠다니까 어떤 작가가 충고했다. 나이가 들면 상상력도 무뎌지고 좋은 작품을 쓰기 힘드니 그만두라고. 그 충고를 따르지는 않았지만 늘 마음 한편에 그 말이 남아 나 자신에 대한 의심이 커질 때마다 되새기곤 했는데, 앨리스 먼로를 보면서 알았다. 문제는 나이가 아니라 그런 것에 연연하는 낡은 시선이라는 것을.

먼로의 작품들을 죽 읽으면서 가장 놀란 것은 작가의 깊고 날카로운 시선이다. 그의 작품들은 배경도 인물도 사건도 평범하고 일상적이다. 대부분 작은 타운에 사는 소시민의 이야기를 다루거니와, 다루는 방식도 극적인 것과는 거리가 멀다. 가출, 불륜, 배반, 죽음 같은 사건이 일어나긴 하지만 감정의 격동이나 극적인 변화는 찾아보기 힘들다. 대신 먼로는 아주 작은 움직임, 사소한 에피소드를 통해 그런 일들이 사람에게 어떤 영향을 미치며 삶을 어떻게 뒤흔드는지 보여준다.

예를 들어, 아버지의 사촌누이 앨프리다와의 추억을 술회한 〈어머니의 가구〉(《미움, 우정, 구애, 사랑, 결혼》 수록)에는, 고향을 등진 화자가 마지못해 앨프리다를 방문한 뒤 거짓 약속을 핑계 대고 서둘러 떠나는 대목이 나온다. 헤어지기 직전 앨프리다는 낡은 벌꿀 병을 가리키며 말한다.

"저 벌꿀 병 좀 봐라. 네 아빠랑 나는 저거랑 똑같은 병에 점심을 담아 들고 다녔어."

"나도 그랬어요." 내가 대답했다.

"너도?" 그녀가 나를 움켜잡았다. "가족들한테 안부 전해줘, 그렇게 해줄 거지?"

여백이 많은 문장이다. 등장인물이 왜 저런 말을 하는지, 어떤 감정인지, 이 상황이 무슨 뜻인지 생각하면서 소설을 다 읽었다. 처음엔 모든 게 부옇다. 책장을 다시 넘겨보고, 곰곰 되새겨보고, 그러다 문득 고개를 끄덕였다. 화자처럼 자신의 삶을 찾아 고향을 떠났던 앨프리다의 뒤늦은 회한과, 그런 앨프리다에게 거리감을 느끼는 아직 젊은 '나'의 반감이 이 작은 에피소드에 담겨 있음을 깨닫는다. 똑같이 벌꿀 병을 도시락 삼아 들고 다녔던 추레한 어린 시절의 기억에서 앨프리다는 동질감을 느끼지만, '나'는 잊고 싶은 기억을 상기시키는 그가 불편할 뿐이다. 그렇게 젊은 '나'는 떠나기를 바라고, 늙어가는 앨프리다는 돌아가기를 원한다. 그리고 두 사람의 어긋남을 통해 작가는 삶에 대한 두 개의 갈망을, 익숙한 삶과 다른 삶, 머물고 싶은 마음과 떠나고픈 마음 사이에서 흔들리는 인간을 보여준다.

먼로의 작품을 섭렵하던 이즈음 나 역시 회한과 갈망에 사로잡혀 둘 사이에서 흔들리고 있었기에, 과연 어떻게 살아야 하는지 작가가 소설에서 말해주길 바랐다. 먼로 자신이 젊은 시절 집을 떠난 뒤 아픈 어머니를 찾지도 않고 장례식에도 가지 않았다니, 더더욱 어떤 삶을 살아야 후회가 없는지 말해주리라 기대했다.

그러나 먼로는 어떤 답도 주지 않는다. 그런 갈망이 부질없다고도 안 하고, 어떻게 살아야 한다고도 말하지 않는다. 그저 지키고 달아나고 돌아오고 기다리는 사람들을 담담히 보여준다. 그렇게 누군가는 귀향길 기차에서 뛰어내리고(〈기차〉), 누군가는 아이의 손을 놓아버리며(〈일본에 가 닿기를〉), 누군가는 마지막 순간 남편 옆에 머물고(〈떠남〉), 누군가는 부모를 등진다(〈머지않아〉). 누구도 그 선택을 통해 행복해지는 것 같지 않다. 그저 '삶이란 그런 것'이라 여기며 살아갈 뿐.

사람들은 대개 자신과 얽힌 인연에 신물을 내면서도 그 인연들과 끊어져 아주 혼자가 되는 것은 두려워한다. 어떤 이는 인연을 끊고 어떤 이는 이어가지만, 그것은 결연한 선택이기보다 우연의 조화인 경우가 많다. 그래서 먼로는 끝까지 인연에 책임을 다하는 사람에 대해서도, 끝내 인연을 감당하지 못하고 도망치는 사람에 대해서도 옳다 그르다 평가하지 않는다. 그저 삶이 끝날 때까지는 누구도 자신의 운명을 장담할 수 없으며, 머문 듯 보이는 인생에도 잊을 수 없는 떠남의 순간이 있음을 그릴 뿐이다.

나는 그게 좋았다. 해피엔딩도 비극도 아닌 먼로의 소설이

내겐 오히려 힘이 되었다. 투입-산출의 경제학, 인과응보의 도덕관이 진리인 듯 이야기되지만, 최선을 다했다 해서 최선의 인생이 되는 것은 아니며 그릇된 선택을 했다 해서 삶이 돌이킬 수 없이 끝장나는 것도 아님을 이제는 알기 때문이다. 삶은 그 모든 빛과 그림자를 함께 걸머지고 가는 긴 행로일 뿐, 그러므로 햇살 같은 기쁨은 물론 어두운 죄의식도 오롯이 견뎌야 함을 다시금 되새긴다.

먼로는 '회상록'이라는 제목으로 발표했던 자전적 단편 〈디어 라이프〉에서, 병든 어머니를 외면했던 자신의 선택을 술회한 뒤 이렇게 말한다.

사람들은 말한다. 어떤 일들은 용서받을 수 없다고. 혹은 우리 자신을 결코 용서할 수 없다고. 하지만 우리는 용서한다. 언제나 그런다.

그 말처럼, 우리는 결국 스스로를 용서한다. 살기 위해서. 용서할 수 없는 자신을 견디기 위해서. 그리고 용서로도 씻을 수 없는 후회와 죄책감과 함께 살아간다.

먼로 덕분에 나는 자신을 용서하기로 했다. 가까운 인연들에서 달아난 나 자신에 대해, 그들을 가슴 아프게 한 선택에 대해 오래도록, 아마 세월이 갈수록 더욱 회한에 사무치리라. 그럼에도 그럴 수밖에 없는 것이 나라는 사람이고 그런 존재를 견뎌야 하는 것이 나이니, 내가 나를 안고 갈 수밖에 없음을 인정하기로 했다. 이 인생에 해피엔딩은 없겠지만 그럼에도 먼로처럼 여든이 넘어서도 자신이 할 수 있는 모든 것을 다한다면, 친애하는 인생이 그때는 나를 용서하리라 기대한다.

긴 겨울이 유독 춥고 길어 견디기 힘든 이들에게 《디어 라이프》를 권한다. 책장을 덮을 즈음엔 당신도 나처럼 이 겨울을, 겨울 같은 삶을 기꺼이 견딜 용기가 생길 것이다. 당신의 건투를 빈다.

텍스트가 된
한 생애

고정희, 《고정희 시 전집 1·2》
조연정, 《여성 시학, 1980~1990》

1991년 6월 9일, 고정희 시인이 세상을 떴다. 그 여름 조간신문을 보다가 고정희 시인이 지리산 뱀사골에서 급류에 휩쓸려 숨졌다는 소식을 접하고 가슴 철렁했던 기억이 있다. 그의 갑작스러운 부고에 울컥했는데, 슬픔보다 배반감 같은 이상한 감정이었던 것도 생생하다. 일 년쯤 지나 유고 시집이 나왔고 시집이 집에 있는 것으로 보아 아마도 읽었을 텐데, 그 책에 대해선 딱히 기억이 없다. 부고 기사를 본 그날 아침이 시인에 대한 내 마지막 기억이었다. 그러고 나는 그를 잊었다.

잊었던 이름을 다시 떠올린 것은 국문학자 조연정의 《여성 시학, 1980~1990》을 읽고서였다. 요즘은 시집도 잘 안 보고 비평은 더더욱 안 보는데, 제목도 표지도 심심하기 짝이 없는 이 책엔 자꾸 눈길이 가서 안 읽을 수가 없었다. 아마 제목의

'1980~1990'이 시를 좋아하던 옛 시절을 환기시킨 모양이다.

책을 읽는데 시에 매료됐던 예전처럼 가슴이 두근거렸다. 오랜만에 느끼는 설렘이다. 책에서 다룬 고정희, 김혜순, 최승자, 허수경이 모두 한때 내가 좋아하던 시인들이었던 데다, 쓸데없이 난해해 시를 더 오리무중으로 만드는 여느 평론과 달리 담백하면서 명료한 조연정의 글이 비평의 재미를 새삼 느끼게 한 덕분이다.

조연정은 한국문학사를 여성주의 시각에서 다시 읽는 작업의 일환으로, '여성'이 하나의 주체로 처음 호명됐던 1980년대 대표적 여성 시인들의 작품을 여성해방문학의 관점에서 새롭게 조명한다. 그의 작업은 크게 두 방향으로 이루어진다. 하나는 김혜순과 최승자의 시에서 여성적 경험과 시각을 삭제했던 남성 비평가들의 독법을 비판하며 두 사람의 시를 '저자의 여성적 정체성'에 근거해 다시 읽는 것이고, 다른 하나는 고정희와 허수경의 시에서 간과된 여성주의적 성취를 적극적으로 밝혀내는 것이다.

전자의 작업을 보면서 나는 김혜순과 최승자의 시를 처음 접했을 때의 충격을 떠올렸다. 그때 나는 여성이 처한 폭력적 현실을 적나라하게 그린 시편들에 전율했고, 그런 만큼 시집 말미에 붙은 남성 비평가들의 해설에 당혹감을 느꼈다. 폭력에 대한 모든 진술은 지워버린 채 '방법적 드러냄', '언어에 대한 감각의 우위'를 운운한 그들의 언어에 나는 반론을 제기하는 대신 내 독서를 의심했다. 시 한 편 제대로 읽어내지 못하는 스스로를 한심해했다. 혹자는 그런 말에 흔들릴 게 뭐냐고 하겠지만, 비평이라는 언어의 그늘에서 자유롭기란 작가에게도 독자에게도 쉬운 일이 아니다. 그래서 더욱 여성주의적 비평이 필요하고 조연정의 작업이 소중한 것인데, 고정희와 허수경에 대한 적극적 독해는 이 점을 분명히 보여준다.

허수경의 시집을 즐겨 읽었지만 그의 시에 나오는 아버지의 의미에 대해 딱히 생각해본 적이 없던 내게, "'아버지-남성'은 집안의 존재로, '딸-여성'은 집 밖의 공적 존재"로 의미화했다는 조연정의 지적은 놀라운 깨달음을 주었다. 덕분에 허수경의 다른 시들에서 "남성과 여성의 자리바꿈을 통해 '모성=여성=자연'이란 모성의 신화를 오히려 해체하는 장면"이 어떻게 드러나는지 확인해야겠다는 즐거운 숙제도 생겼다.

그러나 이 책이 준 가장 큰 깨달음은 고정희의 발견이었다. 시인의 행보를 따라가며 시를 분석한 저자의 작업을 통해 나는 비로소, "고정희에 대해 말한다는 것은 텍스트가 된 한 생애에 대해 말하는 것이다. 고정희만큼 한국문학사에서 스스로의 생애를 텍스트로 만드는 데 성공한 경우는 없다. 말과 어긋나지 않는 생은 참으로 드물다"라고 했던 김정란의 말이 무슨 의미인지 이해할 수 있었다. "한국 여성시는 고정희 이전과 이후로 확연히 갈라지는 새로운 경계를 그었다"라는 김승희의 말이 때 이른 죽음에 붙인 단순한 조사(弔詞)가 아니며, 고정희야말로 한국문학사의 문제적 작가임을 비로소 깨달았다.

고정희는 1979년 첫 시집부터 1992년 유고 시집까지 11권의 시집을 남겼다. 직장인으로 밥벌이의 고단함을 온전히 감당하면서 해마다 한 권씩 시집을 낸 것인데, 이런 경이로운 생산이 가능했던 건 그에게 시는 무엇보다 "운동"이었기 때문이다. 당대 사회의 모순을 공론화해 해방의 물꼬를 트는 운동, 이것이 고정희가 생각한 시요 문학의 역할이었다. 이를 위해 그는 '마당굿시'란 장르를 지속적으로 실험하며 발전시켰고, 흔히들 시 예술의 본령에서 벗어난 것으로 여기는 '행사시', '목적시'에도 진심을 다했다.

이런 시에서 시적 완성도를 기대하긴 힘들다고 이제껏 나는 믿어왔다. 하지만 그의 시를 한데 모은 《고정희 시 전집 1·2》를 읽으며 나는 이 오랜 믿음을 버렸다. 목적성에 치우쳐 미숙하고 무미건조했던 그의 시가 "성숙한 해방시"로 나아가는 것을 확인할 수 있었기 때문이다. 1990년 《여성해방출사표》의 〈이야기 여성사〉 연작, 유고 시집 《모든 사라지는 것들은 뒤에 여백을 남긴다》의 〈밥과 자본주의〉 연작이 그 증거다. 특히 "사랑하되 머물지 않으며/ 결혼하되 집을 짓지 않는 삶"을 노래하는 것으로 시작해 "하늘에 계신 우리 어머니"를 부르며 끝나는 〈이야기 여성사〉는 여성해방이라는 '목적'을 감당하고도 남는다.

고정희는 "민중해방이 강조되는 곳에 몰여성주의가 잠재"하고, "여성해방이 강조되는 곳에 몰역사, 탈정치성이 은폐"된 현실을 직시했고 피하지 않았다. 둘로 나뉜 전선을 하나로 아우르는 미션에 도전했고, 아무도 시도하지 않았던 일을 홀로 감당했다. 그는 여성과 남성, 농촌과 서울, 민중과 지식인으로 나뉜 세상에 있었으나 어느 한쪽에 속하는 대신 이 모든 경계를 살았다.

그 삶이 얼마나 외로웠을지, 나는 그의 장례식을 기록한 김은실의 〈조문〉*을 보며 알 것 같았다. 또하나의문화 동인인 김은실은, 남성 문인들이 주관하고 망인의 고향 일가붙이와 친지들이 거드는 장례식에서, 서울에서 온 여성 동인들이 주변으로 밀려나 슬픔과 원망에 어쩔 줄 몰라 했음을 전한다. 광주의 남성들과 서울의 여성들이 저마다 "심리적 불편함"과 "부자유"를 느끼는 장례식, 그것은 고정희가 살아서 겪었을 내면 풍경의 투영은 아니었을까. 누구보다 함께하는 삶을 추구하고 헌신했던 그가 유고 시에서, "다시는 매달리지 않는 날이 와도/ 그것이 슬픔이라는 것을 안다"(〈사십대〉)라고 쓸쓸함을 토로한 것도

---

* 조형 엮음,《너의 침묵에 메마른 나의 입술》, 또하나의문화, 1993.

그 때문은 아니었을까.

가부장적 문화가 온존한 고향의 인연과 새로 맺은 당돌한 여성들과의 인연 둘 다에 성실했던 그를 떠올리며, 두 인연 사이의 긴장을 온몸으로 살아냈을 그를 생각하며, 나는 뒤늦은 눈물을 흘렸다. 하지만 그는 외로움에 사무치면서도 끝내 칼날 같은 경계를 떠나지 않았고 거기서 꽃을 피웠다. 시가 곧 삶이고 삶이 곧 시였던 시인 고정희. 한국문학사, 한국여성사에는 그가 있으니, 이 얼마나 고마운 일인가.

근대의 딸들은
봉건의 어머니를 잊지 않았다

김명순 외, 《근대여성작가선》
백신애 외, 《신여성, 운명과 선택》

조지 오웰은 작가가 글을 쓰는 첫째 동기는 사람들의 인정과 주목을 받고 싶은 '순전한 이기심'이라 했다. 이기심이라니 한심하다 싶겠지만 따지고 보면 문학뿐 아니라 모든 예술이, 아니 정치·경제·문화 등 모든 분야에서의 성취란 것이 자신을 표현하고 싶은 자부와 욕망에서 나온다고 할 수 있다. 자부심에 가득한 자아는 오웰이 말했듯 "사후에도 기억되고 싶은 욕구"로 쓸 것이며, 상처 입은 자아는 "실패를 앙갚음할 수 있게 해주는 자기만의 세상"[*]을 만들기 위해 쓸 것이다. 자랑이든 항변이든 그들의 동기는 하나다. 존재 증명. 내가 여기 있다, 내 목소리를 들어라.

[*]   조지 오웰, 《나는 왜 쓰는가》, 이한중 옮김, 한겨레출판, 2010.

천부인권을 주창한 근대는 누구나 목소리를 내도 좋은 시대, 제 이야기를 하려는 열망이 들끓던 시대였다. 이광수·김유정·염상섭·이상 등 여러 다른 목소리들이 한국 근대문학을 이끌며 각축한 것은 이를 반영한다. 하지만 이 목소리들은 다른 듯 닮았다. 음색도 어조도 전혀 다른 목소리가 여기엔 없다. 일테면 여성의 목소리. 당시의 여성에겐 스스로 목소리를 낼 만한 능력이나 자신감이 없었던 걸까? 아니면 소리를 내긴 했으나 너무 거칠고 조야해서 문학사에 이름을 올리지 못했던 것일까? 아무리 성평등이 중요하다 해도 여성이니까 무조건 문학사의 절반을 할애하라고 요구할 수는 없는 법. 공백의 이유가 성차별에서 기인한 배제인지, 수준 미달의 탈락인지를 알려면 직접 목소리를 들어보는 게 수다.

여러 책 중 국문학자 이상경이 편집한 《근대여성작가선》과, '한국 근대 페미니즘 문학 작품선'이란 부제를 단 《신여성, 운명과 선택》을 골랐다. 앞 책엔 20세기 초에 등장한 1세대 작가 김명순·김일엽·나혜석과 1930년대 이후 활동한 이선희·임순득까지 5인의 단편 15편이 수록돼 있고, 뒤의 책에는 이들 외에 1920~1940년대를 대표하는 강경애·백신애·지하련 등 7인의 작품이 한 편씩 실려 있다. 나혜석·김명순·이선희·임순득의 작품이 겹치긴 하지만 이 정도면 짧은 시간에 대강의 흐름을 파악할 수는 있다. 그나저나 두 책에 실린 18편 중 내가 읽어본 건 김명순·나혜석·지하련의 소설 너덧 편뿐, 나머지는 낯설다. 백신애·이선희·임순득은 말할 것도 없고 신여성으로 유명한 김일엽의 소설도 읽기는 처음이다.

기대가 컸는지 김일엽의 문장은 구태의연한 느낌인 반면, 동갑내기 나혜석의 후기작 〈현숙〉은 기대 이상이다. 소설이 발표된 당시는 그가 이혼 사건과 최린을 상대로 한 위자료 청구 소송으로 온갖 비난을 받으며 전락의 길을 걷던 때다. 화가로나 작가로나 예술적 역량이 쇠진했다는 평이 지배적이어서 그런 줄로만 알았다. 하지만 막상 읽어보니 성근 부분은 있어도 혹평할 정도는 아니다. 오히려 이제 막 사랑을 확인한 연인들의 "환희"를 "쓸쓸하다"고 표현한 데서 드러나듯, 인간과 사회를 보는 그의 시선은 이전보다 깊고 예리하다.

예리한 시선으로 말하면 최초의 근대 여성 작가로 알려진 김명순을 빼놓을 수 없다. 기생첩의 딸로 태어나 평생 질시와 구설에 시달린 김명순에게 글쓰기는 욕망을 넘어선 생의 의지였다. 일본 유학 중 숙부가 소개한 군인 이응준(훗날 대한민국 초대 육군참모총장)에게 성폭행을 당한 그는 쫓기듯 고국에 돌아와서 첫 소설 〈의심의 소녀〉를 썼다. 작품은 이광수의 찬사를 받으며 조선 최초의 현상 문예로 꼽히는 《청춘》지의 공모전에 입상했고, 그는 당당히 최초의 등단 작가 중 하나로 이름을 올렸다.

그 옛날 사마천이 자신의 언어에 기대어 궁형의 모욕을 견뎠듯이, 김명순은 일본어·영어·독일어에 능통한 언어적 재능을 바탕으로 성폭행의 참혹을 견디며 시와 소설에서 자신의 언어를 구축했다. 그는 에드거 앨런 포를 국내에 소개하고 보들레르의 시집《악의 꽃》을 번역했으며, 그리스 신화와 니카라과의 국민 시인 루벤 다리오의 시를 인용해 조선 문단을 자극했다. 그리고 창작시와 번역시를 모아 1925년에 작품집《생명의 과실》을 출간했다. 여성 작가로는 최초였고 남성 작가들에게도 드문 일이었다.

그러나 이 드문 성취에 대한 응답은 지독히 악의적이었다. 김기진·김동인·방정환 등이 문학의 이름으로 퍼부은 언어의 저열함은 놀랍기 그지없어, 작가로서는 물론이요 인간으로서의 자질조차 의심케 한다. 그러나 남성 문인들의 집요한 돌팔매질에도 그는 굴하지 않았다. "나쁜 피"를 운운하며 거짓 소문으로 2차 가해를 가하는 이들에 맞서, 김명순은 직접 자기 삶을 이야기한 〈탄실이와 주영이〉를 썼다. 여성 스스로 성폭행을 공론화한 최초의 사례였다.

기억하기도 힘든 경험을 직접 써서 발표한 것도 놀랍지만, 더 놀라운 것은 인간의 내면과 세상의 이면을 보는 예리함이다. 작품을 쓴 것은 1920년대 초인데, 그는 그때 이미 애국과 기독교를 내세운 지식인들의 허구성을 간파했고 비판했다. 훗날 그들이 갖은 이유로 변절을 합리화하기도 전에 김명순은 그들의 앞날을 알았던 셈이니 참으로 놀라운 혜안이 아닐 수 없다.

계급·지위·민족·이념 따위에 얽매이지 않고 진상을 파악하는 힘은 후배 작가 백신애와 지하련에게서 한층 더 깊어진다. 백신애는 먹고살기 위해 소비에트 러시아로 떠난 조선인들의 비참함을 그린 〈꺼래이〉에서, 사회주의 독립운동을 한다며 중국인 노동자를 차별하는 청년들의 이중성을 주인공 순이의 눈으로 비판한다. 그리고 차별에 저항하고 아픔에 공감하는 순이에게 중국인 쿨리*와 러시아 군인이 손을 내미는 모습을 통해, 참된 민중 연대와 국제 연대의 가능성을 보여준다.

지하련의 〈산길〉은 남편과 친구의 연애 사실을 알게 된 여성의 시선으로 지식인의 허위를 드러낸 명작이다. 주인공 순재는 남편과 친구의 배신에 충격을 받지만, 사랑 앞에 당당한 친구를 보며 아내라는 이름으로 마냥 비난할 수만은 없음을 쓸쓸히 인정한다. 오히려 그를 경악하게 하는 건 불륜을 한때의 "실수"로 치부하며 "어른들이란 (연애보다) 다른 것들에 분주"한 법이라고 웃어넘기는 남편의 태도다. 그 모습을 보며 순재는 비

---

* 19세기에 아시아·아프리카 등지의 식민지에서 혹사당한 하층의 중국인·인도인 노동자.

로소 자신 또한 평화로운 가정이란 미명 아래 거짓에 동조하고 있음을 깨닫는다. 시인 임화의 아내로 유명한 지하련은 이 소설에서 공사(公私)라는 구분을 통해 가부장적 구조를 온존해온 남성들을 비판하고, 이에 타협해온 여성의 자각을 섬세한 심리 묘사로 그려낸다.

흥미롭게도 이 두 소설집엔 '어머니와 딸'을 주제로 한 작품이 세 편이나 있다. 모녀의 긴장된 관계를 그린 나혜석의 〈어머니와 딸〉, 가부장적 의식을 떨치지 못한 어머니의 계몽을 소망하는 임순득의 〈딸과 어머니와〉, 새로운 어머니상을 모색하는 강경애의 〈어머니와 딸〉이 그것이다. 새로운 시대를 꿈꾸는 딸과 지난 시대의 어머니 사이의 갈등과 사랑, 연대를 그린 이 작품들은 근대의 딸들이 봉건의 어머니를 잊지 않았다는 증거이기도 하다.

잊지 않는 것, 작고 사소한 일의 무거움을 기억하는 것, 삶은 그렇게 이어져 역사가 된다는 걸, 시대를 앞선 선배들의 글을 보며 뒤늦게 배운다.

쓰러진 새를 다시 둥지에
넣어줄 수 있다면

마타 맥다월,
《에밀리 디킨슨, 시인의 정원》

바람이 쌀쌀해지면 노르웨이 시인 올라브 하우게의 시가 생각난다. 하우게는 오랫동안 정신질환을 앓았고 병원에서 수많은 책을 읽다가 시를 만났다고 한다. 이후 그는 정원사로 일하며 숲에서 시를 썼다. 일테면 이런 시다. "우리 만남을 위해 오실 때/ 경비견을 데려오지 마세요/ 굳은 주먹도 가져오지 마세요/ 그리고 나의 호밀들을 밟지 말아주세요/ 다만 대낮에/ 당신의 정원을 보여주세요."(〈당신의 정원을 보여주세요〉)[*]

내겐 보여줄 정원이 없고, 있는 것이라곤 죽은 식물의 흔적을 간직한 빈 화분과 근근이 생명을 이어가는 화분 몇 개가 전부다. 그래서 이 시에 움찔하며 공감했다. 싱싱한 초록으로 우

[*]   올라브 하우게, 《어린 나무의 눈을 털어주다》, 임선기 옮김, 봄날의책, 2017.

리 집에 왔다가 누렇게 떠 죽어가는 나무와 꽃들, 그들이 머물렀던 빈 화분처럼 나라는 사람을 잘 보여주는 것이 있을까. 살림을 말하지만 실제론 아무것도 살리지 못하는 나…… 자기비하는 그만두고 다시 하우게로 돌아가자.

하우게는 19세기 미국 시인 에밀리 디킨슨을 좋아했던 모양이다. 날마다 틈틈이 ─티백 종이에까지─ 시를 썼던, 그렇게 1700편이 넘는 시를 써서 아무도 모르게 트렁크에 넣어두었던 에밀리 디킨슨을 생각하며 〈나는 시를 세 편 갖고 있네〉란 시를 지었다. "그게 옳아 좋은 시는/ 차향이 나야 해./ 아니면 숲의 땅이나/ 갓 자른 나무 냄새가"라는 문장으로 끝나는 시다. 눈 밝은 하우게는 디킨슨의 시만 보고도 그가 자기처럼 정원에 진심이었음을 알았나 보다. 디킨슨의 시에서 숲과 나무 냄새를 읽은 걸 보면.

에밀리 디킨슨의 시라면 나도 꽤 읽었다. 오래전부터 좋아해서 새로운 번역이 나올 때마다 사 모은 시집이 네 권이나 된다. 하지만 그가 정원사란 생각은 해본 적이 없다. 그의 삶과 작품을 언급한 비평서들을 봐도, 그가 보낸 연서의 주인공이 누구며 그가 사랑한 사람이 여성인지 남성인지에 대한 추리는 많지만 정원에 대한 얘기는 없다.

한데 조경 전문가 마타 맥다월이 쓴 《에밀리 디킨슨, 시인의 정원》은 그가 정원 일에 일가견이 있었으며, 그것이 그의 시 세계의 중요한 한 부분을 이룬다고 일깨운다. 뜻밖이다. 그가 옷에 흙을 묻혀가며 정원 일을 했다니. 에밀리 디킨슨 하면 세상과 어울리지 못한 괴짜, 어둡고 고독한 은둔의 시인이라고만 생각했다. 그도 그럴 것이 그는 평생 고향집에서 독신으로 살았고, 서른이 넘은 어느 해부터는 아예 문밖으로 나가지도 않았으며, 거의 2천 편 가까운 시를 썼지만 일곱 편인가만 세상에 발표했고 언제나 흰옷만 입었다고 전한다. 그래서 "은둔 여왕", "백의의 처녀" 심지어 "마귀 들린 여자"로 불렸을 정도다.

이해하기 힘든 건 그의 삶만이 아니다. 시 역시 수수께끼 같은 비밀로 가득하다. 거의 경구와도 같은 압축적인 문장들, 난데없이 대문자를 쓰고 구두점 대신 대시(-)를 사용하는 이상한 습관 때문에 그의 시는 독자를 어리둥절하게 한다. 그런데도 나뿐 아니라 많은 이들이 그의 시를 좋아하니 어쩌면 그게 더 이상한 일인지 모른다. 수많은 독자가 오래전에 죽은 시인의 애매하고 난해한 시를 좋아해서 그를 영원히 살아 있게 한 것은 왜일까?

아마도 그가 두려움 없이 삶을 직면하고 정직하게 생의 진실을 드러냈기 때문이리라. 《에밀리 디킨슨, 시인의 정원》이 보여주듯, 그는 정원에서 자라 "늘 진흙을 묻히고" 다닌 아이였다. 그 아이는 뱀에 물린다는 둥 도깨비한테 잡혀갈 거라는 둥 여자아이를 겁주는 말을 들으면서도 혼자 숲에 가길 좋아했고,

거기서 "천사들을 만났다." 그래서 "많은 이들이 하듯 사기 칠 자신이 없었다." 정원의 사계절을 온몸으로 겪으며 그는 인간적 해석을 허락지 않는 자연의 섭리를 받아들였다.

> 새 한 마리가 산책로에 내려오더니—
> 내가 보고 있는 줄도 모르고—
> 지렁이를 물어뜯어 반으로 나누더니
> 그 친구를, 날것으로 먹어치웠네.
> (…)
> 그러더니 딱정벌레가 지나가도록
> 옆으로 뛰어 벽 쪽으로 비켜주었네—
> (…)
> 나는 그에게 빵 부스러기를 던졌네.
> 그러자 그가 날개를 펼치더니
> 노를 저어 집으로 가버렸다네—*

이 시가 보여주듯, 그는 삶이 휴머니즘이란 이름으로 행해지는 동정이나 자선과는 무관하게 어엿이 존재한다는 것을 알았다. 죽음의 냉엄함은 그 앎의 당연한 귀결이었다.

---

* 에밀리 디킨슨,《디킨슨 시선》, 윤명옥 옮김, 지식을만드는지식, 2011.

죽음에 관한 많은 언설이 있지만 에밀리 디킨슨의 시만큼 자명한 문장을 나는 알지 못한다. 내가 그를 좋아하는 것은 죽음에 관해 한 점의 허영도 없는 깊은 시편들 때문이다. "내 죽음 때문에 멈출 수 없기에-/ 친절하게도 죽음이 날 위해 멈추었네-/ 수레는 실었네, 우리들 자신은 물론-/ 또 영원을"로 시작하는 시에서 그는 자신의 영구차가 지나갈 행로를 그린다. 시는 이렇게 끝난다. "그때부터-수세기는-시작되었네/ 하루보다 짧게 느껴지며/ 난 첨엔 생각했지, 말[馬]머리는/ 영원을 향하고 있다고-"[*]

사람들이 흔히 그렇듯 디킨슨도 처음엔 죽음에서 영원을 떠올리지만, 이내 그조차 미망(迷妄)일 뿐임을 직시한다. 이런 시선을 가진 이가 삶의 쓸쓸함을 모를 수는 없다. 하여 모든 쓸쓸한 삶을 위해 그는 시를 썼으니, 쓸쓸한 당신에게 이 시를 보낸다.

> 내가 한 사람의 가슴앓이를 멈추게 할 수 있다면,
> 내 삶은 헛된 것이 아니리.
> 내가 한 생명의 아픔을 달랠 수 있다면,
> 혹은 하나의 괴로움을 위로할 수 있다면,

[*]   에밀리 디킨슨, 《고독은 잴 수 없는 것》, 강은교 옮김, 민음사, 2016.

혹은 쓰러져가는 한 마리 울새를 도와

둥지에 다시 넣어줄 수 있다면,

내 삶은 결코 헛된 것이 아니리.[*]

[*]   에밀리 디킨슨,《디킨슨 시선》, 윤명옥 옮김, 지식을만드는지식, 2011.

귓전을 흔드는
속삭임에 기대어

샤오훙,
《가족이 아닌 사람》

아니 에르노의《세월》을 펼쳤는데 맨 앞에 안톤 체호프의 문장이 있었다.

"그렇다, 우리는 잊힐 것이다. 그것이 인생이며, 아무것도 할 수 있는 일은 없다. 우리에게 중요해 보이고 심각해 보이며 버거운 결과로 보이는 것들, 바로 그것들이 잊히는, 더는 중요해지지 않는 순간이 올 것이다."

종소리가 울렸다. 뎅, 뎅, 오래된 절집의 묵은 종소리가 사위로 스미듯 마음속으로 퍼져갔다. 그 아침 해야 할 일의 무게에 짓눌렸던 마음이 비로소 떨치고 일어섰다. 에르노에겐 미안하지만 나는 다시 체호프에게 돌아갔다. 긴 가출 끝에 돌아온 아이처럼 그가 내주는 문장에 기댔다. "결국 체호프가 또 우리를 이길 것이다"라는 연출가 카마 긴카스의 말을 떠올리며, 이런 패배라면 언제든 기꺼이 받아들이겠노라 생각하면서.

체호프는 44년의 생애 동안 의사로 일하며 〈벚꽃 동산〉 같은 걸작 희곡들과 함께 400편이 넘는 단편소설을 썼다. 한국에는 여러 종의 단편집이 나와 있지만 중복 번역이 많으니 소개된 건 10분의 1이나 될까. 하지만 상관없다. 그의 작품은 읽을 때마다 새로워 다른 걸 욕심내게 되지 않는다. 읽고 또 읽고, 매번 처음인 양 놀라고 감탄하며 읽는다. 언제나 새로운 문장에 밑줄을 치면서.

몇 해 전에는 그의 만년작 〈개를 데리고 다니는 여인〉〈나의 인생〉〈삼 년〉 같은 소설에 눈길이 머물렀다. 한데 이번엔 〈굴〉〈구세프〉〈로실드의 바이올린〉 같은 초·중기작이 각별하게 다가왔다. 이 짧은 소설들을 읽으며 비로소 내가 왜 체호프를 좋아하는지 깨달았다. 그는 누구도 비난하지 않으며 누구도 쉬 용서하지 않는다. 괜찮다는 말 대신 다들 얼마나 애쓰는지 보여줄 뿐이다.

체호프는 세상이 한심해하는, 쓸모없다고 포기하는 인생을 가만히 들여다보고 그로 하여금 자신의 절망을 말할 기회를 준다. 그는 가장 가난하고 약하고 어리석은 이들을 대신해 글을 쓴다. 그의 문장은 그들의 목소리다. 그리고 우리 모두의 예정된 운명을 떠올리면, 그의 소설은 결국 우리 모두를 위한 것이다. 그러므로 내가 그의 소설에서 늘 필요한 위로를 얻고, 외롭고 힘들고 아플 때마다 그에게로 돌아가는 것은 얼마나 당연한가.

〈개를 데리고 다니는 여인〉을 읽은 막심 고리키는 이런 편지를 썼단다.

"당신은 리얼리즘을 죽이고 있습니다. 이 길을 따라서는 누구도 당신보다 더 멀리 갈 수 없을 겁니다."

맞다. 하지만 삶은 계속되고 이야기 또한 그러하니, 삶이든 글이든 반드시 더 멀리 가야만 하는 건 아니다. 진실하기만 하다면 그걸로 충분하다.

샤오훙을 읽었다. 체호프가 죽고 6년 뒤인 1911년 중국에서 태어난 샤오훙은 불과 서른 해를 살면서 최선을 다해 체호프의 그늘을 넉넉히 감당하는 작품들을 남겼다. 몇 해 전 탕웨이 주연의 영화 〈황금시대〉로 그의 짧고 파란만장한 생애를 엿보긴 했지만, 루쉰이 인정한 천재 작가, 가장 중요한 중국 작가로 평가받는 그의 작품 세계를 접하기는 이번에 본 단편집이 처음이다. 그의 단편을 모두 모은《가족이 아닌 사람》을 읽으면서 나는 빼어난 재능이란 개인적 자질이되 또한 시대의 소산이기도 함을 다시금 깨달았다. 샤오훙의 단편에서 리얼리즘의 극한을 보았기 때문이다. 리얼리즘은 그 시대의 언어였다.

체호프처럼 샤오훙의 작품도 쉬 읽히지 않는다. 괴로움은 선명하고 위로는 더디다. 판단하거나 비난하지 않고 묵묵히 삶의 진상을 기록한 샤오홍을 읽는 내내 나는 나를 돌아보았다. 내 고통, 내 아픔, 내 슬픔이 얼마나 유구하며 얼마나 당연한지 깨닫는 시간이었다. 그 시간의 끝에서 슬픔을 사는 것은 삶의 조건이며 의무임을 투정 없이 받아들였으니, 이보다 더 큰 위로가 어디 있으랴. 그래서 누군가 위로의 문장을 구하는 이가 있다면 나는 이 책을 다 읽으라 권하고 싶다. 하지만 19편의 소설을 다 읽을 여유가 없다면 〈손〉과 〈우차 위에서〉 같은 몇 작품이라도, 그것도 많고 단 한 편밖에는 못 읽겠다면 표제작 〈가족이 아닌 사람〉을 권하련다.

권위적인 아버지와 냉정한 의붓어머니 사이에서 자란 샤오홍의 어린 시절이 투영된 이 소설에서 화자인 '나'는 집안일을 하는 '유 둘째 아저씨'에게 남다른 정을 느낀다. '나'는 툭하면 어머니의 금지를 어겨 매를 맞는다. 그리고 그때마다 유 아저씨에게 도움을 청하고 그에게서 동병상련의 정을 느낀다. 하지만 아저씨는 쉬 마음을 내주지 않는다. 내 편인가 싶으면 어느새 어머니 편을 들고, 내가 원하는 것을 해줄 듯하지만 자신이 원하는 게 먼저다. 가족인 듯 가족이 아닌 애매한 경계 위에 둘은 서 있다. 그리고 마지막 순간, 두 사람의 관계는 분명하게 모습을 드러낸다.

평생을 헌신하며 그 집안사람이기를 꿈꿔왔던 사람과, 가족에게 실망하고 다른 가족을 꿈꾸던 사람의 미망이 깨어질 때 상처 입는 건 누구인가. 샤오훙은 자신의 미망이 다른 이의 더 큰 환상에 기댄 위안이었으며 그 환상이 깨질 때 자신은 외면했음을 거짓 없이 고백한다. 그는 자신의 외로운 삶을 토로하는 대신 자신보다 더 외롭고 아픈 삶이 있었음을 기록한다.

내 안의 고통에 붙들려 위로를 구하는 인생을 체호프와 샤오훙은 위로하지 않는다. 더 불행한 인생으로 위안을 삼으라고도 하지 않는다. 다만 모두가 이 불행의 늪에서 안간힘을 쓰고 있음을 보여주며, 그러니 사랑하라고, 더 늦기 전에 서로의 아픔을 들여다보라고 속삭일 뿐이다. 큰 기대나 희망은 없이. 그러나 아주 절망하지는 않고 속삭인다. 속삭임이 무슨 힘이 있냐고? 백 년 전의 속삭임을 여전히 듣는 귀가 있음을 떠올려보라. 때론 속삭임이 웅변보다 오래 귓전을 흔드는 법이다. 가녀린 눈발이 봄을 멈춰 세우고 우리의 발목을 붙들듯이. 그리고 멈춤 뒤에 늘 새롭게 봄이 오듯이.

여성이

제 삶의

진실을

말한다면

제2부

○

다정한 우리들의
페미니즘 선생님

벨 훅스,
《모두를 위한 페미니즘》

지난해 마지막 날의 저물 녘, 독서회 친구에게서 문자가 왔다. "여성주의적 세계관으로 제 시야를 넓혀주셔서 감사합니다." 벙싯, 입이 벌어졌다. 고마운 건 나라고 답장을 보냈다. 쉽지 않은 공부를 함께해준 벗들이 없었다면 나도 끝까지 할 수 없었을 터, 생각할수록 독서회 친구들이 고맙다.

작년 한 해 우리 독서회에서는 페미니즘 책을 읽었다. 여성들만의 모임이지만 내가 공부를 제안했을 때 두엇을 빼고는 반응이 뜨뜻미지근했다. 페미니즘이 사회적 이슈이니 알고는 싶지만 일 년 내내 그것만 읽는 건 부담스러운 눈치였다. 그 속을 알면서도 하자고 졸랐다. 허영의 독서를 피하려면 다양한 독서만큼이나 한 주제를 파고드는 고달픈 독서가 필요하다 믿었고, 무엇보다 나 혼자 공부하며 배운 것들을 벗들과 나누고 함께 토론하며 길을 찾고 싶은 마음이 컸다. 일단 반년만 해보자고 회원들을 설득해 동의를 얻었다. 무슨 책을 읽을까 고민이 시작됐다. 한 달에 한 번, 한 권을 읽는 독서회다. 열 권 남짓한 책으로 페미니즘의 역사와 다양한 이론을 알고 그 문제의식을 자기 삶의 고민으로 가져올 수 있어야 하니 고심할 수밖에 없었다.

첫 책은 스테퍼니 스탈이 쓴《빨래하는 페미니즘》으로 골랐다. 결혼과 출산으로 경력 단절을 겪은 저자가 메리 울스턴크래프트, 시몬 보부아르, 베티 프리단, 주디스 버틀러 등 주요 페미니스트들의 고전을 읽으며 자기 삶을 돌아보는 내용인데, 비슷한 경험을 가진 회원들이 공감하며 읽기 좋을 듯했다. 온라인으로 한 첫 모임, 다행히 반응이 괜찮았다. 고금의 다양한 고전을 개인사와 함께 풀어낸 책 덕분에 페미니즘이 자신의 일상과 동떨어진 이야기가 아님을 알았다, 더 알고 싶다는 소감이 많았다. 물꼬는 튼 셈이다.

이어서 누리아 바렐라가 쓰고 안토니아 산톨라야가 그린《초보자를 위한 페미니즘》과 벨 훅스의《모두를 위한 페미니즘》을 읽었다. 페미니즘의 역사를 만화로 담아낸《초보자를 위한 페미니즘》은 입문서로 제격이지만, 벨 훅스의 책은 읽기 쉬운 입문서이면서도 그 이상의 함의가 담겨 있어 처음에 읽을지 마무리 단계에서 읽을지 고민이 됐다. 마음 같아선 두 번 읽자고 하고 싶었는데, 이 책이야말로 나를 페미니즘으로 이끈 책이었기 때문이다.

오래전에 페미니즘을 공부한 적이 있었다. 취업을 못 하고 가사와 돌봄노동에 부대끼던 시절, 친구 소개로 페미니즘 학습 모임에 들어갔다. 교수와 대학원생들이 대부분인 모임에서 뤼스 이리가라이, 엘렌 식수, 줄리아 크리스테바 등의 이론을 처음 접했다. 놀랍도록 새롭고 머리에 쥐가 날 만큼 어려웠다. 남근중심주의를 비판하며 여성의 욕망, 여성의 글쓰기를 말하는 내용은 공감을 불렀으나, 낯설고 난해한 언어엔 거리감을 넘어 자괴감을 떨칠 수 없었다. 결국 중도에 그만뒀다. 신산한 삶을 일신할 배움을 꿈꾸던 내게 그때의 페미니즘은 가까이하기엔 너무 먼 것이었다.

그 후 내 곁의 남근중심주의에 분노하면서도 거기서 어떻게 벗어날지 알지 못한 채 나는 페미니즘으로부터 멀어졌다. 강남역 여성혐오 살인사건에 이어 미투운동이 일어났다. 젊은 여성들이 페미니즘의 이름으로 스스로를 일으켜 세우는 걸 보며 오래전 그때에 고여 있는 나를 보았다. 답답한 마음에 책을 집어들었다. 벨 훅스의 《모두를 위한 페미니즘》. 뭘 기대했다기보다 책이 작아서 부담 없이 택했는데, 읽는 동안 변화가 일어났다. 다시 시작해보자는 마음이, 참으로 오랜만에 내 속에 깃들었다.

서문에서 벨 훅스는 페미니즘을 이렇게 정의한다.

페미니즘이란 성차별주의와 그에 근거한 착취와 억압을 끝
내려는 운동이다.

나는 이 문장에 밑줄을 긋고 별표도 했다. 많은 이들이 페미
니즘을 남성에 반대하는 여성의 운동이라 생각하지만, 그는 페
미니즘이 반대하는 것은 남성이 아니라 남성중심주의이며, 가
부장제 사회에 사는 한 여남을 불문하고 누구라도 성차별주의
자가 될 수 있다고 지적한다. 실제로 나를 포함한 많은 여성이
어려서부터 가부장제적 가치관에 길들여져 스스로를 명예남
성이라 여기며 성차별주의를 옹호하는데, 이 때문에 벨 훅스는
내면화된 성차별주의에서 벗어나기 위한 '의식화' 모임이 중요
하다고 강조한다.

그의 정의는 '페미니즘＝양성평등'이란 통념도 넘어선다.
페미니즘이 가부장제에서 차별받는 여성을 위해 싸우는 건 분
명하다. 하지만 페미니즘이 추구하는 것은 양성평등을 넘어 성
별이 차별의 잣대가 되지 않는 사회, "누구나 타고난 모습 그대
로 살 수 있는 세상, 모든 인간이 평등하게 창조되었다는 진리
를 실천할 수 있는 세상"이다. 벨 훅스는 페미니즘만으로 이런
세상을 만들 수는 없으며 인종차별과 계급 엘리트주의, 제국주

의가 함께 종식되어야 한다고 말한다. 페미니즘이 중요한 것은 이 완고한 차별의 위계질서를 무너뜨리는 가장 큰 한 걸음이기 때문이다.

이 작은 책에는 정치, 경제, 교육, 결혼, 사랑, 윤리와 영성에 이르기까지 삶의 모든 측면에서 페미니즘적 사고와 실천이 구체적으로 쓰여 있다. 개중엔 동의할 수 없는 내용도 있고 미심쩍은 부분도 있다. 그러나 페미니즘은 정교한 이론이기 전에 삶을 바꾸는 운동이며 사람을 사랑하는 실천이라는 그의 믿음과 헌신은 의심할 수 없다.

벨 훅스, 그 이름은 차별에도 기죽지 않았던 외증조모의 이름에서 따온 필명이었다. 그는 이 이름을 대문자가 아닌 소문자(bell hooks)로 표기했는데, 자기 존재를 드러내기보다 자기가 하는 말에 방점을 찍기 위해서였다. 열아홉 살에 흑인 노예여성 소저너 트루스의 연설을 제목으로 내세운 《나는 여자가 아닌가요: 흑인 여성과 페미니즘》이란 책을 발표하며 혜성처럼 등장한 그는, 이후 반백 년 동안 가장 영향력 있는 작가이자 사회운동가로 차별에 맞서 쓰고 말하고 행동했다. 분노보다 사랑으로 세상을 바꾸려 했던 그가 지난 2021년 12월 15일 세상을 떴다. 다정한 우리들의 페미니즘 선생님, 당신 덕분에 나 자신을 사랑하고 우리를 아끼게 됐습니다. 고맙습니다!

잃을 것은 조국이요
얻을 것은 전 세계다

버지니아 울프,
《3기니》

조금은 늦은 나이에 글쓰기를 시작하면서 내가 모델로 삼은 것은 버지니아 울프였다. 그의 소설을 유달리 좋아해서는 아니었다. 내가 생각한 것은 작가로서의 성실성이었다. 울프가 남긴 일기를 읽으며 나는 강박적일 정도로 글쓰기에 헌신하는 작가를 보았다. 심각한 우울증과 전쟁의 공포에 시달리면서도 그는 하루도 쓰지 않고 넘어가는 날이 없는 것 같았다. 나는 그처럼 가차 없는 태도로 글쓰기에 전념하고 싶었다. 타고난 재능은 없지만 그런 성실함이라면 세상에 아주 부끄럽지는 않은 글을 쓸 수 있을 것 같았다.

　내가 버지니아 울프를 전범으로 삼았을 때 오로지 열심히 쓰는 성실성만을 염두에 둔 것은 아니었다. 당시 나는《3기니》*에서 보여준 그의 태도를 생각했다. 버지니아 울프 하면 흔히 소설《댈러웨이 부인》과 에세이《자기만의 방》을 첫손에 꼽지만, 내게 가장 큰 울림을 준 것은《3기니》였다.《3기니》를 읽고 나는 비로소 그의 성실함이 매일 열심히 쓴다는 사실 이상의 엄정함을 갖고 있다는 것을 알았다. 왜냐면《3기니》에서 그는 누구도 감히 던지지 못한 어려운 질문을 제기하고, 그 난감한 질문에 답하려 고투했기 때문이다. 질문에 대한 대답의 유효성을 떠나 스스로 그런 질문을 감당하려 나섰다는 사실만으로도 그의 작가적 성실성은 감탄스러운 것이었다.

1925년《댈러웨이 부인》과《보통의 독자》가 성공을 거두면서 울프는 스스로 고백했듯, "영국에서 자기가 쓰고 싶은 것을 쓸 수 있는 유일한 여자"(1925년 9월 22일 일기)가 되었다. 그는 이 사실을 자랑으로 삼기보다 책임으로 여겼다. 무엇을 어떻게 쓸 것인지 고심하며, 쓰고 싶은 것을 쓰는 데서 나아가 써야 하는 것을 쓰려 애썼다. 1929년 그는《자기만의 방》을 펴냈고, 거의 십 년에 걸친 모색 끝에 1938년《3기니》를 발표했다.

시작은 1931년의 한 강의였다. 울프는 여성 작가로서 직업적 경험을 얘기해달라는 강연을 의뢰받았고, 이를 계기로 '여성의 전문직'을 주제로 한 글을 구상했다. 그리고 오랜 시간 여

---

*   '기니'는 영국 제국이 사용하던 옛날 금화.《3기니》의 번역본은 이후 출판사에서 나온 태혜숙 본(2007)과 솔출판사에서 나온 오진숙 본(2019)을 함께 참고했다.

성의 경제, 사회생활, 교육, 종교 등에 관한 신문·잡지의 기사와 연감, 전기, 자서전, 일기, 편지 등 각종 자료를 수집했다. 자료 중엔 여성에 관한 것뿐 아니라 전쟁과 파시즘에 대한 것도 많았다.

당시 유럽은 파시즘이 발흥해 전운이 감돌던 시기였다. 1936년 스페인 내전이 일어났고, 공화정을 지키려 참전했던 조카 줄리언 벨이 전사했다. 울프는 《3기니》를 쓰는 내내 줄리언을 생각했다"라고 토로했다. 이런 시대적·개인적 정황을 떠올리면 이 책에서 반전과 평화를 내세우는 것은 당연해 보인다. 하지만 그가 여성의 경제적 독립과 반전·반파시즘을 연결지은 것은 단지 정황 때문은 아니었다. 울프에게 여성의 독립은 반전 투쟁을 위한 필수조건이었다.

파시즘의 발호로 스페인 내전이 일어나고 이에 맞선 저항 전쟁이 국제적으로 조직되던 시기에, 울프는 내부의 파시즘을 비판했고 모든 전쟁에 반대했다. 민주주의와 자유를 옹호하는 이들에게 이것은 배신이고 투항이었다. 그러나 울프는 벗들의 비난에도 물러서지 않았다. 파시즘과 전쟁, 애국주의의 광풍 속에서 그는 《3기니》를 썼고, 왜 모든 차별과 억압에 반대하는 페미니스트가 철저한 반전·평화주의자가 될 수밖에 없는지 보여주었다.

《3기니》는 가상의 남성 변호사를 내세워, '전쟁을 막기 위해 여성은 무엇을 할 것인가?'라는 질문을 던진다. 남성 변호사는 질문과 함께 대안도 제시하는데, '문화와 지적 자유를 수호'하는 선언문에 서명하고, 반전을 위해 활동하는 단체에 가입해 기부금을 내라는 것이었다. 이에 울프는 전쟁 저지를 위해서 자신은 여성대학을 설립하는 데 1기니, 여성 취업을 지원하는 단체에 1기니, 마지막으로 변호사가 제안한 대로 반전 단체에 (가입은 하지 않고) 1기니를 기부하겠다고 답한다. 그리고 여성의 교육과 취업이 왜 반전으로 이어지는지, 독자가 지칠 만큼 상세히 설명한다.

무엇보다 그는 전쟁이 그 자체로 "남성성의 배출구"이며, 특히 파시즘은 가부장제 독재의 극단적 형태임을 분명히 한다. 그에 따르면 "공적 세계와 사적 세계는 분리될 수 없고, 한쪽의 폭정과 예속은 다른 한쪽의 폭정과 예속"이므로, 파시스트 독재에 맞서 저항하는 것과 여성이 가부장적 종속에 반대하는 것은 같은 싸움이다. 나아가 그는 종속된 여성은 자신의 조국에서 제대로 된 지위도 권한도 갖지 못하며, 따라서 그들에게 애국심을 요구할 수는 없다고 주장한다.

여성은 아웃사이더이다. 아웃사이더인 그는 "어떤 형태의 국가적 자화자찬에도 동조하지 않을 것이며, 전쟁을 장려하는 박수부대의 일부가 되지도 않을 것"이다. 페미니즘과 평화주의는 분리될 수 없다. 하여 버지니아 울프는 선언한다.

여성으로서 내겐 조국이 없다. 여성으로서 나는 조국을 원하지도 않는다. 여성으로서 나의 조국은 전 세계다.

얼마 전 여성 독립운동가를 주제로 미술가 윤석남과 콜라보 작업을 했다. 식민지 조선에서 일제 파시즘에 맞서 싸운 여성 독립운동가 14인의 삶을 언어로 형상화하면서 나는 오래전에 읽었던 《3기니》를 떠올렸다. 같은 시대를 살았음에도 너무도 다른, 그들 사이의 거리를 보았다. 제국의 여성이 억압의 주체인 조국을 부정할 때, 존재조차 위태로운 식민지 여성은 조국을 지키려 목숨을 걸었다. 양쪽 다 무너뜨리고자 하는 것은 같았으나, 연대는 이루어지지 않았다.

대신 식민지 여성은 남성과 연대해 싸웠고, 그렇게 일으킨 나라에 제 몫이 있을 것을 믿었다. 그러나 침묵과 공백으로 남은 그들의 삶은 믿음이 배반당했음을 말해준다. 남성과 나란히 어깨를 겯고 싸웠음에도 기록도 기억도 되지 않은 그들의 존재는, 여성에게 조국이 없는 것이 아니라 '조국에는 여성이 없다'는 것을 일깨운다.

'없음'은 춥고 서러운 결핍이지만 또한 그것은 울프의 말처럼, 그리고 내가 만난 우리 선배들의 삶처럼, 자유이기도 하다. 지배와 예속의 역사로부터 자유롭게, 새로운 세상을 꿈꾸며 싸웠던 이들. 그들이 우리를 자유롭게 하리라.

남성을 기본값으로
하는 세상

캐럴라인 크리아도 페레스,
《보이지 않는 여자들》

나는 유리가 싫다. 몇 달 전 일이다. 아파트에서 산책하다가 하마터면 바닥에 쓰러진 새를 밟을 뻔했다. 손으로 쥐기도 미안한 아주 작은 새끼 새였다. 희미하게 숨을 쉬고 있어 안고 동물병원으로 달려가는데 뒤늦게 정신을 차린 새가 놀라 날아가 버렸다. 곤두박질치듯 날아가는 새를 보며 제대로 집이나 찾아갔을지, 목숨을 건지기는 했을지, 한동안 마음이 편치 않았다.

　새 아파트로 이사 온 뒤 죽은 새를 네 마리나 보았다. 새가 나동그라진 자리 위엔 어김없이 유리 가림막이 있었다. 화단을 빙 둘러친 투명한 유리가 새들을 죽인 원인이었다. 사람들은 있는지 없는지도 잘 모르는 유리막 때문에 새들은 머리가 깨져 죽고 있었다. 새끼 새를 놓친 며칠 뒤엔 다 자란 까마귀가 내 앞에서 소리 없는 비명을 지르며 죽어갔다. 도대체 이게 뭔가. 죄

없는 생명을 죽이는 유리 하나를 어쩌지 못하는 내가 한심해서 한참을 울었다.

유리가 무서운 것은 투명해서다. 안팎의 경계를 지우는 투명함 덕에 안락한 내부의 시선은 바깥의 자유를 누린다. 비바람이 불고 눈보라가 치고 머리가 깨지고 몸이 찢기는 밖의 사정은 그저 풍경의 일부. 자신과는 무관한, 보이지만 보이지 않는 저세상 풍경일 뿐이다. 현대는 유리를 사랑한다. 유리로 고층빌딩을 세우고, 유리로 경계를 치고, 조용한 유리 안에서 말간 얼굴로 바깥세상을 구경한다. 그 유리 때문에 생명이 죽어가는 줄 모르고, 혹은 모른 체하며 풍요를 구가한다. 이것은 하루이틀 일이 아니다. 유리천장의 존재는 일찍이 보고되었으므로. 그런데도 유리는 깨지긴커녕 천장부터 벽까지 점점 더 존재를 넓혀왔으니, 이 시대가 유리를 사랑하는 것은 의도적이라 해야 마땅하다. 현대는 유리의 가시성으로 죽음을 비가시화하는 세상이 분명하다. 그 세상에서 새들보다 먼저 보이지 않는 사선(死線)에 선 것은 여자였다.

이 말이 믿기지 않는다면 영국의 저널리스트 캐럴라인 크리아도 페레스가 쓴 《보이지 않는 여자들》을 보라. 2019년 영국왕립협회 과학서적상을 수상하고 각종 매체에서 '올해의 책', '올해의 경제경영서'로 꼽힌 이 책에서, 저자는 남성을 디폴트값(기본값)으로 삼는 사회에서 인구의 반인 여성이 어떻게 배제당하는지 1330여 개나 되는 참고자료를 통해 낱낱이 증명한다.

그에 따르면, 정치제도·세금·도시계획·산업안전·노동·의료·기술·재해복구 등 인간 사회의 거의 모든 분야는 남성을 기준으로 설계되고 운영된다. 가령 사무실 표준 온도는 70kg 40세 남성의 기초대사량을 기준으로 정해지며, 산업재해 연구에서 표준으로 삼는 것은 25~30세의 70kg 남성이고, 자동차 충돌시험엔 177cm, 76kg의 남성 근골격을 가진 인형이 사용된다(간혹 쓰는 여성 인형은 이걸 크기만 줄인 것이다). 의학에서 인체를 대표하는 것도 남성이고, 피아노 건반도 스마트폰도 남성을 기준으로 만들어진다.

그래서 여성은 불편을 겪는다. 불편만이 아니라 불만과 불안에 시달리며 심하면 목숨까지 위협받는다. 예를 들어 남성을 기준으로 설계된 자동차는 여성에게 멀미를 일으킬 뿐 아니라 사고가 났을 때 중상을 입을 확률은 남자보다 47퍼센트, 죽을 확률은 17퍼센트나 높인다. 의료 분야도 사정은 비슷하다. 남성과 여성은 같은 심장마비라도 증상이 다른데, 의학 연구는 남성을 표준으로 하기 때문에 여성은 제때 진단받지 못해 골든 타임을 놓치는 일이 잦다. 남성 신체를 기준으로 한 제세동기 사용법 또한 여성의 생명을 위태롭게 한다. 심지어 겨울철 제설작업조차 여성을 위험에 빠뜨린다. 눈이 오면 인도보다 차로부터 먼저 제설하는데, 인도를 사용하는 인구는 남성보다 여성이 훨씬 많기 때문이다. 별일 아닌 것 같지만 보행자가 미끄러운 눈길에 넘어져 다칠 확률은 운전자의 3배나 되는 데다 부상의 정도도 더 심하다. 그래서 스웨덴 칼스코가 시는 인도와 자전거도로부터 제설작업을 해서 좋은 결과를 얻었다고 한다.

남성이 작정하고 여성을 배제하거나 괴롭혀서 이런 일이 일어나는 건 아니다. 그냥 남성이 인간 사회의 기본값이어서다. 남성이 곧 인간을 뜻하는 인류사회의 오랜 전통이 부조리한 현실을 당연시하는 무지와 무념의 세상을 만든 것이다. 그 세상에서 여성 구조대원은 몸에 맞지 않는 남성용 안전장비와 씨름하다 목숨을 잃고, 쓰나미로 피해 입은 난민을 돕겠다고 나선 활동가들은 연료 없이 식재료만 주거나 부엌 없는 집을 지어줘 난민들의 배를 두 번 곯린다. 이 황당한 사태에 고의나 저의는 없다. 단지 여성과 함께 일하지 않고, 여성의 입장에서 생각하지 않고, 여성에게 의견을 묻고 이야기를 듣는 당연한 과정을 밟지 않아서 생긴 일일 뿐이다.

먹고살기도 힘든데 젠더니 성인지 감수성이 웬 말이며 여성가족부가 무슨 소용이냐고들 한다. 다들 힘든데 여성만을 위한 정책을 주장한다면 볼멘소리가 나올 만하다. 하지만 책을 읽고 나면 성인지 감수성이란 한쪽으로 기울어진 세상을 바로잡는 정의임을 깨닫게 된다. 세상이 제대로 돌아가면 모두에게 이익

이란 것도 알게 된다. 단적인 예로, 제설작업에 젠더 관점을 도입해 인도의 눈을 먼저 치우면 도로 관리 비용의 두 배에 달하는 보행자 사고 비용을 줄일 수 있고, 전일제로 일하는 여성 고용이 늘면 세수가 늘고 사회보장비는 감소해 GDP가 증가한다. 세금제도 또한 젠더적 관점에서 개혁하면 소비세 같은 간접세 비중이 줄어 조세 형평성을 높인다. 경제만 나아지는 게 아니라 정치적 안정에도 도움이 된다. 평화협상 과정에 여성이 참여했을 때 협정이 더 오래 유지되더라는 게 그 증거다.

남성을 기본값으로 하는 세상에서 편안하게 살아온 사람은—남성이든 여성이든—자신이 보는 세상을 마땅히 여기며, 자신이 세상을 잘 안다고 생각한다. 안다는 오만은 편견을 낳고, 편견은 차별을 낳고, 차별은 지옥 같은 세상을 만든다. 이 악순환을 끊는 첫걸음으로, 70kg의 젊고 건강한 남성이 기준이 아니라 더 작고 늙고 약한 사람이 표준인 사회를 상상해보자. 그 사회에서 수많은 사람이 누릴 평화를 상상해보자. 이제는 그런 세상, 그런 정치를 꿈꿀 때도 되지 않았나.

지구의 명령에
응답하라

마리아 미스,
반다나 시바,
《에코페미니즘》

끝까지 읽어야만 본색이 드러나는 책이 있다. 엄청난 반전을 숨긴 미스터리만이 아니다.《에코페미니즘》이 그렇다. 처음엔 실현 가능성 없는 당위만 얘기하는 것 같아 심드렁했는데, 자본주의 경제, 역사, 정치, 과학, 의학, 여성혐오와 폭력, 유전자 조작과 재생산기술, 식민주의와 극단적 민족주의에 이르는 전방위적 논의를 좇다 보니 사고방식이 바뀌고 세상을 보는 눈이 달라진다. 개벽이란 어쩌면 이런 것일지도 모른단 생각이 들 만큼 책에서 말하는 변화는 크고 깊고 근원적이다.

 에코페미니즘은 자본주의적 근대화를 역사적 필연으로 여기는 기존 역사관을 통째로 문제시하며 전면적인 재검토를 요구한다. 자본주의를 사회주의로 가는 디딤돌로 여기는 마르크스주의적 세계관 또한 똑같은 비판의 대상이다. 자본주의와 사회주의가 공히 인류사 발전의 동력으로 추앙하는 근대 과학에 대해서도, 에코페미니즘은 "과학의 전체적인 패러다임 자체가 가부장적·반자연적·식민주의적"이라고 통박한다.

이 때문에 에코페미니즘을 시대착오적 복고주의라 비판하는 이들도 있다. 하지만 현재 인류가 당면한 위기를 생각하면 이런 비판이 오히려 시대착오로 보인다. 지난 8천여 년의 인류세*가 종말을 눈앞에 둔 지금, 세계관의 전면적 전환을 요구하는 것이 왜 복고적인가? 급진적이라면 몰라도. 내 생각엔《에코페미니즘》이야말로 이제까지의 인류사를 완전히 다시 쓰는, 가장 대담하고 혁명적인 책이다.

《에코페미니즘》의 저자는 둘이다. 자본주의 근대화의 주체요 수혜자인 독일 출신의 사회학자이자 페미니즘 활동가 마리아 미스, 식민지 인도 출신의 핵물리학자로 서구 과학·기술의 문제점을 깨닫고 환경운동가로 나선 반다나 시바가 그들이다. 북(선진 산업국)과 남(개발도상국)을 대표하는 두 지식인은

---

* '인류세'란 인간이 지구 환경에 급격한 영향을 미치는 지질시대를 일컫는 용어다. 1980년대 미국의 생물학자 유진 스토머가 처음 쓰기 시작했고, 2000년 네덜란드의 대기화학자 파울 크뤼천과 함께 〈인류세〉라는 문서를 발표하면서 널리 알려졌다. 인류세의 시작을 언제로 볼 것인가에 대해서는 신석기 농업혁명을 비롯해 18세기 산업혁명 이후, 1950년대 전후 등 여러 주장이 있다.《에코페미니즘》에서 '8천여 년의 인류세'라고 한 것을 보면 신석기 농업혁명을 기점으로 잡은 듯하다.

이 책에서 존망의 기로에 놓인 인류를 위한 공존의 길을 제시한다.

역사적 위치가 전혀 다른 둘을 한 자리에 세운 것은 식민주의에 대한 인식이다. 식민 지배의 피해자인 반다나 시바는 물론이요 가해자이며 수혜자인 마리아 미스 또한 식민주의가 세계를 공멸로 이끈 자본주의의 핵심 동인임을 분명히 한다. 북이 남반부를 식민 지배해 번영을 구가해서만은 아니다. 두 사람에 따르면, 북의 식민주의는 남의 자원뿐만이 아니라 전 세계의 자연과 여성을 식민화한 자본주의 가부장제의 산물이며, 이로 인한 폐해는 인류를 넘어 그야말로 전 지구적으로 나타나고 있다. 이제 지구 생태계의 붕괴, 생물종의 멸종, 기후위기로 인한 파국은 예측이 아닌 눈앞의 현실이 되었다.

두 저자는 그 배후에, 이성(과학·기술)을 통한 자연으로부터의 해방이 인간의 자유요 역사 발전이라는 계몽주의적 자유 개념이 있다고 지적한다. 그리고 이로부터 남성과 여성, 문명과 자연, 북과 남, 백인과 유색인을 나누고 전자에 의한 후자의 지배를 당연시하는 위계적 이분법이 확립되었다고 본다. 이같은 이분법에 반대하는 이들은 저자들만이 아니다. 개중에는 '여성이 남성보다 낫고 자연이 문명보다 우월하다'라고 주장하는 이들도 있다. 하지만 미스와 시바는 이는 비판이라기보다 전도된 이분법일 뿐이며, 마르크스주의는 물론이고 일부 페미니스트들도 이 자장 안에 있다고 본다.

대표적인 예로 미스는 시몬 드 보부아르를 지목한다. 보부아르는 남성 주체가 여성의 타자화를 통해 자유-초월에 도달했다고 비판함으로써, 기존의 인식론이 타자를 대상화한다는 점을 분명히 했다. 하지만 그는 이를 넘어 새로운 인식론으로 나아가지 못한 채 오히려 여성을 정신(이성)과 몸으로 이분화하고, 몸을 대상화함으로써 여성 주체를 실현하려 한다. 이때 임신하는 여성의 몸은 자유를 방해하는 동물적인 신체, 벗어나야 할 자연의 질곡으로 여겨지며, 새로운 과학적 재생산기술은 몸으로부터의 해방을 이끄는 동력으로 파악된다.

이와 달리《에코페미니즘》은 의학 기술의 힘으로 여성의 자기결정을 이루려는 것은 "살아 있는 공생관계들을 더 이상 해부하지 못하게" 하는 '기술적 가부장제'라고 비판한다. 문제는 출산하는 여성의 몸이 아니라 "살아 있는 관계의 파괴와 가부장적 지배"이며, 중요한 것은 "남성도 이 살아 있는 관계, 이 일상성, 이 부담과 연결되는 새로운 양성관계"를 창출하는 것이기 때문이다. 즉 관건은 기술이 아니라 관계의 혁명이다.

《에코페미니즘》은 저개발국가도 경제개발을 통해 서구가 누린 풍요를 따라잡을 수 있다거나, 여성도 남성을 따라잡아 똑같은 지위와 권력을 누려야 한다는 주장에 반대한다. 서구 여성이 남성과 같은 삶을 누리는 데 비서구 여성의 저임금 노동이 필수적이듯이, 따라잡기 전략은 사회적 비용의 외부화를 통해서만 가능하기 때문이다.

인도를 영국처럼 살게 하고 싶냐는 영국 기자의 질문에 마하트마 간디는 "영국처럼 작은 나라를 그 수준으로 살게 하는 데도 지구의 절반이 착취당해야 했습니다. 인도를 그렇게 살게 하려면 착취할 지구가 몇 개나 더 있어야 합니까?" 하고 반문했다. 《에코페미니즘》은 이 말을 인용하면서, 전 지구적 하청, 여성의 무보수 노동, 외주와 하청이라는 노동 분할, 대도시 집중이라는 지역 분할 없이 따라잡기식 성장은 불가능하다고 확언한다.

그렇다면 대안은 있는가? 착취를 멈추고 지구를 구할 대안은 무엇인가? 《에코페미니즘》은 모든 것을 쪼개고 갈라서 경쟁시키는 권력의 분할 지배에 맞선 '연대와 자급적 관점'을 대안으로 제시한다. 자연과 인간을 가를 수 없듯 여성과 남성, 북과 남이 따로 존재할 수 없다. 그러니 연대하라. 착취 없는 자급으로 함께 살라. 지구가 보내는 최후의 명령에 응답하라!

'사유함'이 왜 악행을 거부하게 하는가

한나 아렌트,
《책임과 판단》

끔찍한 짓을 저지른 이들의 얼굴이 공개될 때마다 평범한 모습에 놀란다. 외모로 사람을 판단할 순 없다고 생각하면서도 이런 괴리엔 좀체 익숙해지지 않는다. 그 당혹감을 설명하기 위해 자주 등장하는 것이 '악의 평범성'이란 말이다. 철학자 한나아렌트가 나치 전범 아이히만의 재판을 보고 쓴 《예루살렘의 아이히만》에서 제시해 유명해진 개념인데, 여기저기서 어찌나 많이들 인용하는지 안 읽을 수가 없었다. 한데 대중적 명성과 달리 책은 장황하고 난해해 이해하기 힘들었다. 글줄만 좇다 책을 덮었고, 개념에 대한 의구심은 인용문을 볼 때마다 커졌다.

평범한 보통 사람도 악인이 될 수 있다는 얘기라면 새롭진않아도 부정할 이유는 없다. 문제는 악의 평범성이란 말로 모두가 악에 연루되어 있다고 주장하는 것이다. 가령 1980년 광주에서 학살이 일어났을 때 이를 설계하고 행한 자들만이 아니라 침묵하고 방관한 당대인 모두가 악의 방조자로서 책임이 있다는 식이다. '모르고 짓는 죄도 죄'라고 여긴 나는 이런 주장 앞에서 속수무책, 오랫동안 죄책감을 느꼈다. 하지만 언젠가부터 이런 주장이 악을 보편화하고 선을—실현하기도 실행하기도 어려운—특별한 것으로 만든다는 의구심이 들었다. 악의 평범성이 소수가 저지른 악을 모든 인간의 조건처럼 합리화하는 건 아닌가, 이런 식으로 '모든 인간은 잠재적 악인이다'라고 규정하면 선을 행하는 게 특별한 일이고 악을 단죄하는 것은 불가능해지는 게 아닌가 싶었다.

또 하나 미심쩍은 것은 악의 평범성과 사유 불능성을 연계한 설명이다. 많은 이들이 이 개념을 가져와서 '생각하지 않음'을 악의 근거로 제시하고 사유의 중요성, 인문학의 필요성을 역설하곤 한다. 책으로 먹고사는 입장에서 딱히 문제 삼을 일은 아니나 의문은 남는다. 인문학을 공부하고 생각을 많이 하는 사람이라 해서 악을 행하지 않는 건 아니다. 오히려 이런 사람이 악을 행하거나 악에 편승해 삶을 도모한 뒤 자신의 앎으로 악행을 합리화하는 일이 비일비재하다. 사유를 업으로 삼는 철학자가 불의한 독재의 충실한 지지자가 된 예는 많다. 당장 아렌트의 연인이자 스승인 마르틴 하이데거가 그러지 않았던

가(그는 사랑하는 제자 아렌트가 유대인이었음에도 나치를 지지했다).
그렇다면 사유하지 못함에서 악이 연유한다는 아렌트의 설명
은 너무 순진하거나 너무 엘리트적인 것이 아닌가?

　이런 의구심 때문에 한동안 아렌트를 멀리했는데, 얼마 전
그의 유고집 《책임과 판단》을 읽고 생각을 달리하게 됐다. 책
은 생애 마지막 십 년간 아렌트가 남긴 강의록, 연설문, 논문 등
을 묶은 선집이다. 악의 평범성이라는 개념은 물론 그의 사상,
정확히 말해 그의 사유 방법을 아는 데 도움이 된다. 편집자 제
롬 콘의 서문은 유명한 사상가-스승을 다룰 때 흔히 보이는 신
화화가 전혀 없는 해제로 아렌트에 대한 균형 잡힌 이해를 돕
는다.

　책에 실린 여러 글에서 아렌트는 "모두가 유죄라면 어느 누
구도 유죄가 아니다"라고 언명한다. 그는 "피고는 인류 전체"라
고 주장하거나 같은 독일인으로서 죄의식을 느낀다고 하는 말
에 단호히 반대한다. 언뜻 고매해 보이는 이 말들이 실제론 잘
못한 자들의 죄를 희석할 뿐이란 것이다. 그에 따르면 죄는 "의
도나 잠재성이 아니라 특정 행위를 지목"하는 것으로, 오직 개
인에게만 물을 수 있고 그래야 의미가 있다. 모두 죄가 있다면
누가 누구를 어떻게 처벌할 수 있는가.

　관료제적 시스템 아래서 개인은 하나의 톱니일 뿐이라 죄를
물을 수 없다는 주장도 비판한다. 그는 아이히만 재판이, "당신

은 왜 톱니가 되었고 계속 톱니로 남았는가?" 하고 물음으로써 개인적 책임과 법적인 죄를 따질 수 있었다고 평가한다. 아이히만과 같은 톱니들은 관료제 시스템을 작동시키는 역할을 하고도 으레 "시스템이 한 일"이라며 책임을 전가한다. 가해자가 자신도 피해자라고 주장하는 황당한 상황이 벌어지는 것이다. 그러나 아렌트는 톱니 역시 한 인간이며 특정한 한 사람으로서 구체적인 책임을 지닌다며 이들의 주장을 일축한다.

그렇다면 집단엔 아무 책임이 없는가? 아니다. 아렌트는 독일인에게는 나치 정권의 탄생에 기여하고 지지한 책임이 있고, 제국의 후손에게는 식민 역사에 대한 책임이 있음을 분명히 한다. 우리는 공동체의 성원으로서 사회와 역사에 책임이 있다. 도덕적 책임이 아니라 정치적 책임이다. 아렌트는 개인에게 적용되는 도덕적 책임과 집단에 적용되는 정치적 책임을 구분하고, 우리에게 개인적 죄와 집단적 책임을 묻는다.

20세기의 정치적 위기는 "우리의 판단을 확실히 규정해줄 일반적인 기준은 존재하지 않음"을 보여주었다. 이런 상황에서 올바르게 행동하려면 사유해야 한다고 아렌트는 말한다. 사유함(thinking)이 왜 악행을 거부하게 하는가? 사유함은 "자신과의 무성(無聲)의 대화"이며, "멈추고 생각하는 것"이기 때문이다.

의심의 여지가 없던 일을 멈추고 돌아보는 것, 세평이 아닌 자신의 내면을 기준으로 삼아 생각하는 것은 그 자체로 "규칙에서 벗어난" 활동이다. 사유하는 사람은 사회에 통용되는 일반규칙을 의심하며 세류에 합류하기를 거부한다. 반면 사유하지 않는 사람은 상투적인 말, 관행적인 처신을 고수한다. 사회적으로 인정된 양식에 의지해 스스로 판단하고 책임지기를 피하는 것이다. 아렌트는 사유 능력은 지적 능력과 다르며, 사유하지 못하는 무능함은 지식인에게서도 예외 없이 나타난다고 지적한다.

불의의 시대에 한나 아렌트는, "불의를 행하기보다 불의를 당하는 편이 낫다"고 한 소크라테스로 돌아가 정의의 가능성을 모색했다. 악의 평범성을 목격하고도 절망하고 냉소하는 대신, 우리의 판단 능력이 재앙을 막아주리란 믿음을 버리지 않았다. 허무주의야말로 악의 배양토임을 알았기 때문이다. 지식인과 정치판이 아무리 허무주의를 부추겨도 거기 넘어가면 안 되는 이유다.

억울하면 더 나은
민주주의를 하라

아이리스 매리언 영,
《차이의 정치와 정의》

한국 사회에는 억울한 사람이 참 많다. 국가적·사회적 폭력의 희생자가 억울해하는 것은 당연하다. 하지만 병이 나도 억울하고, 시험문제가 어려워도 억울하고, 교통경찰에 잡혀도 '왜 나만?' 하고 억울해하는 건 왜일까? 흥미로운 건 스피노자가 열거한 48가지 인간의 감정에 억울함이 없다는 사실이다. 이상하다. 외국어로는 마땅한 번역어조차 없는 이 감정이 왜 한국에서는 누구나 공감하는 보편감정으로 모두의 마음을 사로잡고 있을까?

《우리는 왜 억울한가》란 책을 쓴 판사 유영근에 따르면, "억울함은 잘못된 일의 책임이 자신에게 있지 않다는 것을 전제"한다. 외부로 책임을 돌리는 이런 정서가 사회의 지배적 감정이 된 건 아무래도 오랜 억압의 역사 때문이지 싶다. 외부의 침략과 내부의 폭력으로 수백만이 희생당한 식민과 전쟁의 역사, 자의적인 잣대로 애먼 사람을 죽이고 고문하던 독재의 역사가 억울함을 국민 다수의 감정으로 만든 것이리라.

억울함이 보편화되면서 요즘은 죄를 짓고도 억울하다고 목소리를 높이는 지경이 되었지만, 사실 억울함은 납득할 수 없는 부당한 폭력과 억압에 대한 피억압자의 반응이고 호소다. 억울하다는 말에는 내가 겪은 부당함을 사회와 국가가 해결해주지 않으리란 절망, 세상이 불의하다는 고발, 정의를 실현해야 한다는 요구가 담겨 있다. 그러므로 억울함은 한국 사회의 유다른 정서 같지만 그 바탕엔 정의라는 인류사회의 공통된 요구가 있는 셈이다.

정의는 만인의 보편감정에 호소하는 제일의 가치다. 현대 정의론의 지평을 넓힌 정치철학자 아이리스 매리언 영은 역저 《차이의 정치와 정의》에서, "정의 개념은 정치적인 것의 개념과 완전히 일치한다"라고 했다. 정의를 향한 요구와 실천, 이를 둘러싼 대립과 갈등이 정치의 요체이며, 정의가 정치철학의 중심 주제임을 분명히 한 것이다.

《차이의 정치와 정의》는 전미정치학회 저술상을 수상한 그의 대표작으로, 출간된 지 30여 년이 지난 지금도 생생한 현실 인식으로 독자를 사로잡는다. 책의 첫 장에서 그는 고대에서 근대로 오며 정의의 영역이 대폭 축소되었다고 지적한다. 고대 정치사상에서 정의가 사회 전체의 덕목이던 것과 달리, 근대에 와선 개인들 간의 공정한 분배에 관한 문제로 한정되었다는 것이다. 그러고 보면 정의보다 공정이 화두인 요즘 세태는 근대의 정의가 그보다 더 협소한 절차의 공정성으로 축소되고 있음을 반영하는 것 같다.

영은 이러한 축소에 맞서 정의 개념의 확장을 도모한다. 이제까지 대부분의 이론가들은 정의란 소득이나 지위 같은 물질적·사회적 자원을 공평하게 분배하는 것이라고 설명했다. 정의를 분배의 관점에서 본 것이다. 그러나 영은 이런 분배 패러다임이 정의 개념을 축소하고 왜곡한 주요인이라며, 그 철학적 전제부터 정치적 효과까지 광범위하게 비판한다.

무엇보다 그는 분배 패러다임이 인간을 재화의 소비자, 소유자로 전제하는 데 반대한다. 인간에게 물질적 욕구 충족은 중요하다. 하지만 사람은 소비하고 소유하는 것뿐 아니라 일하고 베풀고 성취하는 데서 기쁨을 얻는 존재이기도 하다. 즉, 인간은 "무언가를 행하는 자"로서 '좋은 기술을 익히고 사회적 과정에 참여하고 타인과 소통하는' 사회정의의 다른 가치들을 추구하는데, 분배 패러다임은 이를 사상해버린다. 영은 이런 시각이 모두가 더 자유롭고 평등하게 자신의 역량을 계발할 수 있는 사회에 대한 '해방적 상상력'을 제거하는 결과를 낳으며, 정치의 축소나 비정치화를 강화한다고 비판한다. 그리고 대표적인 예로 복지국가를 지목한다. 복지국가를 좋은 모델로 여기던 나는 이 대목에서 깜짝 놀랐다. 하지만 이어지는 그의 논리에 고개를 끄덕일 수밖에 없었다.

그에 따르면, 현대의 복지 자본주의사회는 분배에 의한 정의를 내세우지만 실제론 기존의 소유·권력관계를 인정한 상태에서 분배의 정의만을 추구하기에 사회구조적 차별은 승인되며 계속 유지된다. 또 복지국가는 관료제에 의한 지배·관리를 합리적이고 중립적인 것으로 정당화한다는 점에서 민주주의를 심각하게 위협한다. 이는 최근의 한국 사회에서도 확인되는 사실이다. 선거로 뽑힌 선출직 공무원에 대해선 정치적 파당성을 띤다고 비판하면서, 고시 같은 시험성적으로 뽑힌 엘리트 관료의 전문성과 중립성은 의심하지 않는 이들이 많다. 특히 언론은 이런 엘리트주의를 옹호하는 대표적 기관이다. 하지만 영은 이런 전문가주의야말로 사회정의를 해치는 이데올로기라고 비판한다. 능력이라는 이름으로 소수 특권집단의 지배를 당연시하기 때문이다.

그렇다면 정의란 무엇이며, 이를 실현하기 위해선 어떻게 해야 할까? 영은 "좋은 삶의 가치가 실현되는 데 필요한 제도적 조건을 마련하고 지원하는 것이 사회정의의 핵심"이라고 말한다. 그가 분배보다 구조적 억압과 지배를 파악하는 데 초점을 맞추고 민주주의의 실천을 강조한 것은 이 때문이다.

그는 특히 일상화된 억압에 주목해, '착취·주변화·무력함·문화제국주의·폭력'이라는 다섯 가지 측면에서 억압의 작동 과정을 세밀히 분석한다. 능력주의 이데올로기가 많은 이들을 열등한 존재로 낙인찍어 부정의를 합리화하는 것처럼, 억압은 의식적으로뿐 아니라 우리의 무의식에서도 알게 모르게 작용한다. 그래서 암암리에 억압에 일조하며 살다가 어느 날 불의의 피해자가 되어서야 억울함을 토로하는 일이 벌어진다.

영은 차별적이고 억압적인 사회에선 누구나 억압자이자 피억압자일 수 있다고 말한다. 모두가 죄인이라거나 모두가 피해자란 뜻이 아니다. 모두가 정의에 책임이 있다는 것이다. 그러니 억울하면 민주주의를, 더 나은 민주주의를 하자는 얘기다.

"당신은 평화주의자입니까"

카테리네 크라머,《케테 콜비츠》
베티 리어든,《성차별주의는 전쟁을 불러온다》

원고 마감이 코앞이지만 제주로 향했다. 바다보다 먼저 케테 콜비츠를 보러 갔다. 중산간에 자리한 포도뮤지엄 2층에 케테 콜비츠의 작품이 소박하고 깔끔하게 전시돼 있다. 작품은 많지 않았다. 자화상 몇 점, 아이와 어머니를 담은 판화들,〈전쟁〉연작 7점, 죽음에 관한 작품들과〈직조공 봉기〉〈농민전쟁〉연작 몇 점, 그리고 청동 조각상〈여인과 두 아이〉. 전시실 하나에 작으면 엽서만 하고 커봐야 스케치북만 한 흑백의 판화들과 조각상이 여유롭게 놓여 있었다.

전시의 마무리는 케테 콜비츠에 관한 영상 세 편이다. 화면은 작고 상영 시간은 길지 않았다. 모든 관람객이 그 앞에서 오래 머물렀다. 영상을 통해 나는 열여덟 살의 아들을 제1차 세계대전에서 잃고 20여 년 뒤 같은 이름의 손자를 제2차 세계대전에서 잃은 어머니를 만났고, 그 슬픔을 작품으로 형상화한 예술가의 고투를 보았다. 죽은 아들을 기리며 제작한 조각상 〈슬퍼하는 부모〉와 〈피에타〉를 화면으로 본 순간 죄어오는 아픔에 숨이 막혔다. 실물도 아닌 영상인데, 아들의 죽음에 괴로워하는 어머니의 고통이 고스란히 전해졌다. 눈물이 흘렀다.

몇 년 전 큰 맘 먹고 간 유럽 여행길에서 미켈란젤로의 〈피에타〉를 보았다. 뙤약볕에서 거의 한 시간이나 줄을 서고 성당 경비원에게 인종차별이 분명한 무례함까지 겪고 난 뒤끝이었을까. 돌로 만들었다는 게 믿기지 않을 만큼 우아하고 섬세한 조각상이었으나 솔직히 감동을 느끼진 못했다. 너무도 매끈하고 아름다운 성모의 모습은 아들을 잃는 기막힌 일을 당한 어머니라기보다 무력한 젊은 여자처럼 보였다. 눈먼 폭력에 아들을 뺏긴 어머니가 왜 이리 고요한가, 왜 이런 어머니상을 세상은 걸작이라 하는가. 고개를 갸우뚱하다 미술에 조예가 없어 그런가 보다, 하고 말았다.

케테 콜비츠의 〈피에타〉는 달랐다. 죽은 아들을 품어 안은 어머니는 온몸으로 비통함을 드러내며 세상에 묻는다. 왜 내 아들이 죽었는가? 젊은 아이는 죽고 늙은 부모는 슬퍼하는 일이 왜 일어났는가? 무엇을 위해 우리 아이들이 죽고 죽이는가? 죄지은 자들은 어디 있으며, 살아남은 우리는 이 죽음 앞에서 무엇을 해야 하는가? 세상을 향해 뼈아픈 질문을 던진 사람, 그가 궁금해 책을 펼쳤다. 책장에서 묵어가던 카테리네 크라머가 쓴 《케테 콜비츠》를 비로소 읽었다.

징집 연령도 안 된 어린 아들이 자원입대를 고집했을 때 어머니인 그는 이를 허락했다. 자신의 깃발을 세우고 싶은 아들의 열망을 알기에, 조국을 위해 싸우려는 그를 축복하고 한 번도 내건 적 없는 국기를 내걸었다. 그리고 한 달도 못 돼 아들의 죽음을 통고받았다. 그날 이후 콜비츠는 남은 생 내내 아들의 죽음 앞에서 느꼈던 회한과 절망과 질문에 답하기 위해 노력했다. "전쟁, 그리고 피터의 죽음에 생각이 미치면 뿌리에서부터 무너져내린다"라고 고백하면서도 그는 이 죽음을 직시하려 애썼다.

아들의 죽음 앞에서 어머니는, 아들의 애국심을 승인하고 전장으로 가는 어린 아들을 배웅했던 자신을 돌아보았다. 그리고 1918년부터 5년간에 걸친 목판화 〈전쟁〉 연작을 통해 온 세상에 자신이 겪은 이 "참담한 과거"를 보여주었다. 전쟁은 그 어떤 미명으로도 합리화되지 않는다고 외쳤다. 18년 동안 매달린 추모비 〈슬퍼하는 부모〉상과 생애 말년에 완성한 작은 브론즈 〈피에타〉를 통해, 그는 "씨앗들이 짓이겨져서는 안 된다"는 자신의 유언을 전했다. "이것은 '전쟁은 이제 그만!'에서처럼 소원이 아니라 명령이다. 요구다"라고 선언했다.

오랜 고투 끝에 그는 자신이 겪은 죽음이 아들들의 헛된 미

망에 기댄 차별적 구조가 낳은 결과임을 알았고, 이 모든 죽음
과 고통을 끝내기 위해서는 전쟁과 전쟁을 요구하는 이제까지
의 세계 질서를 끝장내야 한다는 것을 깨달았다. 시인 뮤리얼
루카이저는 그를 기리는 시에서 말했다.

"한 여자가 자기 삶의 진실을 말한다면 어떤 일이 일어날
까?/ 세계는 터져버릴 것이다."(〈케테 콜비츠〉)[*]

시인의 말처럼 케테 콜비츠의 깨달음은 이 끔찍한 세상의
허상을 드러내 터뜨렸다.

죽기 얼마 전인 1945년 4월 손녀가 그에게 "할머니는 평화
주의자냐?"라고 묻자 그는 "그렇다"고 대답했다. "평화주의자
는 전쟁 반대자 그 이상이며, 이는 새로운 이상이며 인류에 대
한 사랑이다"라고 말했다.

케테 콜비츠를 만나고 돌아와 나는 평화학자이자 교육자인
베티 리어든이 쓴《성차별주의는 전쟁을 불러온다》를 읽기 시
작했다. 책은 인간의 특성을 여성성과 남성성으로 분리하고 위
계화하는 성차별주의가 전쟁의 작동원리임을 보여준다. 리어
든은 남성을 전사로, 여성을 희생자로 키우는 가부장제 사회가
"여성의 취약함에 의존"하며, "전쟁 체제는 그러한 구조를 먹이

[*]   뮤리얼 루카이저,《어둠의 속도》, 박선아 옮김, 봄날의책, 2020.

로 삼는다"고 말한다. 그러므로 "여성들이 점차 취약한 존재로 남길 거부하고 희생자가 아닌 적으로 인식되는 걸 불사하면서 평등을 추구하자 더더욱 대규모의 살상무기가 개발된 것은 놀라운 일이 아니다."

페미니즘이 무어냐를 놓고 말들이 많다. 여성의 이익을 평등하게 챙기는 것이 페미니즘이라고도 한다. 하지만 이제껏 남성이 누렸던 것과 똑같은 이익과 권한을 누리는 것은 내 목표가 아니다. 지금까지의 체제에서 기득권을 누렸던 이들처럼, 어리고 약한 존재를 타자화하고, 무력으로 다른 세계를 식민화하고, 그들의 노동과 헌신에 기대어 살면서도 고마운 줄 모르는 철면피한 존재이기를 나는 바라지 않는다.

내게 페미니즘은 무엇보다 차별을 부추기는 세상에 대한 저항이고, 모두가 평화롭게 자신을 드러내고 삶을 누릴 수 있는 세상으로 가는 하나의 길이다. 만약 그것이 페미니즘이 아니라면 나는 기꺼이 페미니즘을 버릴 것이다. 지킬 것은 이념이 아니라 나, 인간이다. 평화는 누구도 상처 입지 않고 누구에게도 상처 주지 않으려는 의지의 실천이다. 그래서 어려운 것이고, 그래서 해볼 만한 일이다.

스스로 길이 된
전사

오드리 로드,
《시스터 아웃사이더》

비 오는 토요일 오후, 절판된 책을 찾아 먼 데 있는 도서관에 갔다. 버스에서 내려 산 아래 도서관으로 오르는 길, 젖은 수풀 냄새를 맡으며 기분 좋게 걸음을 옮기는데 문득 느낌이 싸하다. 저 앞에서 한 남자가 노려보고 있다. 아무래도 나를 노리는 것 같다. 눈도 마주치지 않았는데 왜 저러지? 돌아서자니 뒤가 무섭고 도움을 청할 사람도 없다. 차라리 모른 척 걸어가자 했는데, 옆을 지나는 순간 남자가 욕설을 퍼부으며 우산으로 내리친다. 살기가 등등하다. 무조건 고개를 숙이고 내달렸다.

도서관이 가까워 간신히 몸을 피했으나 공포심이 가시지 않는다. 사람들이 무섭고 특히 비슷한 중년 남자만 보면 몸이 움츠러든다. 여성과 노인을 상대로 한 폭행 사건에 대해 듣기는 했지만 막상 겪으니 충격이 크다. 만만한 여자에게 제 화풀이를 하는 비겁한 사내에 대한 분노보다 무력한 나 자신에 대한 실망, 무도한 세상에 대한 두려움이 더 크다. 앞으로 어찌 사나 한숨이 나온다.

자꾸 주저앉는 마음을 다잡으려 책을 찾았다. 용감한 여성, 힘 있는 여성의 이야기를 보고 싶은데 남자처럼 성공하고 권력을 행사한 여자들 이야기만 눈에 띈다. 진짜 강한 여성, 혐오에 존재가 위협당하면서도 끝내 지지 않은 여성은 없는 걸까? 있다! 나보다 더한 위협에 시달리면서도 혐오하는 세상을 바꾸려 평생을 바쳐 싸운 여성이 있다. 미국의 흑인 페미니스트 레즈비언 시인 오드리 로드. 이제는 고전이 된 그의 산문집《시스터 아웃사이더》를 펼치자 겁먹은 내가 그토록 읽고 싶었던 힘센 문장이 성난 파도처럼 밀려든다.

1934년 서인도제도 그레나다 출신의 이민자 가정에서 태어나 뉴욕 할렘에서 자란 오드리 로드는 열두 살 때부터 시를 쓰기 시작했다. 도서관 사서로 일하며 레즈비언 게이 공동체에서 활동하던 그는 백인 게이 남성과 결혼해 1녀 1남을 두었고, 서른네 살 때 첫 시집을 출간했다. 그리고 시인이자 교사로 남부의 흑인 학생들에게 시를 가르쳤다. 남편과 이혼한 뒤 백인 여성 심리학자와 가정을 꾸려 아이들을 키우면서 그는 흑인 민권운동에 참여하고, 유색 여성을 위한 출판사를 차리고, 가정폭력 생존 여성을 위한 단체를 만들고, 아파르트헤이트로 고통

받는 남아프리카공화국 여성을 위한 기구를 조직했다. 그사이 유방암 진단을 받아 한쪽 가슴을 절제했고 6년 뒤에는 간암 진단을 받았지만, 58세로 세상을 뜰 때까지 그는 글쓰기와 사회운동을 멈추지 않았다. 말년에 그가 받은 아프리카 이름은 '자신의 의미를 분명히 보여준 여성 전사'라는 뜻의 감바 아디사. 짧지만 충만했던 삶에 참으로 걸맞은 이름이었다.

이력에서 알 수 있듯, 그는 태어나 죽을 때까지 사회의 아웃사이더였고 그래서 혐오의 대상이었던 사람이다. 그러나 그는 이른바 '인싸'가 되려 한 적도 없고 타인의 '대상'으로 머문 적도 없었다. 보통 대상이 되면, 그것이 설사 사랑의 대상이라 해도, 대상화된 사람은 주체적인 삶을 사는 데 어려움을 겪는다. 주체로 서기 위해서는 자신의 삶을 근거로 세상에 없던 기준을 만들어야 하고, 그걸 밀고 나가며 세상을 설득하고 혐오와 맞서 싸우는 전인미답의 길을 걸어야 한다. 이것은 말처럼 쉬운 일이 아니다. 그러나 오드리 로드는 이 어려운 길을 선택했고 스스로 길이 되었다.

그가 여러 글과 연설에서 자신의 정체성을 거듭해 밝힌 것은 이를 위해서였다. 그는 자신이 어머니이고 시인이고 교사일 뿐 아니라, 사회적으로 차별받고 배척당하는 '흑인·이민자·페미니스트·사회주의자·레즈비언·암투병자'란 사실을 솔직하게 드러냈다. 고백하지 않고 선언했다. 흑인 민권운동이 통일된

대오를 요구할 때 그는 페미니스트 정체성을 천명했고, 페미니즘운동이 자매애를 내세울 때는 흑인 레즈비언 정체성을 외쳤다. 대오를 무너뜨린다는 비판을 받았지만 굴하지 않았다.

차이를 걸림돌로 여기는 이들에 맞서 그는 차이는 다양성이며 다양성은 새로운 세상을 여는 창조력임을 분명히 했다. 서로 다른 성, 인종, 계급, 세대가 부딪치는 삶에서 어떤 이념, 어떤 운동도 이 차이를 넘어 절대적인 것은 없다고 주장했다. "내가 누구인지 스스로 정의하지 않으면, 나에 대한 타인들의 환상에 산 채로 잡아먹히게 될 것"을 알기 때문이었다. 한마디로, 살기 위해서 두려움을 떨치고 자신을 드러낸 것이었다.

흑인-여성-어머니로서 그는 생존을 무엇보다 중요하게 여겼다. 성차별과 인종차별로 일상이 전쟁터가 되어버린 세상에서 아들이 죽지도 죽이지도 않기를 바랐기에, 그는 아이에게 "사랑과 생존을 위해 스스로를 정의하고 내려놓는 법"을 가르쳤다. 그리고 아들을 "적개심의 대상은 여성이 아니라 구조의 파편들이라는 점을 꿰뚫어 볼 줄 아는" 흑인 남성으로 키우려 노력했다. 그 시작은 엄마가 "아들의 감정을 처리해주기 위해 존재하는 사람이 아니란 것을 가르치는 것"이었다.

느닷없는 폭력에 존재를 위협당하고 보니, "시는 사치가 아니라 생존에 대한 꿈과 희망을 언어로 행동으로 이어지게 하는 생명줄"이며 "존재 자체가 정치적 노동"이라는 오드리 로드의 말이 생생한 아픔으로 다가온다. 세상이 '묻지마 폭력'이라고 말하는 일을 겪고서야 나는 '존재 자체가 정치적 노동'이라는 말의 의미를 깨달았으니, 이것은 다행인가 불행인가.

모든 존재는 살고자 한다. 요즘 세상은 '죽이지 않으면 내가 죽고, 지배하지 않으면 지배당한다'고 가르치지만, 긴 지구의 역사는 하나의 삶이 다른 삶과 연결되고 다른 존재가 살 때 내가 살 수 있음을 드러낸다. 지금 내 삶이 힘들고 억울한 것은 내 옆의 늙고 약한 이웃 탓이 아니라, 내 눈에 보이지 않는 은폐된 권력 때문이다. 싸움에서 이기려면 제때 제대로 된 상대에게 주먹을 날려야 한다. 전사 오드리 로드는 그렇게 싸웠고 삶의 승자가 되었다. 나는, 당신은 어떤가? 우리는 "해야 할 일을 하고 있는가?"

'어머니이자 페미니스트'의
이름으로

에이드리언 리치,
《문턱 너머 저편》
《우리 죽은 자들이 깨어날 때》

손가락이 아파 글을 쓸 수가 없다. 답답한 마음에 동네 서점을 찾았다가 에이드리언 리치의 산문집 《우리 죽은 자들이 깨어날 때》를 보았다. 표지의 작가 사진이 눈을 사로잡는다. 늙고 왜소한 몸에서 뿜어져 나오는 담담한 위엄, 그리고 커다란 혹이 불거진 뒤틀린 손. 젊어서부터 류머티즘관절염을 앓은 탓이라는데, 이런 손으로 20여 권의 시집과 6권의 산문집을 썼단다. 말문이 막혔다. 손이 아파 글쓰기가 힘들다고 투덜대던 나는 조용히 책을 사들고 왔다.

에이드리언 리치는 대학교를 졸업하던 1951년 첫 시집으로 '예일젊은작가상'을 받았다. 스물한 살, 더없이 화려한 출발이었다. 하지만 스물세 살에 결혼해 서른이 되기도 전 아들 셋을 낳으면서 그 앞에 열렸던 탄탄대로는 닫히고 긴 암중모색이 시작되었다. 십여 년간 "나 자신으로 존재하는 공간"을 잃은 어머니의 삶을 살며 그는 "급진적인 사람이 되었다."

변화의 시작은 1963년 발표한 시집 《며느리의 스냅사진들》*이었다. "생각하는 여자는 괴물과 함께 잠을 잔다"라는 시구로 유명한 표제작은 페미니즘의 원형으로 평가받으며 시인 리치의 위상을 확고히 했다. 이후 그는 "예술은 사회적 존재"라는 믿음 아래 가부장제와 이성애 중심주의, 성차별과 인종차별, 폭력과 전쟁에 반대하는 글쓰기를 계속했다.

리치는 시와 산문을 오가며 거의 일 년에 한 권꼴로 책을 펴냈다. 다작을 하면 질이 떨어지기 쉽지만 그는 팽팽한 긴장을 잃지 않았는데, 그 바탕엔 익숙한 일상을 꿰뚫는 날 선 시선이 있었다. 이를 보여주는 시가 있다. 강간 피해자의 육체와 정신에 거듭 폭력을 가하는 현실을 생생히 묘사한 〈강간〉이다.

"먹이를 찾아 헤매다니는 사냥꾼이자 아빠인 경찰이 있다. (…)// 그에게 고백해야 한다,/ 당신은 강간을 당한/ 죄를 졌으니까. (…)// 그는 안다, 혹은 안다고 생각한다,/ 당신이 얼마나 많이 그런 상상을 했는지를./ 그는 안다, 혹은 안다고 생각한다, 당신이 남몰래 무엇을 원했던지를."

---

* 　에이드리언 리치의 주요 작품은 시선집 《문턱 너머 저편》(한지희 옮김, 문학과지성사, 2011)으로 번역 소개되었다.

가해자가 아니라 피해자를 죄인으로 만드는 가부장제의 억압을 이처럼 섬뜩하게 드러낸 시가 있었던가.

하지만 그가 늘 도끼눈으로 세상을 본 것은 아니다. 눈물 나게 따스한 시 〈헌사〉가 보여주듯, 그는 자신의 언어가 누군가의 위로가 되길 간절히 바랐다. 그 마음을 담아 "쓰라림과 희망 사이에서 괴로워하며/ 뭐라도 들으려 당신이 이 시를 읽는다는 걸 난 압니다" 하고 썼다. 평이한 어투로 독자들에게 위로와 연대를 전한 그의 시를 보면서 나는 그가 왜 미국에서 가장 널리 읽히는 시인인지 알 수 있었다. 이토록 사람을 걱정하고 배려하는 작가를 어찌 좋아하지 않으랴.

사실 그는 누구보다 고통스러운 삶을 산 이였다. 새롭게 자신을 형성해가던 시절, 그가 이혼 얘기를 꺼내자 남편은 자살로 응답했다. 끔찍한 스캔들의 주인공이 된 리치는 묵묵히 그 시간을 견디며 세 아들을 "독립적이고 낯선 것을 향해 마음을 여는 사람"으로 키워냈다. 그의 언어에 놀랐던 나는 그의 삶에 또 한 번 놀랐다. 아버지의 자살을 겪은 아들들과 유대감을 잃지 않은 어머니, 가부장제 사회에서 아들의 신뢰와 인정을 받는 어머니가 얼마나 드문지 알기에 더욱 놀라웠다. 어떻게 그럴 수 있었을까? 그 힘은 어디서 왔을까?

산문집 《우리 죽은 자들이 깨어날 때》를 읽었다. 1960년대부터 2006년까지 40여 년간 쓴 모든 글에, "예술(가)는 피와 빵에서 자유로울 수 없다"는 신념이 배어 있었다. '진정성'이라는 말이 시대착오가 되어버린 이즈음이지만 그 말을 쓸 수밖에 없는 글, 요즘 보기 드문 진실하고 간절한 문장이었다. 글 따로 삶 따로인 작가와 지식인들이 대부분이고 그걸 당연시하는 세상이지만, 그는 쓴 대로 살려고 했던 사람이었다. 아마도 불행을 이겨낸 그와 아들들의 유대는 이런 진실과 간절함에서 나왔으리라.

시인이었던 그가 "산문을 삶의 일부분으로, 규칙적으로 쓰기 시작한 것은 정치에 참여하면서부터"라고 한다. 그리고 시작부터 그는 분명한 목적의식을 가지고 글을 썼다. 처음엔 가부장제에서 "자신의 존재 자체를 침해당하고 침묵 당해온 여성들의 삶을 바꾸기" 위해 글을 썼고, 점차 경계를 넓혀 "주변부에 살아가는 사람들, 권력이 없는 식민화된 사람들을 위한 길"을 내려고 목소리를 높였다. "'개인적인 것' 혹은 '고백적인 것'이 사회적 맥락을 회피하는 치료적 장르라 싫다"라고 밝혔던 그가 자신의 내밀한 상처를 드러낸 것도 이를 위해서였다.

《여성으로 태어남에 대하여》*에서 그는 아이들에 대한 분노와 절망이 고스란히 담긴 자신의 일기를 공개했고, 《피, 빵, 그

---

* 이 책은 한국에서 《더이상 어머니는 없다》(김인성 옮김, 평민사, 2018)란 제목으로 완역 소개되었다.

리고 시》를 비롯한 여러 에세이에서 "백인 중산층 여자아이, 이성애자 기독교인으로 길러진 유대인, 남성 시인을 전범으로 삼아 아버지를 위해 글을 쓰던" 자신이 어떤 과정을 거쳐 레즈비언 페미니스트가 되고 '백인, 남성, 이성애자, 중산층'을 넘어 '고통 받는 사람들, 권리를 빼앗긴 사람들'을 위해 쓰는 사람으로 변화해갔는지를 솔직하게 토로했다.

'나도 해냈으니 너도 할 수 있다'는 식의 위로와 조언을 하기 위한 자기 고백이 아니었다. 나와 너, 우리가 처한 현실에서 '피와 빵'이 갖는 위력을 드러내고, 그것을 넘어 연대하기 위해 자신을 해부해 증거로 제시한 것이었다. 그는 자신이 성공했다고 여기지 않았다. 자신의 삶과 작품은 끊임없이 흔들리며 변화하고 있음을 알았다. 그래서 독자들에게 더 나아갈 수 있도록 함께하며 도와달라고 호소했다.

1997년 클린턴 행정부로부터 국가예술훈장 수상자로 선정됐다는 소식을 들었을 때 그는 바로 거부 의사를 밝혔다. "예술은 공식적인 침묵을 깨뜨리고, 목소리를 외면당한 사람들을 위해 대신 목소리를 내며 인간의 타고난 권리로서 존재"하는데, "인종차별과 경제적 불평등의 야만적인 영향력이 강해지는" 상황에서 권력의 들러리가 될 순 없다는 게 이유였다. 말년에 쓴 〈인간의 눈〉에서도 그는 "경계와 침묵을 깨뜨리고 침묵당한 이들을 위해 혹은 그들과 함께 목소리를 내는" 시, "단지

세계의 거울이 아닌 세계의 일부분으로 작용하는 시"를 역설
했다.

이제 나는 글쓰기가 힘든 것은 손가락 때문이 아님을 안다.
에이드리언 리치가 온몸으로 보여주었듯, 문제는 결국 삶이다.

다른 몸, 같은 마음

록산 게이,
《헝거》

모처럼 연극을 봤다. 장애인 극단 다빈나오의 〈소리극 옥이〉. 장애인의 공연을 보는 것도, 소리극이란 것도 처음이었다. 궁금증뿐 큰 기대는 없었는데, 기대 이상의 감동을 받았다. 나무 그림자 뒤에 수어 통역사 두 명과 무대 해설자, 노래와 악기를 연주하는 이들이 배경처럼 자리한 무대는 단출하면서도 그윽했고, 이야기 또한 담백하면서 웅숭깊어 보는 내내 가슴이 시큰거렸다.

시각장애인 옥이는 트랜스젠더 은아의 카페에서 엄마가 녹음해준 이야기를 점자책으로 만든다. 엄마는 지금 의식불명 상태로 병원에 누워 있다. 병원에서 위독하다는 전화가 걸려오지만 옥이는 받을 엄두를 내지 못한다. 평생 자신의 길잡이가 되어준 엄마를 잃게 된 현실 앞에서 어찌할 바를 모르는 그를 대신해 은아는 전화를 받아주고 옥이의 책 '바리데기' 이야기를 읽는다.

태어났을 때 눈에 수백 마리 실뱀이 엉켜 있었던 바리데기, 그래서 부모에게 버림받은 아이. 그러나 아버지가 죽게 되자 생명수를 구하러 다른 형제들 대신 저승으로 떠난 아이. 풋잠이 든 옥이는 꿈에 바리데기가 되어 저승으로 간다. 엄마를 살리기 위해 그곳을 지키는 '저승'과 '범'의 시험을 견디고 마침내 염라대왕을 만날 기회를 얻지만 옥이에게 주어진 건 번호표뿐. 딩동, 딩동, 번호표 부르는 신호음을 들으며 옥이는 절망한다. 내 번호는 몇 번인가요? 내 차례는 언제인가요? 번호표를 볼 수 없는 옥이는 도움을 청하다 마침내 큰 소리로 외친다.

"내가 보지 못할 거면 소리도 사라지게 했어야지!"

옥이의 성난 외침이 극장 안에 울려 퍼질 때 나는 울었다. 보지 못하는 그의 처지를 동정해서가 아니라 그와 다를 바 없는 답답한 내 처지가 떠올라서. 눈을 뜨고도 길을 찾지 못하는 나는 자신을 소외시키는 현실에 분노를 터뜨리는 옥이가 차라리 부러웠다. 어디 옥이만이랴. 구척장신 '저승' 역을 능청스레 해내는 저신장 장애인 배우도, 어눌한 말투와 뒤틀린 몸으로 무시무시한 '범'을 연기하는 뇌병변 장애인 배우도 나는 부러웠다. 제 몸의 한계로 웃음을 끌어낼 만큼 단단한 그들이 부럽기만 했다.

한때는 정신이 육체를 좌우한다고 믿었다. 모든 건 마음먹기 나름이라고, 강한 정신력과 빼어난 이성 앞에서 몸은 아무것도 아니라고 배웠으므로. 하지만 삶은 다른 가르침을 주었다. 몸이란 그리 단순하지도 호락호락하지도 않다는 것. 아픔은 몸에 새겨진다. 마음에서 비롯한 고통조차 아픔은 몸으로 표현된다. 마음이 울면 몸이 꺾이고 몸이 꺾이면 마음이 운다. 정신과 육체의 이분법은 거짓이다. 둘은 나뉘지 않는다. 나눌 수 없다. 그게 인간이다.

현재 미국에서 가장 영향력 있는 작가로 꼽히는 록산 게이의 《헝거》는 이 진실을 보여준다. 《헝거》는 몸에 가해진 폭력과 그로 인한 상처에 대해 말하는 책이다. 록산 게이는 담담하게, 그러나 읽는 동안 몇 번이나 눈을 감고 싶을 만큼 통렬하게 자신의 상처 입은 몸을 이야기한다. 나라면 드러내고 싶지 않은, 아니 드러낼 엄두도 내지 못할 폭력의 기억을 낱낱이 해부하고, 그 기억에 볼모가 돼버린 자신의 찢긴 내면을 보여준다.

어린 시절 겪은 성폭력은 그의 영혼에 아물지 않는 상처를 남긴다. 좋아하던 남자애로부터 자기 몸이 싸구려 장난감처럼 다뤄졌던 기억은, 그가 뛰어난 성적으로 유명 대학에 진학하고 가족의 따뜻한 사랑을 받으며 탁월한 성취를 이루어도 지워지지 않는다. 기억으로부터 자유로워지기 위해 그는 먹기 시작한다. 먹고 또 먹어 자신의 몸을 불리고 아무도 범할 수 없는 커다란 몸을 만드는 데서 그는 탈출구를 찾는다. 그렇게 만든 몸이 또 다른 폭력의 대상이 되는 걸 알면서도 그는 집요하게 음식을 탐한다.

이 식욕이 상처 입은 영혼의 허기라는 걸 그는 안다. 그러나 앎이 허기를 채우지는 못한다. '나는 생각한다, 고로 존재한다'란 말은 삶에선 불가능한 거짓 명제다. 현실은, '나는 존재한다, 고로 (그 존재로서) 생각한다'이다. 록산 게이는 아이티계 미국인, 성폭력 피해자, 초고도 비만인으로 존재하고 그 존재로서 생각한다. 생각을 바꾸려면 존재를 바꿔야 하고, 그보다 먼저 자신의 존재를 투명하게 직시해야 한다.

록산 게이는 하얗고 매끈하고 날씬한 몸에 가치를 부여하는 사회의 시선이 아니라 자신의 시선으로 자신의 흉터투성이 몸을 본다. 자신의 몸에 고통을 가하는 현실을 직시하고 그로 인해 겪는 몸의 고통을 직시한다. 고통에서 벗어나려 애쓰지만 아프다고 하소연하지도 않고, 극복을 꿈꾸지도 않는다. 그는 자신을 피해자나 생존자 어느 하나로만 규정하지 않는다. 인간이란 그렇게 양분되지 않으며 인생이란 그리 단순하지 않음을 알기 때문이다. 몸에 새겨진 깊은 상흔은 인생의 흐린 날마다 아픔으로 되살아나고 마음은 안식을 찾지 못한다.

그러나 오랜 방황 끝에 그는 아픈 몸으로도 다른 삶이 가능하다는 것을 배운다. 상처 입은 몸으로 살아왔기에 그는 자신의 몸이 "모든 종류의 고통을 견딜 수 있다"는 것을 깨닫는다. 자신의 아픔을 통해 다른 사람들의 몸이 겪는 아픔을 알게 된 그는, 서로 다른 몸이 가진 능력을 깨닫고 그 몸들이 누리는 평화를 꿈꾼다. 극복이란 바로 이런 것이다. 몸은 마음먹은 대로 된다는 환상이 아니라, 몸의 한계를 아는 마음들이 이룬 새로운 아름다움과 그것이 이룬 평화에 눈을 뜨는 것이다.

내가 부러워한 장애인 배우들은 무대 뒤에서 아픈 몸 때문에 신음할 것이고 또 다른 벽 앞에 절망할 것이다. 내가 현실의 벽 앞에서 낙담하듯이. 우리는 다른 몸을 갖고도 비슷한 삶을 살고 그래서 서로를 이해하고 공감할 수 있다.

우리는 매일매일
세상을 바꾼다

장필화 외,
《나의 페미니즘 레시피》

아무의 덕도 보지 않았다고 믿던 시절이 있었다. 남들은 끌어주고 밀어주는 사람도 있던데 나는 왜 이렇게 홀로 삽질하는가, 한심하고 아득하던 때가 있었다. 과거형으로 썼지만 지금도 가끔 그런다. 혼자 덤불 속을 헤치는 것 같은 날, 제대로 가고 있나 묻고 싶은데 주위를 둘러봐도 아무도 보이지 않는 날, 그만 주저앉아 남 탓이나 하고 싶은 날. 읽히지 않는 책장을 덮고 영화를 봤다. 감독 강유가람이 지난날 여성주의 현장에서 만났던 친구들을 찾아가 그들의 현재를 취재한 다큐멘터리 〈우리는 매일매일〉. 처음엔 과자를 옆에 끼고 한없이 게으르게 보다가 어느 순간 허리를 곧추세우고 앉아 필기까지 하며 봤다.

영화에 나오는 다섯 인물은 모두 1990년대 말 활발하게 활동했던 이른바 '영 페미니스트'다. 나이나 활동 시기는 비슷하지만 그들의 경험은 저마다 다르다. 학창 시절 여성을 위한 대부업을 성공적으로 꾸린 즐거운 기억에 웃는 이가 있는가 하면, 남자 선배에게 재떨이 세례를 받은 참담한 기억에 씁쓸해하는 이도 있고, 성폭력상담소에서 일하다 그만둔 이가 있는가 하면, 십 년 넘게 그곳을 지키는 이도 있다. 이제 그들은 서로 다른 지역에서 수의사로, 농산물꾸러미 사업가로, 성폭력상담소 일꾼으로, 의료생협 활동가로, 싱어송라이터로 다른 삶을 살고 있다.

같은 시대를 살면서도 모르고 지나쳤던 그들의 경험이 늘어진 나를 깨웠다. 하릴없이 나이만 먹는 게 두려웠는데 영화에 나오는 씩씩한 활동가가, "나는 나이 드는 데 선망이 있었어. 크면서 성장하는 걸 아니까. 친구가 많은데 뭐가 두려워" 하고 말하는 걸 보고 기운이 났다. 맞다, 나는 여전히 성장 중이다. 미술가 루이스 부르주아도 100세가 다 돼서 그린 그림에 〈나는 아직도 성장 중!!!〉이란 제목을 붙이지 않았던가.

더구나 내겐 친구들이 있다. 늦되는 나를 이끌어주는 젊은 벗들, 함께 공부하는 독서회 친구들이 있고, 이런 영화를 만들어내는 이들이 있고, 지역에서 묵묵히 활동하며 뒤늦게 찾아온 후배에게 "근사한 언니"의 모습을 보여주는 이들도 있다. "여성의 역사를 기록하지도 가르치지도 않은 탓에 단절이란 착시"가 생기기도 하지만 착시를 교정하는 끊임없는 노력이 있다. 그 노력의 일부를 드러내는 것도 내 일이라 믿으며 고른 책, 《나의 페미니즘 레시피》다.

〈우리는 매일매일〉이 1990년대 영 페미니스트의 활동을 기록한 영화라면, 《나의 페미니즘 레시피》는 1980년대에 여성학을 공부하고 활동해온 이전 세대 페미니스트 15인의 현장 경험을 담은 책이다. 책을 보면서 가장 놀란 것은 그들의 전방위적 활동이다. "여성운동은 통일 문제에서 쓰레기 문제까지"라는 어느 활동가의 말처럼, 정치·사회·의료·언론·생태·교육·평화에 국제연대까지 이들의 발길이 닿지 않은 곳이 없다. 잠시 발만 담근 게 아니라 아무도 가지 않은 길에 말뚝을 박고 삽질을 하면서 실질적인 성과를 이뤘으니, 그 뚝심에 감탄이 절로 나온다.

책의 제1부는 정치 영역에서 '성 주류화'를 실천한 이들의 경험을 담고 있다. "모든 사적인 것은 정치적인 것이다"라는 말에 동의하면서도 정치에 대한 냉소적 시선을 떨치지 못했던 나는 이걸 보면서 여러 번 고개를 숙였다. 세상 바꿀 엄두는 내지 않고 세상 탓만 한 걸 생각하니 고개를 들 수가 없었다.

서대문구의회 최초의 선출직 여성의원인 서정순에게 "왜 하필 그 더러운 진흙탕 속으로 들어갔니?" 하고 힐문했다는 친구처럼, 많은 여성이 정치는 부패한 권력다툼이라 여기며 "난 정치에 관심 없어" 하고 선언한다. 만약 모든 여성이 이렇게 무관심했다면 여성이 정부 요직에 진출하지도 못했을 테고, 정책을 수립하고 예산을 집행하는 데 성별영향평가를 고려하는 일도 없었을 것이며, 작게는 우리 동네에서 안전한 귀가 서비스 같은 사업을 하지도 않았을 것이다.

물론 소수 여성이 정계에 진출하고 고위직에 오른다 해서 대다수 여성의 생활이 나아지는 건 아니며, 지자체에서 안전한 밤길 사업을 한다고 밤길이 두렵지 않은 것도 아니다. 국회와 행정부, 지자체에서 활동하는 여성들 역시 이런 현실을 모르지 않는다. 그러나 이들은 쉬 바뀌지 않는 현실을 이유로 포기하고 냉소하는 대신, 공공정책에 젠더 관점을 통합하는 '성 주류화' 정책을 실현하기 위해 계속 나아간다.

그 모습을 보며 나는 《정의의 길로 비틀거리며 가다》라는 리 호이나키의 책을 떠올렸다. 책 제목 그대로, 흔들리지 않고 바른길로만 직진하는 삶은 없다. 때로는 발을 헛딛고 비틀거리면서도 그런 자신을 인정하고 반성하며 나아갈 때, 삶도 세상도 새로운 전망을 얻는다는 걸 이들은 실천으로 보여준다. 냉소와 무관심이야말로 호구가 되는 지름길임을 온몸으로 증명한다.

서로 다른 경험을 가진 열다섯 명의 여성이 쓴 글을 읽다 보면 이들이 생각하는 여성주의도, 헌신하는 분야와 활동 모습도

제각각임을 알 수 있다. 어떤 이에겐 양성평등이 여성주의이고, 어떤 이에겐 건강한 환경이, 어떤 이에겐 생태주의가, 어떤 이에겐 적극적 평화가 여성주의다. 그 모든 다름을 아우르는 여성주의란 차별 없는 생명의 존엄함일 것이며, 존엄함을 지키기 위한 다양한 실천일 것이다.

영화와 책을 통해 시대와 세대를 넘어 이어지는 여성주의자들을 만난 지금, 나는 기꺼이 그들처럼 살기를 꿈꾼다. 여성주의는 하나의 공고한 이념이 아니라 무지개처럼 다채로운 상상이며, 틀릴까 두려워 숨지도 않고 다르다고 선 긋고 내치지도 않는, 한없이 넓고 깊게 흐르는 물길임을 알았기 때문이다. 그러니 우리, 물이 되어 만나자. 우리가 물이 되어 만난다면 가문 어느 집에선들 좋아하지 않으랴.[*]

[*] 강은교의 시 〈우리가 물이 되어〉에서 인용.

나를 알려면 여성이라는
내 조건을 알아야 한다

시몬 드 보부아르,
《제2의 성》

시몬 드 보부아르의 《제2의 성》은 페미니즘의 대표적인 고전이지만 나는 이제야 읽었다. "우리는 여자로 태어나는 것이 아니라 여자가 되는 것이다"라는 그 유명한 문장을 직접 확인하지 않고 인용만 할 수는 없지 않으냐는 소박한 의무감의 발로였다. 거의 천 쪽에 달하는 분량이 부담스럽긴 했지만 예전에 이만큼 두꺼운 보부아르의 만년작 《노년》을 재미있게 읽었기에 일단 시작하면 쉬 읽을 수 있을 거라 생각했다. 그러나 예상과 달리 독서는 매우 힘들었다. 여성의 상태를 어찌나 신랄하게 묘사하는지, 읽는 내내 이것이 정말 페미니즘인가, 보부아르가 정말 여성의 해방을 바라고 믿는가, 의심이 들 정도였다.

보부아르는 마흔 살 무렵, "나에 대해 이야기하려면 여성이라는 내 조건을 써야 한다는 것"을 깨닫고 《제2의 성》을 썼다고 한다. 책장을 덮고 싶을 때마다 나는 이 말을 떠올렸다. 내가 페미니즘을 공부하기로 한 이유가 바로 그것이었다. 나라는 사람을 알고 이야기하고 나로 살려면 여성이라는 내 조건을 알아야 한다고 생각했다. 그걸 처음 깨달은 건 스무 살 때였다. 교육학 수업 첫 시간에 여자 교수가 철학을 공부하던 자신이 왜 교육학으로 전공을 바꿨는지 이야기했다.

"철학책에서 말하는 인간 맨(man)은 여성인 내가 생각한 인간이 아니라 남성 맨(man)이더라고요."

아, 그렇구나! 그때까지 나는 성별을 의식하지 않고 책을 읽었다. 인간은 다 같은 인간이며, 지성의 세계는 육체적인 구분 너머의 고매한 의식을 다룬다고 믿었다. 그러니까 나는 육체와 정신을 구분하고, 육체 너머의 정신은 생물학적인 구별이나 한계를 넘어선 초월적인 것이란 믿음을 갖고 있었던 것이다. 한데 그런 사상을 설파한 남성 저자들이 실제로는 완고한 생물학적 구분에 근거하여 남성을 인간의 대명사로 사고하고 사상을 전개했다니, 나는 충격을 받았다. 나는 내가 인간인 줄 알았는데 실은 인간이 아닌 여자였다는 걸 처음 깨달은 순간이었다.

하지만 충격과 깨달음은 오래가지 않았다. 당시는 독재에 맞서 민주주의와 인간해방을 부르짖던 시기였고, 마르크스주의가 미래이던 시절이었다. 많은 이들처럼 나도 노동해방이 인간해방의 열쇠이고 인간해방 속에는 당연히 여성해방도 포함

된다고 믿었다. 그게 그렇지가 않다는 것을, 마르크스주의가 말하는 인간 역시 남성이란 것을 깨닫는 데 십 년쯤 걸렸나 보다. 그 무렵 잠시 페미니즘에 관심을 갖고 책도 봤으나 그만뒀다. 여성주의를 공부할수록 해방은커녕 점점 더 '여성'이란 조건에 얽매이는 나 자신을 견딜 수 없었다. 그때 보부아르를 읽었더라면 어땠을까. 모르긴 몰라도 지금보다는 나았을 거란 생각에 나는 계속 책을 읽었다.

보부아르는 실존주의 철학의 관점에서 남성은 자아/주체이고 여성은 타자/객체라고 본다. 그에 따르면, 인간은 자기 자신으로 존재하려 노력하며 이런 자유로운 행위가 인간을 인간으로 존재케 한다. 그러나 타자인 여성은 인간으로 존재하지 않으며 자신이 누구인지 알지 못한 채 남성 사회가 만든 여자라는 이미지와 역할을 살아낼 뿐이다. 그리하여 여성은 남성에 기생하는 '찰거머리' 같은 존재로 살아간다. 이것이 이제까지 역사에서 여성의 삶이고 운명이었다. 그런데 여성은 왜 이런 운명에 처해졌는가?

보부아르는 책의 '제1권 사실과 신화' 편에서, 기존의 생물학·정신분석학·유물사관이 이 문제를 어떻게 설명했는지 비판적으로 검토한다. 그는 먼저 여성의 육체적 조건을 근거로 종속을 설명하는 생물학에 대해, "몸은 세계를 파악하는 도구"이고 "생물학적 조건은 여성을 파악하는 하나의 열쇠"이지만, 그럼에도 사회는 종(種)이 아니며 인간은 자기를 초월해가는 존재이므로 생물학으로는 "여자가 왜 타자인지 설명할 수 없다"라고 단언한다. 임신하는 여성의 육체가 남성에 비해 종에 예속되어 있긴 하지만 그것만으로 여성의 타자성을 말할 순 없다는 것이다.

정신분석학의 경우는 이론 자체가 남성을 원형으로 삼고 여성의 운명에는 관심도 지식도 없다는 점에서 근본적인 한계를 갖는다고 지적한다. 여자는 자신을 '페니스가 잘려나간 남자'로 느낀다고 한 프로이트의 말에서 알 수 있듯, 정신분석학은 남근의 결여에서 원인을 찾고 여성의 남근 선망을 주장하는데, 이에 대해 보부아르는 여성은 남근이 아니라 남근 소유자가 가진 특권을 선망하며, "남근이 없어서가 아니라 권력이 없어서 타자"라고 역설한다.

마지막으로 여성의 예속을 기술과 사유재산으로 설명한 엥겔스의 유물사관에 대해선, 여성의 운명을 사회·역사적 산물로 보았다는 점에서 진일보했다고 평가한다. 그러나 사유재산 제도가 여성의 예속을 낳았다는 엥겔스의 주장은 여성 억압에 경제적 요인 외에 존재론적인 이유가 있음을 간과하며, 사유재산을 폐지해도 여성해방은 오지 않은 현실을 설명하지 못한다고 비판한다.

이어서 그는 역사를 실존주의적으로 해석해 남성 우위를 설명한다. 여성의 출산과 달리 남성의 사냥은 존재를 위해 자신을 거는 의지적 행위로서 인간을 인간이게 하며, 이로부터 "인간의 우월성은 낳는 성이 아니라 죽이는 성에 부여"됐다는 것이다. 그리고 이렇게 형성된 여성의 타자성이 사회화 과정을 통해 세대로 이어지며 여성에게 내면화된다고 본다.

하지만 여성도 인간이기에 인간으로서 자기 초월의 의지를 갖는데, 보부아르는 이를 실현하기 위해선 무엇보다 일·직업을 가져야 한다고 역설한다. 출산이라는 생리적 숙명을 넘어 스스로 기획하는 노동을 하고 이를 통해 경제적 자유를 이뤄야 한다는 것이다. 그는 경제적 독립이야말로 "여성 진보의 가장 중요한 요소"임을 거듭 강조하지만, 이것만으로 새로운 여성이 도래하지는 않는다고 확언한다.

그럼 새로운 여성은 어떻게 가능한가? 보부아르에 따르면, 진정으로 자유로운 여성은 새로운 정신적·사회적·문화적 환경 속에서 나타날 것이며, 이를 가능케 하는 건 여성과 남성이 같은 인간이라는 사실이다. 즉 똑같이 죽음 앞에 선 존재로서 서로를 필요로 한다는 인간적 본질이 여성과 남성 사이에 우애를 낳을 것이고, 그들을 평등한 사회의 자유로운 존재로 만들 것이다. 그 희망을 담아 보부아르는 선언한다.

주어진 세계의 한가운데에서 자유의 지배가 승리하도록 하는 것은 인간에게 주어진 권한이다. 이 숭고한 승리를 쟁취하기 위해서는 무엇보다도 여자와 남자가 그들의 자연적 차이를 넘어 우애를 분명하게 확립하는 것이 필요하다.

이 마지막 문장이 신랄한 벽돌 책을 읽는 데 지친 내 마음을 위로한다. 하지만 보부아르 스스로 인정했듯이 《제2의 성》은 여성해방의 전망을 제시하는 데는 야속할 만큼 인색하다. 해서 나는 여전히 그가 정말 우애의 가능성을 믿었을까 의심스럽고 페미니즘의 미래를 읽지 못해 답답하다. 그러나 1949년에 나온 이 책이 일군 이후의 변화를 생각하면 《제2의 성》이 곧 미래였던 셈이니 무엇을 더 바라랴.

우리의
역사는
　　다르게 적힌다

제3부
○

마녀사냥,
자본주의를 만들다

실비아 페데리치,
《캘리번과 마녀》
《혁명의 영점》

친구가 코로나19에 걸리면서 나도 자가격리를 하게 됐다. 어떻게 하면 시간을 잘 보낼 수 있을까 궁리하다 이참에 실비아 페데리치의 《캘리번과 마녀》를 읽기로 했다. 자본주의의 기원을 여성주의 시각에서 밝힌 기념비적 저작이라고 해서 필독 목록에 올려놓긴 했지만, 주석만 40쪽이 넘는 걸 보고 엄두를 내지 못했던 책이다. 꼼짝없이 방에 있어야 하는 지금이야말로 이런 골치 아픈 책을 읽을 때다 싶었는데 과연 그랬다. 한 문장도 버릴 게 없는 밀도 높은 책에 코를 박고 있는 사이 시간은 순식간에 흘러 어느새 격리 해제가 됐으니 말이다.

실비아 페데리치는 이탈리아 출신의 정치철학자요 페미니즘 이론가이며, 1970년대부터 가사노동에 대한 임금 지급 운동과 반세계화 투쟁 등을 적극적으로 전개해온 반자본주의 여성운동가다. 머리만 쓰는 책상물림이 아니라 온몸으로 공부하고 실천하는 지식인이란 얘기다. 그래서일까, 무거운 학술서 같기만 한 이 책도 생생한 현실 인식으로 독자를 사로잡는다.

사실 책을 읽기 전엔 수백 년 전 중세 유럽의 역사가 21세기를 사는 나와 무슨 상관인가 싶었다. 한데 서문을 읽고 생각이 바뀌었다. 페데리치는 1980년대 나이지리아에서 대학 강사로 일했는데, 이때 국가가 인클로저와 여성혐오적 캠페인을 통해—한국에서도 이루어졌던 IMF식—구조조정을 밀어붙이는 것을 보았고, 이를 계기로 자본주의 성립기에 유럽에서 일어난 인클로저와 마녀사냥이 과거만이 아니라 현재를 보여주는 역사이기도 하다는 걸 깨닫고 책을 썼다고 한다.

나는 좀 놀랐다. 인클로저나 마녀사냥은 그야말로 옛날이야기라고 여겼으니까. 그런데 저자가 인클로저는 "공유지뿐 아니라 사회적 관계에 울타리를 치는 행위"라며, 나이지리아에서 공유지를 공격하는 인클로저가 일어났듯이 오늘날 미국 대학에서는 저항의 역사를 지우는 '지식의 인클로저'가 벌어지고 있다고 비판한 걸 보고 알았다. 인클로저는 지금도 진행 중이구나. 그러고 보니 내가 사는 아파트에서도 명품 아파트를 만든다며 외부인 출입을 막기 위한 울타리를 치자고 논의가 한창이다. 이 또한 21세기식 인클로저, 자본을 위해 공동체를 분열시키고 기억과 연대의 정치를 막는 오랜 기획의 산물이 아닌

가. 아, 머리에 찬물을 뒤집어쓴 것 같았다.

놀람은 책을 읽는 내내 계속되었다. 마녀사냥에 대한 오해도 그중 하나다. 많은 이들이 그렇겠지만, 나는 마녀사냥이 중세의 비합리적 신앙 때문에 일어난 일인 줄 알았다. 수만, 수십만의 여성이 마녀란 이름으로 학살당했다는 사실을 알면서도 그것을 중대한 역사적 사건으로 인식하기보다 일종의 일탈로 여겼다. 인간이 합리적 이성을 잃었을 때 벌어지는 야만적 소동 같은 거라고.

그러나 아니었다. 마녀사냥은 봉건제의 위기와 함께 시작해 자본주의가 뿌리를 내리던 16~17세기에 절정에 달했다고 한다. 그러니까 베이컨·갈릴레오·셰익스피어·데카르트 같은 '천재'들이 활동하던 시기에, 근대 과학이 탄생하고 합리주의 철학이 발전하던 시절에, 수십만 명의 '마녀'들이 끔찍하게 고문당하고 산 채로 화형에 처해졌던 것이다.

놀람은 이내 의문으로 이어졌다. 왜 그때 마녀사냥이 일어났을까? 왜 국가와 지식인들은 유독 여성을 겨냥해 전쟁을 벌였을까? 마녀사냥이 한때의 광란이 아니라면 그것은 역사에 어떤 영향을 미쳤을까?

고맙게도 페데리치는 이 모든 의문에 답한다. 마녀사냥은 광기의 산물이 아니라 "자본주의적 관계의 확산을 저지하려는 여성들의 저항에 대한 공격"이며, 여성을 노동력 재생산 기계로 만들려는 국가 차원의 "정치적 기획"임을 분명히 한다. 그에 따르면 자본주의는 증기기관이 아니라 마녀사냥과 식민화, 노예노동이라는 폭력을 통해 확립되었고, 마녀사냥은 중세의 암흑이 낳은 비극이 아니라 근대의 자본이 요구한 사건, "국가가 개시한 전쟁"이었다.

이 전쟁에서 여성은 패배했고, 자본주의는 승리했다. 지배계급은 남성 노동자에게 여성을 전리품으로 내줌으로써 프롤레타리아트 전체를 효과적으로 지배할 수 있었다. 인클로저와 마녀사냥이라는 시초 축적을 통해 공동체는 해체되고 노동계급의 연대는 파괴되었다. 여성의 노동 없이는 삶을 영위하고 사회를 유지할 수 없음에도 불구하고, 그것은 가치 없는 부불(不拂)노동이 되어 사회에서 감춰지고 역사에서 지워졌다.

이 오랜 배제와 착취를 끝내기 위한 방법으로 페데리치는 가사노동에 대한 임금 지급을 주장한다. 2012년에 펴낸 《혁명의 영점》에서 그는 "인간의 재생산은 모든 경제 및 정치 시스템의 기초이며, 여성들이 집에서 하는 막대한 양의 유급 가사노동과 부불 가사노동이 이 세상을 돌아가게 만든다"라며, 여성들조차 무시하기 일쑤인 가사노동의 가치를 강조했다.

이제까지 가사노동은 값을 매길 수 없는 사랑의 행위이거나 값을 따질 필요가 없는 책임이고 의무였을 뿐 생산노동은 아니었다. 집에서 이루어지는 가사노동, 돌봄노동은 노동력을 재생산하는 데 필수적인 노동임에도 돈이 되지 못했고, 이 노동을 전담해온 여성들은 '집에서 논다'는 비난을 받아왔다. 페데리치는 가사노동에 임금을 지급하자는 주장을 통해, 자본에 의해 은폐되었던 이 노동을 세상에 드러낸다. 자본주의 체제를 떠받치고 있는 것은 상품을 만드는 생산노동만이 아니라 성별 분업에 기초한 가사노동, 돌봄노동 같은 부불 재생산노동임을 깨닫게 한다.

지난 300여 년간 세상은 가족이라는, 사랑이라는 이름으로 희생을 요구했다. 그러나 페데리치는 말한다. 세상이 사랑이라 말하는 것을 "우리는 부불노동이라 말한다"라고.

"더 많이 웃으라고? 그렇다면 더 많은 돈을 달라. 그 어떤 것도 돈만큼 강력하게 미소의 치유력을 파괴하지는 못할 것이다."

돈이 아니라 웃음을 위해, 함께 웃는 세상을 위해 이제는 울타리를 부술 때다.

노래는 없고
울음만 가득한 합창

스베틀라나 알렉시예비치,
《전쟁은 여자의 얼굴을 하지 않았다》

북한군 장교 이웅평이 미그기를 몰고 귀순한 날, 실제 상황이라는 다급한 안내 방송과 함께 경보 사이렌이 길게 울려 퍼졌을 때, 아버지는 가만히 거실 커튼을 쳤다. 사태가 일단락된 뒤 아버지에게 왜 커튼을 쳤냐고 물었더니, 공습이 시작되면 유리창이 깨진다고 하셨다. 그때 알았다. 꼭 총이나 폭탄에 맞아야만 사람이 죽는 게 아니었다. 밝고 따스한 햇살을 전하던 유리창조차 살상무기가 될 수 있었다. 전쟁이란 일상의 모든 것을 위태롭게 만드는구나, 비로소 깨달았다. 아버지는 늘 라디오를 켜놓았고, 해질 녘이면 어김없이 커튼을 쳤다. 만일의 사태에 대한 만전의 대비. 이십대에 겪은 전쟁의 공포는 당신 생의 마지막까지 이어졌다.

벨라루스의 저널리스트이자 2015년 노벨문학상을 받은 스베틀라나 알렉시예비치는《전쟁은 여자의 얼굴을 하지 않았다》에서 이렇게 썼다.

"우리는 전쟁이 없는 세상을 알지 못했다. 전쟁의 세상이 우리가 아는 유일한 세상이었고, 나는 지금도 다른 세상이나 다른 세상의 사람들을 알지 못한다. 그런데 다른 세상, 다른 세상 사람들은 정말 존재하기나 했던 걸까?"

나는 아버지를 떠올렸다. 한때는 아버지를 소심한 구세대로 여겼지만 이 문장 앞에서 나는 아버지와 내가 다르지 않음을 깨닫는다. "전우의 시체를 넘고 넘어~"를 부르며 고무줄놀이를 하던 어린 시절부터 우크라이나 소식에 가슴 죄는 이날까지, 전쟁은 내 삶을 떠난 적이 없었다. 어떻게 떠날 수 있겠는가? 이 땅에서 전쟁이 벌어진 지 채 백 년도 되지 않았는데. 이 작은 땅에서 전 세계 수백만 젊은이들이 총을 들고 싸웠고, 수백만 명이 목숨을 잃었고, 그 전쟁이 아직도 완전히 끝난 게 아니라 잠시 멈췄을 뿐인데.

수많은 전쟁문학이 있지만《전쟁은 여자의 얼굴을 하지 않았다》만큼 내게 전율을 안겨준 작품은 없다. 전쟁에 붙들린 인간의 내면을 이렇듯 투명하고 날카롭게 그린 작품이 있을까. 그러나 진실을 감당하긴 쉽지 않아서 이 책 또한 읽기 괴롭다. 그래도 읽어야 한다. 반전의 외침이 오히려 군비 증강으로 이어지는 지금 같은 시절에는 더욱더.

스베틀라나 알렉시예비치는 '소설-코러스', 일명 '목소리 소설'이라는 독특한 다큐멘터리 산문으로 문학의 새 지평을 연 작가다. 제2차 세계대전에 참전했던 여성 200여 명을 인터뷰하고 쓴 《전쟁은 여자의 얼굴을 하지 않았다》도 《체르노빌의 목소리》나 《아연 소년들》 같은 그의 다른 작품들과 마찬가지로, 끔찍한 비극의 현장을 어떤 상상이나 은유도 배제한 채 오로지 당사자의 목소리로만 전한다. "그들의 울음과 비명을 극화하면 삶 대신 문학이 그 자리를 차지해버릴 터"이기에, 작가는 자신의 말이 아니라 "이름 없는 목격자들"의 기억을 묵묵히 옮긴다. 무려 7년 동안 "노래는 없고 울음소리만 가득한 합창"을 들으며 "악의 노예가 되어 그 심연을 들여다"본다.

그리하여 말로 표현할 수 없는 참혹한 경험들이, 강요된 침묵 속에 감춰두었던 금지된 기억들이, 수사(修辭)는 적고 말줄임표는 많은 문장으로 드러난다.

"한밤중에 잠에서 깨곤 해…… 누군가 옆에서…… 울고 있는 것 같아서…… 나는 여전히 전쟁터에 있어……"
"어느 날 백병전이 시작됐어…… 뭐가 기억나냐고? '오도독 오도독' 소리…… 사람들 연골이 으스러지고 뼈마디가 뚝뚝 부러져 나가는 소리였지"
"행복…… 그건 죽은 사람들 사이에서 기적처럼 산 사람을 발견하는 일이야……"

"우린 전사자들을 숲속 나무 밑에 묻었어…… 나는 지금
도 숲은 안 가. 특히 늙은 참나무나 자작나무가 자라는 곳
은…… 그곳에 앉아 있을 수가 없어……"

"전쟁이 끝나고서 나는 오랫동안 하늘을 보기가 두려웠어.
갈아엎어 놓은 들판을 보는 것도 무서웠어. 그 땅 위로 벌써
떼까마귀들이 유유히 돌아다녔지. 새들은 전쟁을 빨리도 잊
더라고……"

"내 영혼을 위로할 생각은 마. 그냥 다른 사람들처럼 내가 받
은 포상에 대해서만 써……"

목소리들은 지금까지 우리가 알던 전쟁 이야기와는 전혀 다
른 이야기를 들려준다. 그들의 이야기 속엔 "얼마나 영웅적으
로 사람을 죽이고 승리했는지, 어떤 기술이 사용됐고 어떤 장
군이 활약했는지 따위의 내용은 등장하지 않는다." 전쟁에 참
여한 여성들은 "허무맹랑한 무용담" 대신 어쩔 수 없이 "비인
간적인 일을 저지른 인간적인 사람들의 고통"에 대해 말한다.
사람들만이 아니라 땅도 새도 나무도 고통을 당하는 전쟁에 대
해, 모든 존재의 고통에 대해 증언한다.

혹시 그들이 나약한 여자라서 그렇다고 생각한다면, 혹시
그들에게 애국심이 부족해서 그런 거라고 생각한다면, 책을 펼

쳐 다만 몇 쪽이라도 읽어보라. 제2차 세계대전 중에 영국군 22만 5천 명, 미국군 45~50만 명, 그리고 이 책에서 다룬 소련군의 경우 100만 명의 여성이 최전선에서 남성들과 똑같이 싸웠다는 사실을 기억하라. 조국을 구하기 위해 열너덧 살의 나이에 총을 든 여성들이 있었고, 남성들이 주저하는 순간 목숨을 걸고 부상병을 구한 여성들이 있었고, 죽어가는 병사의 마지막 위로가 되어준 여성들이 있었다는 사실을 잊지 말라. 그리고 그 사실을 그들이 자랑이 아니라 아픔으로 기억한다는 사실도.

전쟁은 자랑이 아니다. 사람이 사람을 죽이는 일이 어떻게 자랑일 수 있으랴. 세상이 흔히 참전 용사라 부를 한 여성 군인은, 두 다리가 모두 으스러지는 중상을 입었던 과거를 회상하며 말한다.

"나는 이 책을 읽을 사람도 불쌍하고, 읽지 않을 사람도 불쌍하고, 그냥 모두 다 불쌍해……."

전쟁을 피할 방법은 더 많은 첨단무기가 아니라 이 마음에 있다. 필멸의 존재인 우리 모두가 불쌍하다는 사실을 아는 것, 그 마음으로 서로를 보듬는 것, 결국 우리를 살게 하는 건 서로를 사랑하는 의지뿐이란 것. 사랑만 하기에도 삶은 너무 짧다.

분노하라,
웃으면서

바버라 에런라이크,
《지지 않기 위해 쓴다》

머리말을 읽으면 계속 보게 되는 책이 있다. 바버라 에런라이크의 책이 그렇다. 속도감 있게 이어지는 명쾌한 서술, 독자의 공감을 끌어내는 솔직한 경험담이 책장에서 눈을 뗄 수 없게 만든다. 말랑말랑한 글은 아니다. 사람들이 꺼리고 외면하는 심각한 사회문제를 다룬다. 그런데도 읽는 재미가 웬만한 소설책보다 낫다.

나만 이렇게 생각하는 게 아니다. 저임금 노동자의 암담한 현실을 그린 그의 대표작《노동의 배신》은 150만 부가 넘게 팔리며 최저임금 인상의 기폭제가 되었다. 2001년에 출간됐는데 벌써 현대의 고전으로 꼽힌다. 어쩌다 한 권이 성공했다면 운이라 하겠지만 긍정주의의 이면을 파헤친《긍정의 배신》, 추락하는 중산층의 현재를 보여준《희망의 배신》등 다른 책들 역시 큰 호평을 받으며 성공을 거뒀다. 이러니 그의 글에 남다른 힘이 있다고 인정할 수밖에.

나는 그 힘이 뭔지, 어떻게 하면 그렇게 쓸 수 있을지 궁금했다. 그래서 신간 《지지 않기 위해 쓴다》가 나오자마자 서점으로 달려갔다. 제목을 보고 글쓰기 노하우를 담은 자전 에세이를 떠올렸는데, 기대와 달리 그가 40여 년간 여러 매체에 기고한 글을 모은 칼럼집이었다. 조금 실망했지만 오래 가진 않았다. 모아놓은 글들을 읽다 보니 세상을 움직인 글발이 어디서 나왔는지 알 것 같았다.

책에는 1984년에서 2018년까지 쓴 37편의 글이 실려 있는데, 시기나 주제는 제각각이지만 밑바탕에 흐르는 정서는 한결같다. 그것은 분노다. 1941년생인 에런라이크가 팔십대인 지금도 저널리스트로서 목소리를 내고 인정받는 이유는 그가 여전히 분노하기 때문이다. 물론 그가 아니어도 분노하는 사람은 많다. 시도 때도 없이 분노를 터뜨리는 사람들 때문에 일상이 위태로울 정도다. 하지만 이들 대부분은 시인 김수영이 "왜 나는 조그마한 일에만 분개하는가" 하고 자탄했던 그런 분노를 쏟아낸다. 왕궁이 아니라 왕궁의 문지기에게 퍼붓는 비겁한 분풀이, 능력주의란 이름으로 출발의 불평등은 외면한 채 결과의 공정만 따지는 반쪼가리 분노가 태반이다.

그와 달리 바버라 에런라이크는, 구태의연하게 들릴지 몰라도 "불의"에 분노한다. 몸이 부서져라 일해도 가난을 벗어날 수 없는 최저임금 노동자의 처지에 분노하고, 맨 윗자리를 차지한 소수가 다른 사람들의 모든 노력과 성취를 강탈하는 '대격차 사회'에 분노하고, 그러고도 미안해하긴커녕 빼앗은 자가 빼앗긴 자들을 모욕하고 훈계하는 적반하장의 세상에 분노한다.

그의 분노는 내 편 네 편을 가리지 않는다. 양극화 사회에서 자신의 풍요와 안전을 지키겠다며 "높은 담"을 쌓는 중상층, 국경에 쇠벽을 치고 가난을 범죄시하는 정부, 젠트리피케이션에 항의하는 이들을 보며 "그 순간을 마음챙김의 기회로 이용하라"고 읊조리는 실리콘밸리 종사자들, 백인 노동자 계층의 절망엔 눈 감은 채 그들의 인종차별주의를 경멸하는 진보 지식인, 남군과 똑같이 이라크 수감자를 학대해 빗나간 성평등을 실천한 여군…… 차별을 부추기고 약자를 짓밟는 모든 것에 그는 분노한다.

그러나 오직 분노뿐이라면 그의 글이 이토록 많은 호응을 얻진 못했을 터. 세상을 움직인 글발의 두 번째 힘은 유머다. 그는 분노를 부르는 불의와 이기심을 고발하지만 결코 비분강개하지 않는다. 비통한 탄식 대신 경쾌한 유머로 얼어붙은 마음을 녹인다.《노동의 배신》이 최저임금 상승이라는 변화를 이끌어낼 수 있었던 것은, 그가 몸으로 부딪치며 전한 현실의 생생함 때문이기도 하지만 그게 다는 아니다. 잠입 취재기는 언제나 있었다. 그의 글이 특별한 건 유머 덕분이다. 그는 비참한 노동 현실을 고발할 때조차 유머를 잊지 않았고, 그렇게 자아낸 웃음으로 닫힌 마음을 열어 변화를 받아들이게 한다.

글쓰기든 실생활이든 분노와 유머를 겸비하기란 여간 어려운 게 아니다. 분노가 떠올리는 웃음은 고작해야 비웃음, 누군가를 바보로 여기는 조롱이기 쉽다. 그러나 에런라이크는 분노의 대상을 바보로 보지 않는다. 그는 계급차별, 인종차별, 성차별에 반대하지만 그걸 신봉하고 행하는 이들을 어리석다 비웃기 전에, 이런 맹목이 어디서 기인하며 어떻게 그들 자신을 해치는지 보여준다.

이는 상대를 대상화하지 않고 자신과 똑같은 사람으로 보기에 가능한 태도다. 그는 '어떻게 그럴 수 있냐!'고 호통치는 대신 '나도 그럴 수 있다'고 스스로를 돌아보며, "빈곤한 저널리즘"의 시대에 자신이 저널리스트로서 계속 분노를 쓸 수 있다는 사실에 감사한다. 광부의 딸인 그는 자신의 성공을 능력이 아니라 행운이라 말하며, 이 행운을 가능케 한 부모와 조부모, 이웃들의 노동과 투쟁을 기억하고 감사한다. 그가 '연대'를 강조하는 건 그래서다. 그에 따르면 우리가 누리는 편안한 일상은 수많은 이들의 고된 노동의 결과이니, 이 고마움을 감사 기도나 감사 일기가 아니라 "공정한 임금과 더 나은 작업 환경에 대한 요구를 지지하는" 연대로 표현해야 한다.

　독서하는 내내 고개를 끄덕였지만 저자가 미국인, 백인 노동계급 출신이란 정체성을 전면에 드러낼 때는 멈칫했다. 그래도 책을 놓지 않은 건 요즘 보기 드문 그 계급적 관점이 여전히 유효하기 때문이다. 그는 계층 격차가 심해지는 사회에서 "부유층에게 가장 위험한 것은 좌경 정치세력이 아니라 그런 세력이 부상하지 않는 것"이며, 좌절과 절박함을 표출할 정치 통로가 없으면 "범죄가 늘고 정치적·종교적 분파주의가 극단화"될 것이라고 경고했다. 바로 어제 쓴 글 같지만 35년 전에 쓴 문장이다. 내가 하고 싶은 말은 그가 이미 다 쓴 것 같다.

그는 노력했다

케이티 마튼,
《메르켈 리더십》

새해 첫날이면 새 공책 맨 앞에 한 줄 다짐을 적는다. 무얼 적을까 생각하노라면 복잡한 머릿속이 가지런해지며 가장 마음을 기울여야 할 일이 떠오른다. 열심히 살아보자는 마음도 더불어 일어난다. 그래서 십여 년 전부터 나름의 해[年]맞이 의식으로 해오고 있다. 하지만 그것도 요 몇 년 새 시들해졌다. 어영부영 살다가 전해의 다짐을 되풀이하는 게 한심해서다. 된사람이라면 그럴수록 심기일전하련만, 나는 나이 핑계를 대다가 작년엔 아예 그만둬버렸다. 내 그릇 내가 아는데 뭐 그리 애를 쓰나, 대충 살자, 했다.

그런데 세밑에 《메르켈 리더십》이란 책을 읽고 생각이 바뀌었다. 정치인도 아니고 리더도 아니지만 앙겔라 메르켈이라는 한 성실한 삶을 보고 나니 내가 이렇게 살면 안 되겠구나 싶었다. 큰일이든 작은 일이든 살아 있는 한 무슨 일인가를 하는 게 인간이므로 인간으로서 최선을 다하는 건 당연한 도리다 싶었다. 메르켈 때문에 그런 생각을 하게 됐다.

정치가 육상 같은 기록경기라면 앙겔라 메르켈은 역사에 남을 대기록 보유자다. 독일 역사상 최연소 장관이며 최초의 여성 총리이고, 통일독일 최초의 동독 출신 총리이자 헬무트 콜전 총리와 똑같이 16년을 집권한 최장수 총리다. 그리고 퇴임 직전까지 75퍼센트가 넘는 놀라운 지지를 받으며 (콜과 달리) 명예롭게 퇴진한 최초의 총리이기도 하다. 이처럼 승승장구한 비결이 뭘까?

헝가리 출신의 미국 언론인 케이티 마튼이 4년간 총리 집무실을 드나들며 주변인을 취재하고 세계 각국의 정치인, 관료, 학자 백수십 명을 인터뷰해서 쓴 책에는 그렇게 알아낸 여러 비결이 담겨 있다. 일테면 뛰어난 지적 능력, 사진처럼 선명한 기억력, 강한 체력과 그만큼 강한 권력의지 등등. 운이 좋기도 했다. 정계 입문 일 년 만인 36세에 장관이 된 건 '앙겔라 메르켈'이어서가 아니라 '동독 출신 여성'이기 때문이었다. 그는 헬무트 콜이 이끄는 첫 통일독일 정부의 구색용 '트로피'였다. 그는 자신이 장식용 트로피라는 사실을 부인하지 않았는데, 내 보기엔 이게 첫째가는 비결 같다. 자기 자신을 있는 그대로 보는 능력.

그는 타인을 분석하듯 자신을 객관적으로 파악했고, 해결해야 하는 과제에 집중했다. 그래서 상처 입은 자존심을 내세우는 대신 능력 있는 정치인이 될 방도를 모색했다. 사실 그에겐 성공의 자질만큼이나 많은 실패의 요소들이 있었다. 변변한 연줄도 없는 동독 물리학자 출신인 데다 이혼 경력이 있는 동거녀였고, 무대 체질도 아니었으며, 대중 연설에도 젬병이었다. 정치인 특히 여성의 외모를 중시하는 사회 분위기도 그의 편은 아니었다. 으름장을 놓는 남자들 앞에선 몸이 굳었고, 감정을 숨기는 데도 서툴렀다. 장관이 돼 처음 나선 해외 순방에서 자신을 철저히 무시하는 관료와 언론의 태도에 눈물을 보일 정도였다.

그러나 그는 이런 단점을 교정하고 실수를 반복하지 않기 위해 자기 자신을 단련했다. 모욕을 당하고 울던 여성 장관은 얼마 안 돼 조용히 눈동자를 굴리거나 엄지손톱을 만지는 것으로 감정 표현을 대신하는 냉정한 정치인으로 변했다. 처음 총리가 됐을 때 토니 블레어 영국 총리에게 "나는 카리스마가 없어요. 커뮤니케이션을 잘하지 못해요" 하고 털어놓고 조언을 구했다는 에피소드가 보여주듯, 그는 문제 해결을 위해서라면 누구에게나 도움을 청하고 기꺼이 배웠다. 타인의 인정보다 자신의 판단을 믿는 자신감이 없다면 불가능한 태도다.

케이티 마튼 이전에 평전《위기의 시대 메르켈의 시대》를 쓴 독일 언론인 슈테판 코르넬리우스는, 메르켈이 "이해하려 노력하고 자신의 한계를 시험한다"라고 평했다. 철야 협상으로 남성들을 압도하던 남다른 체력조차 그저 타고난 것은 아니었다. 어릴 적 그는 발달장애가 있어 자주 넘어졌다고 한다. 이 때문에 그에겐 "깜짝 기쁨보다 삶을 구성하고 대혼란을 피하는 것이 더 중요"했고, 이것은 훗날 누구보다 철저히 준비해서 상대를 압도하는 정치인 앙겔라 메르켈의 자양분이 되었다.

그는 웅변으로 대중의 마음을 훔치는 대신 우직한 경청으로 시대의 요구에 답했고, 실수를 인정하고 새롭게 배우는 걸 부끄러워하지 않았다. 원자력을 당연시했던 그가 후쿠시마 사고 이후 탈핵을 추진하는 환경주의자로 변한 것이나, 팔레스타인 난민 소녀와 대화한 뒤 100만 명의 난민을 받아들이는 전대미문의 환대 정치를 펼친 것은 이를 보여주는 대표적 예다. 그는 또한 이념의 깃발보다 실질적 결과를 중시하는 실용주의자였다. 이 사실은 여성의 관점에서 권력을 행사하면서도 페미니스트란 '타이틀'은 멀리하던 그가 퇴임 직전에 비로소 "저는 페미니스트입니다"라고 선언한 데서 잘 드러난다.

하지만 그가 아무리 능력 있는 정치인이라 해도 독일 국민들이 아니었다면 세기의 지도자로 성공할 수 없었을 것이다. 독일인들은 메르켈이 남편과 사귈 때 그가 유부남이었는지 아닌지(마튼 등 영미권의 평전 저자들과 달리 독일 기자 코르넬리우스는 이에 대해 언급조차 안 한다) 문제 삼지 않았으며, SNS 소통은 시도조차 않는 그의 과묵함을 아꼈다. 덕분에 그는 사적인 스캔들로 정치인을 흠집 내고 민족·성별·인종 따위를 내세워 갈등을 조장하는 낡은 차별주의자들에 맞서 이 부박한 시대에 통큰 정치를 할 수 있었다. 그러므로 앙겔라 메르켈의 가장 큰 성공 비결은, 자신들의 역사를 자랑이 아니라 교훈으로 삼은 성숙한 민심에서 찾아야 할 것이다. 민주주의는 결국 민(民)이 이루는 것이고, 정치인은 메르켈이 그랬듯 딱 한 발 앞에서 걷는 사람이므로.

끝으로 아직 새해 다짐을 정하지 않은 이가 있다면 책의 마지막 쪽을 펼쳐보기를.

역사에서 어떻게 평가받기를 바라느냐 질문에 앙겔라 메르켈은 이렇게 답했다. "그는 노력했다(She tried)."

우리는 함께 읽고
같이 성장한다

미셸 쿠오,
《패트릭과 함께 읽기》

살면서 후회되는 일, 잘못한 일이 뭐냐고 물으면 할 말이 없다. 너무 많아서. 하지만 잘한 일을 묻는다면 자신 있게 답할 수 있다. 독서회를 한 것. 내 인생에서 가장 잘한 일, 20여 년 전 시작한 독서회 선생 노릇을 그만두지 않은 일. 하지만 이렇게 말하고도 돌아서선 문득 그만둘 생각을 할 만큼 확신 없이 해온 일. 실제로 잠시 그만둔 적도 있는데, 미셸 쿠오가 쓴 자전적 기록 《패트릭과 함께 읽기》를 읽다 보니 나 자신도 어쩌지 못한 변덕스런 그 마음을 알 것 같다.

타이완계 미국 여성 미셸 쿠오는 남부 빈민촌의 흑인 학생 패트릭과 처음엔 교실에서, 나중엔 구치소에서 만나 함께 책을 읽었다. 서울의 대단위 아파트촌에서 여성들과 책을 읽는 나와는 닮은 점이 별로 없다. 그런데도 쿠오의 글을 보면서 나는 갈팡질팡 이어온 독서회에서의 시간을, 흔들리는 나를 이해할 수 있었다. '괜찮아, 너만 그런 게 아니야, 누군가를 가르친다는 건 흔들리는 일이야'라고 스스로에게 말할 수 있었다. 자신의 흔들림을 정직하게 드러낸 쿠오 선생님 덕분에, 가르친다는 것의 의미는 물론 배운다는 것, 읽는다는 것이 어떤 의미이며 의미일 수 있는지 깨달았다.

미셸 쿠오는 하버드대학교를 졸업한 스물두 살 때, 퇴락한 소도시 헬레나에 있는 흑인 대안학교를 찾아간다. 당시 그에게는 당찬 꿈이 있었다. "자신을 변화시키고 자신에게 사회적 책임을 안겨준" 흑인문학을 통해 미국의 역사를 가르치겠다는, 그래서 남부의 게토 지역에 사는 흑인 아이들의 삶을 변화시키겠다는 "낭만적인" 포부가 있었다.

그러나 변변한 일자리는 물론 가난을 벗어날 희망도 거의 없는 그곳에서 모두가 무상 급식 대상자인 흑인 학생들을 마주했을 때, 그는 자신의 꿈이 얼마나 크고 무모한 것인지 깨닫는다. 일찍이 자신을 깨우쳤던 제임스 볼드윈, 맬컴 엑스, 버락 오바마 같은 흑인 지도자의 글은 이들에게 어렵고 지루하고 자신과는 너무 먼 이야기일 뿐, 아무 감흥도 주지 못한다. 예상 밖의 상황에 당황한 그는 충격요법을 쓴다. 그곳에서 일어난 흑인 린치의 역사를 얘기하며 불타 죽은 흑인의 사진을 들이민 것이다. 분노로 각성하길 바라면서. 그러나 학생들은 "이런 건 보고 싶지 않다"며 고개를 돌리고, 그는 비로소 깨닫는다. 자신이 그들의 아픔을 "우쭐대는 태도로" 다뤘다는 것을.

나는 이 대목에 밑줄을 그었다. 어느 때는 우쭐대는 사람이었고, 어느 때는 우쭐대는 이 앞에 고개 숙인 사람이었던 나를 생각했다. 사회적 약자 편에 서는 것은 선택이지만 약자가 되는 것은 선택이 아니라 운명임을 떠올렸다. 이 운명을 깨닫고 거부하는 것은 말처럼, 정말 말처럼 쉬운 일이 아니다. 선택할 수 있는 이들은 모른다. 운명을 거부하는 것이 어떤 무게인지. 모르면서, 모르기에, 우쭐대며 가르친다. 자신의 선한 의지를 내세워 타자를 모욕하고 이를 정당화한다. 무지는 교만을 동반한다.

자기 안의 무지에 눈뜬 쿠오는 이제 책보다 자기 앞의 삶을 읽으며 변해간다. 문학 선생이라는 역할은 변함이 없으나, 바뀐 그의 시선을 통해 문학은 다른 의미로 학생들에게 다가간다. '나'를 주어로 한 글쓰기를 통해 아이들은 처음으로 자신을 들여다보고 자신의 삶과 꿈을 시로 쓴다. 그러나 변화의 싹이 트던 그때, 쿠오는 어쩌면 더 큰 변화를 이끌 수도 있는 로스쿨 진학을 결심하고, 때마침 학교엔 폐쇄 결정이 내려진다. 학생들은 그가 머물기를 바라지만 떠나는 그를 잡지도 비난하지도 않는다. 그는 떠날 수 있고 그들은 그럴 수 없는 현실을 익히 알고 있었기에.

3년 뒤, 그는 교사 시절 그의 희망이었던, 묵독을 사랑하고 남을 위해 나설 줄 알았던, 그러나 이제는 살인범이 되어 구치소에 수감된 패트릭을 위해 돌아온다. 변호사로 새 출발을 앞둔 상태에서. 왜? 그는 선생은 "한번 가르친 학생에 대한 책임감을 떨쳐버릴 수 없다"고, "그들에게 다른 길이 펼쳐질 순 없었을까 자문하며 교사로서 잘못한 것은 없는지 되묻는 게 선생"이라고 말한다.

처음과 달리 그는 자신이 뭔가를 바꿀 수 있다고 믿지 않는다. 다만 끝내지 못한 선생 노릇을 다해야 한다고 믿을 뿐이다. 그래서 두 사람의 유일한 공통분모인 책에 의지해, 과거보다 훨씬 "더 커진 불평등"을 메우기 위해 구치소 안에서 다시 수업을 시작한다.

예전처럼 글을 잘 쓰기는커녕 이제는 글씨를 쓰는 것조차 힘들어하고, 자책과 절망에 익숙해져 선생의 기대를 거듭 배반하는 감옥 안의 제자를 깨우기 위해, 쿠오는 편지를 쓰게 하고 판타지 동화를 읽히고 함께 시를 외운다. 그렇게, "가르치는 건 얼마나 어렵고 퇴보는 얼마나 쉬우며 배움이란 무엇인가"를 일깨우는 시간이 쌓이고, 둘은 마침내 쿠오가 흑인 학생들과 함께 읽고 싶어 했던 프레드릭 더글러스와 제임스 볼드윈의 책을 읽는다. 이제 선생과 학생이란 경계는 희미해진다. 쿠오는 패트릭의 독서를 통해 더글러스와 볼드윈의 책이 던지는 질문과 의미를 새롭게 깨닫는다. 변화는 학생 패트릭만이 아니라 선생 쿠오에게도 찾아온다.

그들이 함께한 독서의 기록을 보면서 나는 몇 번이나 눈을 감고 숨을 골랐다. 책이 삶에 도움이 될까, 독서가 사람을 바꿀 수 있을까, 더는 묻지 않았다. 책장을 덮을 즈음, 문자가 왔다. 힘든 시간을 보내고 있는 독서회의 오랜 벗에게 위로 삼아 시사주간지 정기구독권을 선물했는데 그에게서 온 것이었다.

"고마워요. 훌륭한 사람이 될게요."

일흔의 벗이 보낸 문자에 눈물이 날 만큼 웃었다. 패트릭의 삶이 그렇듯 우리의 삶도 녹록지 않고 후회와 절망도 거듭되겠지만, 패트릭과 쿠오가 함께 읽으며 변하고 성장했듯이 우리도 성장하리라. 지난 20여 년간 그랬듯이 앞으로도 계속 읽고 꿈꾼다면.

역사는 또 한 번의
도약을 요구하고 있다

신순애, 《열세 살 여공의 삶》
전혜원, 《노동에 대해 말하지 않는 것들》

영화 〈미싱 타는 여자들〉을 봤다. 날이면 날마다 상영하는 영화가 아니라서 휴일 늦잠도 포기하고 달려갔는데 부지런 떤 보람이 있었다. 영화는 청계피복노조에서 활동한 노동자 신순애, 이숙희, 임미경이 평화누리 공원의 푸른 들판에서 미싱을 돌리는 장면으로 시작한다. 하늘에선 색동 연이 바람을 타고 날아오르고, 땅에선 세 여성이 깔깔대며 미싱을 타는 모습이 어찌나 아름다운지 절로 미소가 지어졌다.

이윽고 그들이 가슴 저 깊이 묻어두었던 이야기를 꺼냈다. 작은 극장이 젖은 한숨으로 가득 찼다. 내가 다시 웃은 것은 영화의 마지막, 반세기 전 새로운 역사를 열었던 평화시장의 주인공들이 다시 모여 〈흔들리지 않게〉를 노래하는 장면에서였다. 젊은 날처럼 환하게 웃는 그들을 보며 나도 따라 웃었다. 울면서 웃었다. 조금은 알 것 같았다. 역사가 어떻게 바뀌는지, 누가 역사의 주역인지, 역사에서 무엇을 배워야 하는지.

배움은 이들을 일으켜 세운 가장 큰 동력이었다. 가난해서, 여자라서, 배우고 싶어도 배울 수 없었던 이들은 배움의 갈망 때문에 노동운동에 발을 들인다. 공짜로 배울 수 있다는 말에 노조에서 만든 노동교실에 들어가면서 그들은 잃었던 자신의 이름을 찾고, 권리를 깨닫고, 자기를 발견한다. 여자는 배우면 안 된다는 아버지의 신념 때문에 초등학교를 졸업하자마자 여공이 된 임미경은 잠도 안 재우는 가혹한 노동에 반항해 공장을 탈출했던 열네 살의 반항을 회고하며 말을 잇지 못한다. 그저 잠만 자고 싶었는데 그게 죄가 되는 현실, 그 앞에서 잘못했다며 고개를 숙여야 했던 어린 날의 치욕을 떠올리며 눈물을 흘린다.

그러나 그는 울고 있지만은 않았다. "제2의 전태일이 나와야 한다면 그건 여자여야 한다"라며 자신을 던졌다. 그리고 끌려간 유치장과 재판정에서, 그릇된 현실을 알면서도 아니라고 말하지 못하는 경찰과 판사의 비겁을 목도한다. 강한 줄 알았던 이들이 거짓에 침묵하는 모습을 보며, 그는 이들이 세상의 거짓에 복무하는 한낱 나사에 불과함을 깨닫는다. 한나 아렌트가 말한 악의 평범성을 온몸으로 절감한 것이다.

이 진실이 어린 그를 얼마나 절망케 했을지, 진실의 무게를 홀로 감당하며 그가 얼마나 외로웠을지, 가늠키 힘든 실의와 외로움, 고투를 헤아리다 영화의 또 다른 주역인 신순애가 쓴 《열세 살 여공의 삶》을 만났다. '한 여성 노동자의 자기 역사 쓰기'란 부제가 붙은 이 책은 열세 살에 청계천 평화시장에 시다로 들어간 신순애가 미싱사이자 노조의 주체로 활동했던 자신의 경험을 담은 자전적 기록이다.

1970년대 노조운동의 중심에서 활약한 여성 노동자들의 기록은 1980년대에 나온 《공장의 불빛》《빼앗긴 일터》를 비롯해 유정숙 등이 함께 쓴 《나 여성노동자 1·2》, 장석남의 《빼앗긴 일터 그 후》등 몇 권이 더 있다. 모두 드문 역사적 기록으로 저마다의 가치를 갖지만, 신순애의 책은 초등학교 중퇴인 그가 검정고시로 초·중·고에 이어 대학을 졸업하고 대학원생이 되어 쓴 석사논문이란 점에서 다른 책들과 결을 달리한다. 처음엔 생애사를 왜 논문으로 썼는지 의아했다. 하지만 책을 읽어보니 그가 수기나 에세이가 아닌 논문 형식으로 자기 삶을 기록한 것은 지식인들에 의해 대상화된 여성 노동자의 역사를 주체적으로 전하겠다는 의지의 표현이며, 그것은 반드시 필요한 일이었음을 알겠다.

책 앞부분에서 저자는 자신의 생애 경험을 가져와, 열세 살 소녀를 '공순이'로 만든 1960년대 초기 산업화 과정을 비판적으로 조명한다. 그리고 1970년대 노동운동을 통해 여공들이 자신의 이름을 찾고 노동자 정체성을 형성해가는 과정을 생생히 보여준 뒤, 마지막으로 1980년대 군부독재 아래서 그들이 어떻게 배제되고 '왜 보이지 않게 되었는지' 자신의 체험을 바탕으로 서술한다. 특히 눈길을 끄는 건, 어렵게 자기를 찾고 연대했던 여성 노동자들이 이후 역사에서 사라진 이유를 밝힌 부분이다.

영화에 등장한 여성 노동자들이 그 시절을 아름다웠다고 회고하면서도 동시에 그때 일을 묻어두고 싶었다고 토로하듯, 민주노조의 주역이었던 여성 노동자들은 그 후 지워지고 잊힌 채 홀로 상처를 감당한다. 왜 그랬을까? 신순애는 "그들이 외부의 강제에 의해 어쩔 수 없이 사라졌"으며, 강제력을 행사한 것은 정부와 사용자뿐 아니라 노조에 호의적이지 않은 가족, 여성에게 더 무심하고 여성에게 더 가혹한 남성 중심적 사회라고 지적한다.

하지만 상처에도 불구하고 신순애와 동료들은 젊은 날을 후회하지 않으며 잘 살아왔다고 스스로를 칭찬한다. 그 모습을 보면서 생각한다. 지금의 젊은이들이라면 어떨까? 노조가 희망이던 선배들과 달리 노조를 또 다른 권력의 대명사로 여기는 이 시대 젊은 노동자들도 50년 뒤 노동자로서 자신의 삶을 저리 당당하게 회고할 수 있을까?

21세기 노동의 현주소를 가감 없이 보여준 전혜원의《노동에 대해 말하지 않는 것들》을 읽은 지금, 이 물음에 쉬 긍정적인 답을 할 수가 없다. 전혜원이 취재한 현장은 "노동은 늘 옳고 연약하고 착취당한다"라는 진보의 통념이 더 이상 통하지 않음을 보여준다. 인천공항 정규직화에서 첨예하게 드러난 노-노 갈등은 말할 것도 없고, 근로기준법에 정해진 주 52시간 노동이 무력해진 배경에 기업뿐 아니라 노조가 있다는 사실이 그 단적인 예다. 노동자를 피폐하게 하는 장시간 노동이 '노사 담합'의 산물이기도 하다는 것을 나는 이 책을 읽고 처음 알았다. 달갑지 않은 앎이고 당혹스러운 현실이다.

달라진 현실을 전혀 몰랐던 건 아니다. 비정규노동, 플랫폼 일자리, 사장인지 노동자인지 아리송한 종속적 자영업자의 존재에 대해 모를 수가 있나. 아침마다 마주치는 청소 노동자, 휴일도 없이 일하는 우리 동네 편의점 주인, 골목길을 누비는 오토바이 배달원, 바로 내 옆에 이들이 있었고 눈만 뜨면 보이는 노동인데. 다만 빤히 보면서도 이런 새로운 노동 형태가 우리의 인식과 기존의 노사관계를 얼마나 크게 변화시키고 있는지 눈 감고 있었을 뿐이다. 눈 감은 채 무조건 노동자 편을 드는 것이 정의요 선이라 믿고 싶었을 뿐이다.

하지만 전혜원은 이런 식의 맹목으로는 왜곡된 노동 현실과 계속되는 노동 착취를 바로잡을 수 없다고 분명히 말한다. 그는 '비정규직의 정규직화'라는 대안은 한계에 부딪혔다고 단언한다. 잠시 쉴 틈도 없이 일하는 노동자들조차 출발선의 공정성을 따지기보다 경쟁한 결과의 공정성을 주장하는 현실을 있는 그대로 드러낸다. 그런 현실을 만드는 데 자본가와 국가뿐아니라 노동도 한몫했다고 아프게 지적한다.

동시에 그는 이런 현실에서 고통 받는 건 노동뿐이라는 사실도 선명하게 보여준다. 기술이 인간을 대체할 때 사라지는 직업은 있지만 사라지지 않는 권리 또한 있다고 말한다. 그 권리를, 일하다 죽지 않을 권리, 제값을 받는 노동을 할 권리를 찾기 위해 기존의 노조가 변하고 나를 포함한 시민들이 "치열하게 증세"를 고민해야 한다고 주장한다. 뜬금없이 왜 증세냐고? 모두가 감당할 수 있는 선에서 더 많은 세금을 내어 위험한 노동을 지원하고 보호해줄 때 비로소 요즘 사람들이 그토록 바라는 공정이 실현될 것이기 때문이다.

지난날 '미싱 타는 여자들'이 그랬듯, 오늘날 많은 사람들이 단지 출발선이 다르단 이유만으로 노동 현장에서조차 변방으로 밀려나고 있다. 노동자의 조직인 노조가 그들을 위해 싸우지 않는다면, 노동자가 연대해 이 흐름에 맞서지 않는다면, 세상에서 밀려난 이들은 어디서 자신을 찾고 누구와 연대하겠는가. 전혜원은 이 연대를 위해 노조를 포함한 우리 모두에게 변화를 촉구한다. 그렇다. 역사는 또 한 번의 도약을 요구하고 있다.

왜 조선왕조는
망하지 않았을까

김자현,
《임진전쟁과 민족의 탄생》

학술 세미나나 심포지엄에서 나를 놀라게 하는 건 근사한 발표가 아니라 질문이다. 발표에 버금가는 길고 난해한 질문을 듣다 보면 '그래서 질문이 뭐요?' 하고 묻고 싶다. 때론 남의 질문에 주눅이 들어 내 질문을 잊기도 한다. 아마 그래서 학자가 못 되었나 보다. 하지만 그 덕에 지금은 무엇이든 내가 궁금한 문제를 묻고, 내가 볼 때 흥미로운 질문을 하는 사람들의 책을 읽는 자유를 누린다. 《냉전의 지구사》로 유명한 오드 아르네 베스타의 근작 《제국과 의로운 민족》을 읽은 것도 질문이 흥미로웠기 때문이다.

한·중 관계 600년사를 다룬 이 책의 질문은 단순명료하다. 수백 년간 중국 제국들과 긴밀한 관계를 맺은 한반도가 왜 한 번도 중국 제국의 일부가 되지 않았는가? 베스타는 그 이유로

첫째, 한반도인의 뚜렷한 정체성, 둘째, 중국에 대한 조선 엘리트의 풍부한 지식을 꼽는다. 여기서 주목되는 것은 "상대적으로 높은 문화적 동질성"과 일찍부터 형성돼 "오랜 시간에 걸쳐 응집된 정체성"이다. 이는 19세기 유럽에서 형성된 민족 담론이 한반도에서는 그보다 훨씬 전에 국가 구성 원리로 작용했음을 뜻하는데, 베스타는 자신의 주장을 뒷받침하는 논거로 재미 사학자 김자현의 《임진전쟁과 민족의 탄생》을 제시한다.

내 독서는 자연스레 《임진전쟁과 민족의 탄생》으로 이어졌다. 김자현은 이화여대에서 영문학을 전공하고 영화 일을 하다가 컬럼비아대학에서 한국사로 박사학위를 받은 남다른 이력의 소유자로, 독특한 이력만큼이나 독특한 시각의 한국사 연구를 남겼다. 이 책은 그가 세상을 뜨기 직전까지 몰두했던 연구 작업을 사후에 남편과 제자들이 정리해 펴낸 유작이다.

책을 읽는 내내 나는 저자의 이른 죽음이 아쉬웠다. 69세에 영면한 걸 요절이라 할 순 없지만, 그가 이처럼 참신한 시각을 더 발전시키지 못한 채 세상을 뜬 게 안타깝기만 했다. 비록 미완의 저서이지만 《임진전쟁과 민족의 탄생》은 문제의식만으로도 한국 사학계가 기억할 만한 대담한 작업이다.

베스타와 마찬가지로 김자현의 질문 역시 단순하다. 1592년 일본의 조선 침략으로 시작해 1598년에 끝난 임진전쟁은 16세기 세계 최대의 전쟁으로, 일본과 중국에서 정권 교체를 일으키며 동아시아 정치 지형을 뒤흔들었는데, 정작 가장 큰 피해를 입은 한반도에선 조선왕조가 그대로 유지됐으니 그 이유가 무엇이냐는 것이다. 심지어 임진전쟁 이후 불과 30여 년 만에 다시 병자호란이 일어나 왕이 무릎을 꿇는 치욕적인 패배를 당했음에도 이런 무력한 왕조가 무너지기는커녕 300년을 더 이어갈 수 있었던 건 왜일까? 왜 진즉 망했을 왕조가 망하지 않은 걸까?

1592년 5월 23일 부산에 상륙한 일본군은 파죽지세로 북진했다. 6월 7일 선조는 백성에게 안전과 보호를 약속하는 교지를 내린 뒤 수도를 버리고 몰래 달아났다. 배신당한 백성들은 약탈로 분노를 표출했고 강고한 신분 질서는 무너졌다. 6월 11일 일본군은 아무런 저항 없이 한양에 입성했다. 똑같은 일이 평양에서 되풀이되었고, 의주로 달아난 선조는 오랫동안 국경 너머로 피난할 궁리만 했다.

그럼에도 불구하고 그는 왕좌를 지켰다. 왕국은 적의 손에 넘어갔으나 왕도 왕실도 왕조도 무너지지 않았다. 나라의 지도자가 백성을 속이고 도망쳤는데도 그런 나라가 무너지지 않은 이유, 그런 지배층이 계속 권력을 유지할 수 있었던 이유가 뭘까? (비슷한 일이 한국전쟁 때도 반복되었는데, 당시 국민을 속이고 몰래 피난한 이승만 정부는 정권을 잃기는커녕 '부역'이라는 이름으로 국민을 치죄하며 권력을 지켰다. 비결이 뭘까?)

　김자현은 그 이유를 민족 담론의 형성에서 찾는다. 임진전쟁과 병자호란이라는 외세의 침입을 겪으면서 조선인들은 타자와 구별되는 '우리'를 인식하게 되었고, 이렇게 형성된 민족 담론이 조선왕조를 유지하는 힘이 됐다는 것이다.

　그 근거로 저자는 의병 봉기를 시작으로, '순국'을 강조하는 의병장의 격문과 통문을 통해 민족의식이 형성되는 과정을 확인한다. 궁지에 몰린 선조가 교지 등 공식 문서에서 한글을 쓰기 시작한 것도 그냥 지나치지 않는데, 지배층이 한글을 통해 수평적 소통 공간을 창출했으며 한글이 민족공동체 형성의 필수적인 일부였음을 보여준다는 것이다.

　문학과 역사를 접목한 책의 마지막 장도 흥미롭다. 김자현은 전후에 쓰인 '몽유록'들 중 세 편의 소설을 통해, 전사자를 기리는 "기념의 문화"가 어떻게 훼손된 조선 정치체를 봉합하고 흔들리는 가부장적 유교 질서를 온존시켰는지 분석한다. 그가 주목한 세 작품은, 아무 영광도 없이 스러진 무명 병사들의 처참한 죽음을 기록한 《달천몽유록(達川夢遊錄)》과 《피생몽유록(皮生夢遊錄)》, 남성 양반 관료의 무능과 부패, 위선을 고발한 《강도몽유록(江都夢遊錄)》이다.

　전쟁이 끝난 직후에 쓰인 이 작품들은 전쟁의 참상을 소름이 돋을 만큼 생생하게 묘사한다. 특히 《강도몽유록》은 전쟁에서 죽은 여성들의 목소리로 지배층의 책임을 묻는다는 점에서 눈길을 끈다. 소설은 시신조차 수습되지 못한 죽은 여성의 입을 통해 유교적 가부장제의 붕괴와 남성 지배층의 책임을 고발한다. 하지만 통렬한 폭로의 효과는 전복이 아니라 복구다.

소설은 유교적 가치를 지키기 위해 기꺼이 죽은 여성의 열(烈)을 강조함으로써 오히려 무너진 남성 가부장제 질서의 회복을 도모한다. 남성의 충(忠)이 흔들리는 시대에 여성의 열로 이를 보완하여, 조선이라는 유교국가 체제를 지탱하는 축으로 삼은 것이다. 전쟁에 패한 왕조가 무너지지 않은 이유를 알겠다. 뿐만 아니라 17~18세기 조선에서 열녀론이 유행하고 가문과 족보를 강조하는 가부장적 유교 체제가 더욱 강고해진 까닭도 알 것 같다.

'언어'와 '문학'을 통해 민족 담론의 구성과 작동 방식을 보여준 김자현의 연구는 한국사 연구의 지평을 넓힘과 동시에, 분단된 한반도에서 민족주의를 어떻게 이해하고 활용하며 극복할 것인지 많은 시사점을 준다. 민족은 '근대의 산물'이니 '상상의 공동체'니 하는 말로 민족주의를 간단히 넘어설 수 있다고 믿는다면 부디 이 책을 읽어보기를. 오랜 이념을 넘어서려면 대담한 상상과 깊고 너른 공부가 필요함을 확인할 수 있다.

한여름 밤의
독서

최기숙,
《처녀귀신》

밤에 혼자 엘리베이터를 타면 괜히 주위를 둘러보며 콧노래를 부른다. 혹시 어디서 귀신이라도 나올까 봐. 한번은 예닐곱 살쯤 된 아이와 엘리베이터를 탔는데 엘리베이터가 잠깐 덜컹하자 아이가 귀신이 있냐고 진지하게 물었다. 아이의 정신건강을 생각해서 절대 없다고 대답하긴 했지만 속으론 '혹시 모르지' 했다. 나는 귀신을 본 적이 없지만 귀신을 봤다는 사람이 한둘이 아닌 데다, 세상에 별별 일이 다 있는데 귀신이 없으란 법이 있나 싶다.

하지만 설령 귀신이 있다 해도 그리 무서운 존재는 아닌 것 같다. 귀신의 힘이 산 사람을 못 당하니 말이다. 억울하게 죽은 원혼이 귀신이 된다고 하면, 제 욕심을 위해 아무 이유 없이 사람들을 죽인 살인자는 귀신의 등쌀에 못 이겨 제 명에 못 죽어야 할 것 같은데 현실을 보면 꼭 그렇지도 않다. 옛날이야기를 봐도 귀신 때문에 죽는 사람은 원한을 산 당사자보다 겁 많은 원님들이 대부분이다.

그나저나 왜 옛날 귀신들은 자기를 괴롭힌 원수 앞에 안 나타나고 아무것도 모르는 원님 앞에 나타나서 애꿎은 사람을 혼비백산하게 했을까? 국문학자 최기숙에 따르면 이것은 여자 귀신에게만 해당되는 행동 패턴이며, 이런 행동 패턴이 나타나는 이유는 그 이야기를 전하는 사대부 남성들의 의도 때문이라고 한다. 우리에게 너무나 익숙한 귀신 이야기에 이런 속내가 있었다니! 구미가 당겨서 단숨에 읽은 책, 최기숙의 《처녀귀신》이다.

귀신은 죽은 사람이지만 죽은 사람이 모두 귀신이 되는 건 아니다. 이승에 미련과 한이 남아 현세를 떠나지 못한 자만 귀신이 된다. 거기에 또 하나, 산 사람에게 목격이 되어야 비로소 귀신으로 인증을 받는다. 설령 공동묘지에서 밤마다 귀신들이 모여 회의를 한다 해도 산 사람이 모르면 귀신은 없는 것이나 마찬가지다. 그러니까 귀신이란 죽은 자로서 산 자들의 세계에 들어온 자, 생과 사의 경계에서 "죽은 뒤에도 잠들지 못하는 욕망과 의지"를 드러내는 존재다.

조선 후기 야담집에 실린 귀신 이야기를 분석한 이 책에서는 귀신을 두 부류로 나눈다. 하나는 현실의 어려움을 해결하는 데 도움을 주는 귀신이고, 다른 하나는 억울하게 죽은 원귀(冤鬼)다. 옛이야기에서 전자는 예외 없이 남자고, 후자는 여자다. 즉 남자 귀신은 조상신으로 등장해 가장으로서의 책임과 의무를 다하는 반면, 여자 귀신은 '원귀'나 '자살귀'로 나타나 억울함을 호소하는 것이다.

흥미로운 점은 야담집에 실린 귀신 이야기 중 양적으로는 남자 귀신 이야기가 많지만 인기가 있는 것은 여자 귀신, 특히 처녀귀신 이야기라는 사실이다. 인기의 요인은 성적 신비감을 비롯해 여러 가지가 있겠지만, 침묵하던 여자들의 속내를 들을 수 있다는 것도 한 가지 이유이리라.

조선 사회에서 지배층으로, 아버지로, 남편으로 수없이 자기 이야기를 해온 남성들과 달리, 여성들은 남성의 말을 듣고 따를 뿐 자신의 마음을 표현할 수 없었다. 귀신 이야기는 그런 침묵 속에 담긴 '한'을 그들의 입을 통해 직접 전한다는 점에서 남다른 긴장과 해원(解冤)의 카타르시스를 제공한다.

캄캄한 밤, 갑자기 한줄기 서늘한 바람이 불어 방안의 촛불이 꺼지고 소복을 입은 귀신이 등장한다. 모두 귀신을 보고 혼비백산하는 가운데, 막 부임한 수령이 태연히 귀신을 상대한다. 처녀귀신은 그에게 억울한 사연을 고하며 한을 풀어달라고 청한다. 이야기는 수령이 악당을 처벌하고 억울하게 죽은 처녀귀신을 양지바른 곳에 묻어 한을 풀어주는 것으로 끝난다.

우리에게 익숙한 처녀귀신 이야기는 대부분 이런 구조를 갖는다. 귀신이 되어 구천을 떠돌 만큼 원한에 사무침에도 불구하고, 처녀귀신들은 직접 복수를 하지 않고 남성 사대부에게 하소연만 한다. 자신을 해코지한 당사자 앞에 나타나면 일이 쉽게 해결될 텐데 왜 이렇게 빙 돌아갔을까?

최기숙은 그 이유를 야담이라는 장르의 속성에서 찾는다. 귀신 이야기가 실린 야담집은 사대부가 여가에 읽는 독서물이었다. 야담을 모아 쓴 사람도, 그것을 읽는 사람도, 사대부 남성이 주를 이루었다. 그러니 당연히 담력과 지혜를 갖춘 양반 관리가 나서서 법에 따라 문제를 해결할 수밖에. 만약 여자 귀신이 직접 나서 치죄(治罪)한다면, 현실에서 남성 관리가 설 자리는 없어지고 그들이 내세우는 현실의 법도 무력해질 것이다.

이야기 속에서 처녀귀신은 '탄원자'가 되고 양반 남성은 '해결자'가 되는 이유는 그 때문이다. 귀신 이야기에도 읽고 쓰는 사람의 의도, 나아가 현실의 권력관계가 담겨 있는 셈이다. 그러나 비록 불순한(?) 의도에서 나왔다 해도 귀신 이야기가 존재한다는 건 그 사회의 건강성을 보여준다고 저자는 말한다. "귀신 이야기를 '한다'는 것은 사회가 소외시키고 배제시킨 대상이 무엇인지를 고민하고 발설하는 증표가 되기 때문"이다.

저자의 말처럼 사회의 모순이 있는 한 귀신도, 귀신 이야기도 사라지지 않고 계속될 것이다. 그걸 알면서도 역시 귀신은 없었으면 좋겠다. 산 사람도 무서운데 귀신까지 있으면, 생각만 해도 등골이 오싹하다.

누구를 위한,
누구의 사랑인가

토비아스 휘비네트 외, 《인종간 입양의 사회학》
리사 울림 셰블룸, 《나는 누구입니까》

매주 두어 군데 도서관을 찾아 신간 코너를 둘러본다. 서점에서 보기 힘든 뜻밖의 양서를 만나는 일이 종종 있기 때문이다. 《인종간 입양의 사회학》도 그렇게 만난 책이다.

600쪽에 달하는 이 두꺼운 책에 손이 간 이유는 '인종간 입양'이라는 낯선 용어 때문이었다. 인종간 입양이란 입양 가정의 인종과 입양 아동의 인종이 다른 경우를 말한다. 처음엔 '해외 입양'이란 익숙한 말 대신 왜 이런 신조어를 쓰나 의아했는데, 생각해보니 해외 입양의 태반이 백인 부모가 유색인 아이를 입양하는 인종간 입양이다. 다인종 국가인 미국 같은 경우 국내 입양도 이런 방식이어서, 유색인 부모가 백인 아이를 입양하는 일은 거의 없고 강한 반대 때문에 성사되기도 어렵다고 한다. 사랑의 행위로만 보이는 입양조차 인종주의의 그늘 아래 있는 셈인데, 인종간 입양이란 용어는 이런 현실과 함께 '인종을 초월한 가족애'로 그려져온 입양의 실상을 드러낸다.

책에 실린 30편의 글 중 25편은 인종간 입양인이 직접 썼다. 당사자인 그들은 '사랑은 피부색을 보지 않는다'는 아름다운 상식을 부인하고 입양의 불편한 실상을 증언한다. "나에 관한 모든 설명들, 모든 거짓들을 보고 쓴웃음을 짓는다"라고 토로하는 그들의 증언은, 지금까지 이 주제에 대해 발언한 입양 전문가와 입양 부모, 학자와 사회복지사들과는 전혀 다른 이야기를 들려준다.

무엇보다 그들은 "입양이 국경과 인종을 넘어서 도움이 필요한 아동들에게 사랑의 보금자리를 제공"한다는 낯익은 신념을 식민주의와 인종주의에 기초한 환상이라고 일축한다. 대신 그들은 "문화적 말살"을 위해 아메리카 원주민(인디언)의 인종간 입양을 추진한 역사를 고발하고, "입양 대상 아기들 사이에 인종적 계급이 있다"는 데 주목하며, 자신들의 경험에 비춰 "입양 아동은 사랑이란 이름으로 식민화된다"라고 고백한다.

이런 말을 하는 건 입양 부모에게 차별과 학대를 받아서가 아니다. 책에 실린 많은 글이 입양 부모의 무지와 우월의식, 학대의 경험을 폭로하지만, 반대로 어려운 여건에서도 사랑으로 아이를 품은 가족에 관한 이야기도 적지 않다. 문제는 사랑과 헌신에도 불구하고 입양된 아이들은 그 사회에서 "멋진 삶"을 누리지 못한 채 "내부의 이방인"으로 살아야 했다는 사실이다. 유색인 동생을 둔 백인 누나는 말한다.

"우리 가족이 아무리 잘해주려 애써도 그때뿐, 동생은 주변의 제도적 인종차별과 부딪쳐야 했다."

인종간 입양 자체가 야만의 이방인을 구원한다는 인종주의에서 발로했음을 떠올리면 이는 당연한 결과라 하겠다.

불쌍한 유색인 아이를 백인 중산층이 구제했다는 서구 중심적 입양 담론이 확대 재생산된 데는, 유색인 입양 아동의 모국인 한국 같은 나라도 큰 역할을 했다. 한국 출신 입양인 토비아스 휘비네트가 지적하듯이, 해외 입양 역사에서 한국은 입양 아동의 3분의 1을 차지하는 주요 아동 공급 국가다. 특히 박정희 정부와 전두환 군사정권 시대는 전체 해외 입양 건의 4분의 3이 이루어진 황금기였다. 그 시절 정부는 아이 수출을 통해 사회복지의 부담을 덜고, 소외·빈곤 계층을 가부장제와 "우생학의 이름으로" 관리해 권력을 유지했으며, 입양기관들은 이에 편승해 경제적 이득을 얻었다.

이 전통은 군부독재가 막을 내린 이후에도 면면히 이어졌다. 세계 최저 수준의 출생률로 거의 20년째 초저출산이 이어지는 한국에서 여전히 매년 수백 명의 아이가 해외로 입양되는 이상한 일이 벌어지는 것이다. 10여 년간 저출산 대책에 100조 원이 넘는 재정을 투입하는 나라에서, 인구 감소로 국가 경쟁력은 물론 국가의 존망 자체가 위태롭다고 우려하면서, 왜 그 귀한 아이들을 외국으로 보낼까? 돈까지 줘가며 아이를 낳으라면서 왜 기껏 태어난 아이를 남의 나라로 보내는가? 한강의 기적을 운운하던 1980년대 이후는 말할 것도 없고 세계 10위권의 경제력을 자랑하는 21세기에도, 왜 한국은 여전히 세계에서 손꼽히는 아동 수출국으로 남아 있는가?

입양기관이나 언론에선 국내 입양이 드물어서라고 한다. 최근에는 어머니 신원을 밝히도록 한 출생신고 때문에 입양이 더 어려워졌다고 비판하는 목소리도 크다. 하지만 비혼 여성이 아이를 낳아도 백안시하지 않는다면, 여러 이유로 육아에 어려움을 겪는 가정을 위해 다양한 보육시설과 지원이 이루어진다면, 여성 노동자가 혼자 아이를 키울 수 있을 만큼의 임금을 받는다면, 어떤 아이든 환대하고 어떤 부모든 응원해준다면, 그래도 많은 아이가 부모를 잃고 입양을 기다릴까?

책은 입양을 개인적인 사랑 문제로만 보는 통념에 맞서 입양이 국제적 '산업'임을 강조한다. 홀트아동복지회를 비롯한 사립 입양기관이 "아이들을 위해 가족을 찾는 것"이 아니라 "가족을 위해 아이들을 찾았다"라는 재란 김의 분석은 이 사실을 충격적으로 드러낸다. 한국에 매년 1500만 달러가 넘는 수익을 안겨준 국제적 입양 산업에서 생모와 아동의 인권은 처음부터 고려 대상이 아니었다. 아이의 출생 관련 사실이 누락·조작되는 일이 비일비재했고, 생모의 의사를 무시한 입양도 적지 않았다. 그리하여 입양아는 자신과 전혀 다른 사람들 속에서, 자신을 낳은 사람들에 대해 아무것도 알 수 없는 백지 상태로, 자신의 인생을 '감사하며' 살아야 하는 처지에 놓였다.

리사 울림 셰블룸(한국명 정울림)의 만화《나는 누구입니까》는 이런 처지에 놓인 사람이 던지는 질문의 책이다. 1979년 두 살 때 스웨덴으로 입양된 울림은 묻는다. 나는 누구인가, 나는 어디서 왔는가, 내 친부모는 누구인가? 그의 스웨덴 이웃들도 묻는다. 넌 어디서 왔어? 몇 살 때 왔어? 친부모님은 살아 계셔?…… 살처럼 쏟아지는 질문들은 정말 궁금해서 묻는 물음이 아니라 물음표를 단 답이다. "너는 운이 좋았다. 네 삶은 더 나아졌다"라는 답.

반면 한국의 입양기관들은 묻지 않는다. 똑같은 대답을 반복할 뿐이다. 친부모는 찾을 수 없다, 서류는 사라졌다, 보육원은 없어졌다, 우리는 모른다. 그러나 울림이 막상 친부모를 찾아 나서자 그들의 대답은 이내 거짓으로 드러난다. 20년간 찾을 수 없다던 생모를 경찰은 한 달 만에 찾아내고, 없어진 보육원은 구글 지도에 선명하며, 사라졌다는 자료는 그대로 남아 있고, 죽었다던 아버지는 살아 있다. 20년 만에 돌아온 모국에서 울림은 끝없는 거짓말에 배반당하고 간신히 찾은 엄마를

"다시 잃은" 뒤 묻는다. 텅 빈 백지처럼 사는 삶이 더 낫다고 누가 결정하는가?

한국 사회는 반세기 넘게 20만 명의 아이들을 해외에 내버렸다. 사랑이란 이름으로, 아이들을 위한다는 거짓 명목으로. 그렇게 보내졌던 아이가 돌아와 우리에게 묻는다. 나는 누구입니까? 텅 빈 백지로 사는 게 낫다고 내게 말한 당신들은 누구입니까? 그 질문 앞에서 자문한다. 도대체 나는, 우리는 누구인가? 우리가 말한 사랑은 누구를 위한, 무엇을 위한 사랑인가? 어쩌다 우리는 태어난 아이조차 거두지 못하는 불모의 나라를 만들고 말았는가?

'거부당한 몸'이 아니라 '다른 몸'이다

수전 웬델,
《거부당한 몸》

1996년 수전 웬델이 발표한 《거부당한 몸》은 장애학의 고전으로 꼽힌다. 고전은 재미보다 의무감으로 읽는 책. 한데 이 책은 다르다. 강진영·김은정·황지성 세 옮긴이가 쓴 서문부터 '여성주의, 장애, 몸의 초월'을 논한 마지막 7장까지 단 한 구절도 그냥 넘길 수가 없다. 책에 담긴 저자의 경험과 문장이 모두 각별해서 눈을 떼기가 힘들다.

대학에서 철학과 여성학을 가르치며 활기찬 삶을 살던 수전 웬델은 어느 날 갑자기 쓰러지고 만다. 원인은 근육통성 뇌척수염, 일명 만성피로 면역장애증후군으로, 완쾌를 기약할 수 없는 병이었다. 이 책은 그가 심각한 질병으로 몸과 마음이 완전히 재배치되는 경험을 하고서 쓴 것이다. 중년 이후 시름시름 앓는 날이 많은 나는 내게 이런 일이 생긴다면 어땠을까 생각하며 책장을 넘겼다.

　과연 나라면 어땠을까? 부족함 없는 삶을 살다가 갑자기 몸을 움직일 수도 없었을 때, 낫지 않는 질병으로 십 년 넘게 고통을 겪었을 때, 그 고통을 이해하지 못하는 주변 사람들 때문에 죄책감과 외로움을 느꼈을 때, 그 마음은 어땠을까? 과연 나라면 하루에 열 몇 시간씩 누워 있어야 할 만큼 극심한 피로에 시달리면서 그이처럼 연구를 계속할 수 있었을까? 속으론 두통, 구역질, 어지러움, 단기기억장애 등을 겪지만 겉보기엔 '정상적인' 자신을 환자도 아닌 '장애인'으로 규정할 수 있었을까? 주위 사람들에게 미안함과 서운함을 하소연하는 대신, "장애나 질병이 있어도 일할 수 있고 관계를 맺을 수 있고 행복할 수 있다는 것을 비장애인 대부분이 이해하지 못한다"라면서 그들의 선입견을 없애기 위해 싸우겠다고 결심할 수 있었을까?

　마음속에 떠오르는 질문들에 답하면서 비로소 나는 그가 얼마나 긴 터널을 지나왔을지 가늠할 수 있었다. 나라면 스스로를 가여워하고 세상을 원망하느라 여념이 없었을 상황에서 이처럼 뛰어난 책을 쓰기까지 그가 얼마나 큰 고통을 겪고 얼마나 강한 의지로 자신의 한계를 극복했을지 알 것 같았다.

　그러나 웬델은 자신의 성취를 상찬하는 이런 말들을 달가워하지 않을 것이다. 역경을 딛고 '장애를 극복'한 영웅에게 보내는 찬사가 장애를 "사회적 책임의 문제가 아닌 개인이나 가족의 문제"로 생각하게 만들고, 대다수 장애인이 도달할 수 없는 이상(理想)으로 장애인을 타자화하는 현실에 누구보다 아파한 사람이 그였으니까.

그는 장애(disability)는 단지 생물학적 결손이 아니며 사회적으로 구성되는 것이라고 지적하면서, 장애란 "주어진 환경에서 살아가기 위해 또는 사회생활의 주요한 영역에 참여하기 위해 필요한 활동을 수행하는 능력이 일정 부분 또는 어떤 방식으로라도 부족한 것"이라고 정의한다. 이 정의에 따르면, 속도와 경쟁이 강조되는 현대 사회에서 웬델 같은 만성질환자나 나이가 들어 거동이 불편한 노인은 모두 장애인이며, 무럭무럭 노화를 겪고 있는 나 역시 이미 이 범주에 속한다.

이 느슨한 정의에 반대하는 시각도 있다. 노인이 왜 장애인이냐고 항의하는 노인들을 비롯해, 장애운동가 중에도 이런 식으로 나이 듦에 따른 취약함과 장애를 한데 묶으면 장애인의 기회가 줄어드는 것을 자연스러운 것으로 여기게 된다고 염려하는 이들이 있다. 또 장애인은 무능력하다는 통념을 바꾸기 위해선 질병과 장애를 구분해야 한다고 주장하는 이들도 있다.

하지만 웬델은 그들의 우려에 공감하면서도, 장애를 정의하는 이유가 무엇인지 환기하며 이에 반대한다. 장애를 정의하는 것은 "사람들이 사회에 살며 기여하려 할 때 부딪치는 어려움을 밝혀내고 기회를 제공하기 위한" 것이다. 즉, 장애를 엄밀히 규정하는 것이 중요한 게 아니라 장애로 인한 차별과 억압이 없어지는 것이 중요하며, 모든 사람이 충분한 지원과 기회를 갖는 사회가 필요하다.

그의 말처럼 우리 사회에서는 장애를 '개인적 불운'으로 여긴다. 운이 나빠서 장애인이 되었다거나, 요행히 큰 사고를 피해 장애인이 되지 않았다는 식이다. 이런 '요행'식 접근은 장애에 대한 두려움에서 기인하는데, 그 두려움 때문에 비장애인 대부분이 스스로를 장애인과 동일시하지 못한다. 하지만 요즘처럼 삶의 속도가 빨라지는 사회에서는 그가 지적했듯이 누구나 언제든 장애인이 될 수 있다. 빨리빨리 서두르다 생기는 사건 사고는 물론이고, 나이를 먹을수록 속도에 적응하기가 점점 더 힘들어지기 때문이다. 갈수록 느려지는 몸의 변화를 온몸으로 느끼는 나는, 응급의료 서비스나 교육에 대해서처럼 장애인 지원에 대해서도 '자선'이 아닌 사회적 투자를 해야 한다는 그의 주장에 전적으로 동감한다. 이런 사회적 지원이 비장애인에게도 결국 도움이 된다는 것을 경험으로 알기 때문이다.

지난 2001년 한국에서는 중증 장애인들이 지하철 선로를 점거하고 시위를 벌였다. 리프트 사고로 장애인이 목숨을 잃는 일이 잇달아 일어나자 엘리베이터를 설치해달라고 나선 것이다. 비장애인들은 그들의 싸움에 냉담했지만, 막상 서울시가 설치한 지하철 엘리베이터를 가장 많이 이용하는 건 노인을 비롯한 비장애인들이다. 나도 다리가 아프거나 무거운 짐이 있을 때 엘리베이터를 이용하는데, 그때마다 고맙고 미안하다. 장애인들의 희생과 투쟁 덕분에 이런 편익을 누린다는 걸 비장애인들이 기억한다면, 자선이 아닌 투자가 필요하다는 웬델의 주장을 누구나 쉬 납득할 것이다.

지하철 엘리베이터같이 장애인과 노약자를 위한 편의시설을 마련하는 것은 꼭 필요하다. 하지만 몸에 대한 관념을 바꾸지 않은 채 지원만 강조하는 건 장애인이나 노약자를 복지의 천덕꾸러기로 만들 위험도 있다. 지금도 한국 사회에서 노인은 복지 재정을 축내는 잉여 인간으로 여겨지는 판이다. 그럼 어떡해야 할까?

웬델은 분명하게 답한다. 몸을 통제할 수 있다는 환상부터 버리라고. "인간의 행동을 통해 우리가 원하는 몸을 갖고 질병, 장애, 죽음을 예방할 수 있다"라는 미신부터 버려야 '다른' 몸을 받아들일 수 있다는 것이다. 그는 자신이 사는 북미 사회가 특정한 몸을 이상화하고 그렇지 않은 몸은 '거부'하는, 그래서 사람들이 이상형에 맞게 몸을 통제할 수 있다고 믿고 그런 몸이 되기 위해 애쓰는 사회라고 비판한다.

성형과 몸짱이 판치는 한국 사회 역시 그보다 더하면 더했지 덜하지 않다. 건강을 잃으면 모든 것을 잃는 것이란 말을 거짓말 좀 보태 하루 걸러 한 번은 듣는데, 그러다 보니 아는 게 없고 생각이 모자란 것보다 주름살이 늘고 몸이 아픈 게 더 겁이 난다. 늙고 아픈 것은 자연스러운 일이지만, 의술의 힘을 빌려서라도 안 늙고 안 아픈 걸 당연히 여기니 나만 무능하고 뒤처지는 것 같아서다.

제아무리 의술이 발달해도 사람은 늙고 병들고 죽는다. 열심히 운동하고 긍정적인 마음가짐을 가져도 노쇠는 피할 수 없으며, 아픈 건 아픈 것이다. 중복장애를 지닌 딸의 엄마이자 페미니스트 이론 교사인 바버라 힐리어의 말처럼, "몸을 긍정적으로 인식하는 것은, 이상형을 위해 애쓰는 것이 아니라 실제의 몸을 받아들이는 것으로부터" 온다. "우리 몸이 변하고, 나이 들고, 아프거나 장애를 갖게 되고, 그리고 죽을 것이라는 사실"을 인식할 때 내 몸을 긍정할 수 있는 것이다.

다행인 것은 사람들의 믿음과 달리 건강을 잃었다 해서 모든 것을 잃는 건 아니란 점이다. 웬델이 책과 삶으로 몸소 보여준 것처럼, 아픈 몸, 늙은 몸, 장애가 있는 몸은 '거부당한 몸'이 아니라 '다른 몸'일 뿐이다. 물론 장애를 차이일 뿐이라 말하기엔 장애에 따르는 고통이 적지 않다. 그럼에도 웬델이 장애를 차이로 보자고 하는 까닭은, 그것이 "장애인이 가진 지식과 관점을 찾아내고 존중"하고 익숙지 않은 존재 방식으로부터 배우고자 하는 태도를 뜻할 뿐 아니라, "신체의 완벽함을 추구하고 통제하려는 환상을 포기하는 것을 의미"하기 때문이다.

이런 배움과 깨달음이 있었기에 그는 병으로 겪는 고통에도 불구하고 "그 병에 걸리지 않았다면 하고 바랄 순 없다"라고 말한다. 그 병 때문에 자신이 기꺼이 되고 싶고 놓치고 싶지 않은 사람이 되었기에, 치유가 가능하면 받아들이겠지만 "꼭 필요한 것은 아니"라고 말한다.

건강이 전부인 사회, 모든 장애인은 치유되기를 원한다고 믿는 세상에서 그의 이런 고백은 자기 위안이나 기만으로 치부될 수도 있다. 몸을 통제할 수 있다는 환상 때문에 툭하면 아픈 사람을 탓하는 풍토에서, 아파도 좋다는 말은 병든 정신의 반영으로 여겨지기 십상이다. 그러나 자신과 다른 생각을 가진 이에게도 날선 비판 대신 부드러운 설득으로 일관하는 웬델을 보니 그 말을 이해할 수 있을 것 같다. 누구도 다치지 않도록 섬세하게 배려하는 문장에서 몸의 통증보다 사람을 더 아프게 하는 무시와 무지, 편견과 독단을 겪어온 그의 세월을 읽을 수 있었고, 그 고통을 원망이나 한탄이 아닌 공감과 배려로 승화시킨 힘을 느낄 수 있었다.

나이 듦의 고단함을 몸으로 느끼며 의기소침해 있었는데 《거부당한 몸》 덕분에 이렇게 변화하는 나 자신을 인정하기가 조금은 쉬워졌다. 웬델처럼 예민하면서도 너그러운 사람이 되려면 아직 멀었지만, 그래도 약해지고 느려지니까 주변 사람이

더 고맙고 세상이 더 예쁜 줄을 알겠다. 참 다행이다. 아픈 만큼
배우고 아픈 만큼 씩씩하게 살 힘을 얻었으니.

"우리 모두는
엄마의 아이다"

**에바 페더 키테이,
《돌봄: 사랑의 노동》**

꽤 오래 죽음 공부를 하면서 자연스레 돌봄에 관심을 갖게 되었다. 갑작스러운 사고사가 아닌 한 사람은 누구나 죽기까지 다른 사람의 돌봄을 필요로 한다. 통계조사에 따르면, 평균수명이 80세라 할 때 10~15년은 남에게 의지해 산다고 한다. 큰 병이 들지 않았어도 늙으면 남의 손 빌릴 일이 많다. 요양시설을 찾는 이유다. 나 역시 노쇠하면 요양시설에서 말년을 보내게 될 터, 돌봄의 형태와 질에 대해 관심을 갖지 않을 수 없다.

　돌봄에 관한 논의는 최근 들어 다양해지고 있다. 책 출간도 늘었다. 몇 해 전 김희강·나상원 공동 번역으로 조안 트론토의 《돌봄 민주주의》, 버지니아 헬드의 《돌봄: 돌봄윤리》, 에바 페더 키테이*의 《돌봄: 사랑의 노동》 등 돌봄에 관한 주요 저작들이 소개되면서 목록이 풍부해졌고, 얼마 전엔 각자의 분야에서

이 문제를 연구하던 학자들이 의기투합해 돌봄 공백을 초래한 신자유주의를 비판하고 보편적 돌봄의 필요성을 선언한 《돌봄 선언》이 출간되었다. 모두 돌봄에 관한 깊이 있는 논의를 위해 필요한 책들이다.

나는 이 중에서 미국 철학자 에바 페더 키테이가 쓴 《돌봄: 사랑의 노동》을 골랐다. 나온 지 20년이 넘은 책이지만 지금도 윤리학·사회복지학·장애학·여성학·정부론 등에서 중요하게 다뤄지는 저작이다. 유명한 법철학자 마사 누스바움이 "미국의 법과 정책을 변화시키는 데 강력한 철학적 논거를 제시했으며, 좋은 철학은 실제 정치에 도움이 된다는 걸 보여주었다"라고 높이 평가한 책이기도 하다.

무엇보다 내 마음을 끈 것은 저자가 중증 지체장애 딸을 가진 어머니라는 사실이었다. 돌봄을 자기 문제로 고민할 수밖에 없는 철학자이니 현학적인 말만 늘어놓진 않겠구나 싶었고, 어떤 이야기를 들려줄지 궁금했다. '여성, 평등, 그리고 의존에 관한 에세이'라는 부제도 호기심을 자극했다. 돌봄과 여성을 연결 짓는 건 이해가 됐지만 돌봄과 평등의 연결고리는 알 수 없어 궁금했다. 궁금하면 읽어야 한다.

---

*   한국어판 책에선 저자 이름 Kittay를 '커테이'로 표기했으나 언론 매체나 검색 엔진 등에선 '키테이'로 표기한다.

이제까지 돌봄은 주로 여성이 전담해왔다. 육아는 물론이고 노인이나 환자의 수발도 어머니, 딸, 며느리, 하녀들이 도맡았다. 여성의 사회 진출이 늘고 돌봄노동이 사회화된 이후에도 이 일을 직업으로 삼는 이는 대부분 여성이었다. 성차별이 온존한 사회에서 이는 돌봄노동의 폄하로 이어졌다. 많은 이들이 아동 양육, 간호, 간병, 노인요양 같은 돌봄노동을 여전히 하나의 전문 직업이 아닌 '여자가 하는 집안일' 정도로 여기며 저임금과 차별을 정당화한다.

키테이는 성평등을 주장하는 것만으로는 이러한 차별을 시정할 수 없다고 지적한다. 그의 말처럼 성평등을 내세운 여성운동으로 서구 사회에서 형식적인 차별의 장벽은 상당 부분 철폐됐지만 실질적인 평등은 아직도 미흡하며, 무엇보다 여성 내부의 불평등은 여전하다. 아니, 오히려 전 지구적으로 확산되고 있다. 선진국 중상층 여성이 사회로 진출할 수 있었던 건 그로 인한 돌봄 공백을 자국 내 빈곤 여성과 개발도상국 빈곤 여성들이 저임금 돌봄노동으로 메웠기에 가능했다. 즉, 중상층 여성이 누리는 평등과 자유는 성평등의 결과라기보다 (인종적·민족적·지역적 차별을 동반한) 빈곤 여성에 대한 불평등의 결과라 할 수 있다.

키테이는 '인간은 독립적이고 자율적인 존재'라는 전제 아래 개인의 평등과 자유를 주장하는 자유주의 정치사상을 고수

하는 한, 이 같은 불평등과 차별은 계속될 수밖에 없다고 주장한다. 전제 자체가 틀렸기 때문이다. 그는 '자유롭고 자립적인' 인간이란 비현실적이고 불가능한 허구이며, 사회는 이런 개인들의 자발적 결사체가 아니라고 지적한다.

실제로 인간은 의존적 존재다. 거의 20년의 의존기를 거쳐야 한 사회의 성원으로 독립할 수 있다. 또한 키테이의 딸처럼 날 때부터 타인의 도움 없이는 살 수 없는 중증 장애인도 있고, 사고로 그런 상태가 되기도 한다. 설령 장애 없이 건강하다 해도 노년이 되면 또다시 긴 시간 남의 도움을 필요로 한다. 상호의존의 정치경제학을 넘어, 의존은 인간 생존에 불가결한 존재조건이다. 저자가 말하는 '인간 의존의 사실'이다.

바로 이 사실이 만인의 평등이라는 또 다른 사실의 근거가 된다. 저자는 이것을 "우리 모두는 엄마의 아이다"라는 말로 표현한다. "대수롭지 않은 말처럼" 들리는 이 말은 "누군가에게 정당한 자격을 부여하는 요구"다. 자율성, 합리성 같은 개인의 속성이 아니라 '엄마의 아이'라는 모든 사람의 유사성이 인간을 평등한 존재로 만든다. 따라서 '엄마 품 같은 돌봄'은 인간 사회의 당연한 요구요 권리이며, 정의로운 사회의 조건이다.

키테이는 이러한 정의를 실현하기 위해 '둘리아'에 근간을 둔 복지정책을 제안한다. 둘리아란 산모가 아이를 돌볼 때 산모를 돌보던 그리스 시대 둘라(doula)에서 나온 개념으로, "우리가 생존과 성장을 위해 돌봄이 필요했듯이, 돌봄노동자를 포함한 다른 사람의 생존과 성장을 위해 필요한 돌봄을 제공해야 한다"라는 의미다. 이는 의존을 비정상적인 것으로 보는 기존의 시혜적 복지 관념과는 다르다. 돌봄의 공공윤리에 기반한 복지는 의존을 사회적 조건으로 인정하며, 의존인과 돌봄노동자에 대한 사회적 책임을 기꺼이 받아들인다.

태어나서 죽을 때까지 남에게 의존하지 않고 사는 사람은 없다. 따라서 "우리는 우리 자신을 의존인과 의존노동자로 인정"해야 한다. 당신이 누구든, 성별이 무엇이든, 얼마나 똑똑하고 대단한 인물이든, 돌봄의 책임과 권리에서 자유로울 수는 없다. 돌봄은 선의가 아닌 정의다.

그들이 여전히 인간일지는
확실치 않다

세라 블래퍼 허디,
《어머니, 그리고 다른 사람들》

예전에 나는 인간이 뭇 동물과는 아주 다른 줄 알았다. 호모사피엔스라는 학명처럼 인간은 생각하는 슬기로운 존재이고, 두 발로 걷고 도구를 쓸 줄 알며 언어를 사용하는 유일한 존재인 줄 알았다. 웃는 것, 우는 것, 고통을 느끼는 것, 심지어 자살하는 것조차 오직 인간만의 특별함이라 여겼다. 그래서 누가 못된 짓을 하면 짐승 같다느니 짐승만도 못하다느니 하고 욕했다. 요즘은 아니다. 동물에 관한 지식이 쌓이면서 동물도 도구를 쓸 줄 알고 기쁨과 슬픔, 고통과 두려움을 느끼며 때론 자살도 한다는 것을 알게 됐기 때문이다.

가령 서아프리카 침팬지는 적어도 4300년 전부터 견과류를 까는 데 돌절구를 사용했고, 대형 유인원들은 "미래에 대비해" 도구를 챙기며, 다른 유인원들도 인간만큼 많은 걸 "기억"한다.

'짐승의 썩은 고기만을 찾아다니는 하이에나'는 내가 가장 싫어하는 동물이었으나, 다큐멘터리에서 하이에나 어미가 위험에 빠진 딸을 대신해 사자에게 제 몸을 던지는 걸 본 뒤론 더 이상 싫어할 수가 없었다. 그리고 더는 사람은 동물과 다른 특별한 존재라고 말할 수 없게 되었다.

그렇다고 동물과 인간이 아무 차이가 없느냐면 그건 아니다. 모든 동물에겐 저마다의 특질이 있다. 인간도 마찬가지다. 그게 뭘까? 인간을 인간이게 하는 특징, 인간이 지구상 모든 생명체의 생사를 좌우할 만큼 성공적으로 번식할 수 있었던 진화의 비결은 무엇일까? 진화심리학에서는 '살인자 본능' 같은 인간의 공격성과 짝을 유혹하기 위한 치열한 경쟁에 초점을 맞춘다. 하지만 저명한 인류학자이자 사회생물학자인 세라 블래퍼 허디는, 아이의 생존이 보장되지 않는다면 이런 경쟁과 투쟁은 "진화적으로 아무 의미 없는 갈등"일 뿐이라고 일갈한다. 대신 그가 주목하는 것은 인간 고유의 협력적 본성, 독특한 협동 번식이다.

전작《여성은 진화하지 않았다》와《어머니의 탄생》에서 여성과 모성의 진화 전략을 새롭게 해석해 생물학에 만연한 남성 편향을 바로잡았던 허디는, 근작《어머니, 그리고 다른 사람들》에서 양육 방식을 주제로 또 한 번 진화론의 통념에 도전한다. 이제까지 사회생물학이나 경제학에선 인간 사회를 이기적인

'합리적 행위자'들의 경쟁터로 보았다. 유전적으로 우리와 가까운 침팬지의 "악마적" 공격성은 이를 뒷받침하는 주요 근거였다. 그러나 허디는 다양한 영장류 실험과 아프리카 수렵채집민을 관찰한 연구들을 토대로 이를 비판한다. 단적인 예로, 침팬지 같은 비인간 유인원 사이에선 호혜적 나눔을 찾아보기 힘들지만, 인간은 날 때부터 다른 사람과 연결되기를 원하며 일상적으로 가진 것을 나누고 선물한다. 한마디로 "공감과 마음읽기의 결합이 없었다면 우리는 결코 인간으로 진화하지 않았을 것"이다.

물론 인간 유인원도 싸우고 괴롭히고 경쟁하며, 잔인한 다툼의 흔적을 보여주는 고고학적 증거도 많다. 유아 살해도 드물지 않다. 진화심리학자들은 이를 근거로 인간의 살인자 본능을 주장하지만, 허디는 본능을 말하기 전에 먼저 질문한다. 이기적이고 호전적인 유인원들이 대다수였던 고대 아프리카 땅에서 어떻게 공감적이고 관대한 인간이 성공할 수 있었을까? 공감 능력이 자연선택된 이유가 뭘까?

저자는 그 이유를 '공동 육아'라는 현생 인류의 독특한 양육 조건에서 찾는다. 침팬지, 고릴라, 보노보 같은 유인원과 달리 인간은 어머니 혼자 아이를 키우지 않고 다양한 대행 부모들이 함께 돌봄 공유를 하는데, 이 양육 방식이 성공적 진화의 원동력이라는 것이다.

인간은 무기력하게 태어나 가장 긴 성장기를 거치는 동물이다. 놀라운 사실은 이토록 비용이 많이 드는 아기를 낳는데도 유인원 중에서 인간의 출산 간격이 가장 짧다는 것이다. 허디가 보기에 이런 생식력이 가능한 건 할머니를 비롯한 대행 부모들이 어머니의 양육 부담을 덜어주기 때문이다. 사회적 지원은 어머니와 아이의 육체적·정서적 안정을 이끌어 생존과 번식 가능성을 높인다. 반대로 사회적 지원이 없을 때 유아 살해가 일어난다.

이와 관련해 허디는 교과서나 박물관 등에서 우리가 흔히 접하는 '사냥하는 남성(아버지)−아이 돌보는 여성(어머니)−그들의 아이'로 이루어진 원시 핵가족 모델은 19세기 가족관이 투영된 신화일 뿐이라고 비판한다. 그에 따르면, 인류의 선조인 진짜 홍적세 가족은 고정된 형태의 핵가족이 아니라 아이를 중심으로 돌봄을 공유하는 남녀노소 여러 사람이 함께하는 "편의적이고 유연한" 집단으로서, 부거제보다 모거제 사회가 더 어울린다.

인간 아기는 이런 돌봄 공유 사회에서 커다란 뇌를 가진 공감의 달인으로 자란다. 아기는 생후 일 년쯤이면 타인의 감정을 읽는 것은 물론이고, 그들이 '자신을 어떻게 생각하는지'에 관심을 가진다. 다양한 양육자의 도움을 받아야 하는 환경이, 다른 영장류들과 달리 인간 아기의 초사회성과 공감 능력을 키워 호모사피엔스로 진화할 수 있었던 것이다.

그러나 호모사피엔스의 진화를 이끈 양육 방식은 오늘날 위기에 직면했다. 핵가족과 어머니의 독점적 육아를 당연시하는 환경에서, 많은 어린이가 어른과 신뢰관계를 맺지 못한 채 성인이 된다. 그로 인한 후과는 심리적 불안에 그치지 않는다. 공동 돌봄이라는 조건이 공감하고 이해하고 협력하는 인간의 진화를 이끌었다면, 이 조건이 사라지는 현 상황은 새로운 유인원의 진화로 이어질 것이다. 허디는 새로운 유인원이 현재의 인간보다 똑똑하고 경쟁적이며 기술적으로 뛰어날 거라고 전망한다. 하지만 타인에 대한 관심과 공감이 인간의 특성이라면 "그들이 여전히 인간일지는 확실치 않다"라고 말한다.

아이를 안 낳는다고 걱정들을 하지만 태어난 아이가 인간으로 진화하지 않는다면 미래가 없기는 매한가지. 우리 종의 미래는 출생률이 아니라 돌봄 공유에 있다.

'여성·생명·자유'를 위해
싸우는 나라

마리암 마지디, 《나의 페르시아어 수업》
최승아, 《페르시아·이란의 역사》

월드컵에 별 관심이 없었는데 우연히 본 사우디아라비아와 아르헨티나의 경기가 하도 재미있어 빠져들고 말았다. 당연히 질 줄 알았던 사우디아라비아가 역전승을 거둔 순간, 나도 모르게 손뼉을 쳤다. 축구, 참 재미있네! 한국을 비롯해 약체로 평가받던 팀이 강팀을 이기는 이변은 아무리 봐도 질리지 않고, 빼어난 기량을 가진 선수들이 최선을 다해 뛰는 모습은 감탄을 자아낸다. 이래서 월드컵, 월드컵 하는 거겠지.

하지만 월드컵을 열광과 탄식의 무대로 만드는 것은 경기장에서의 명승부만이 아니다. 카타르 월드컵에서 가장 기억에 남는 장면을 묻는다면 나는 이란-잉글랜드전에서 이란 선수들이 국가 제창을 거부하던 것이라 답하겠다. 분노와 슬픔이 뒤섞인 착잡한 얼굴들, 그들을 똑같은 표정으로 바라보는 관중석의 이란인들. 목이 멨다. 전반 22분, 이란 응원단은 2022년 9월 히잡을 제대로 쓰지 않았다고 끌려갔다가 의문사한 22세 마흐사 아미니의 이름을 내걸었고, 경기장 밖에선 '여성·생명·자유'를 외치는 반정부 시위가 이어졌다. 그날 이란 대표팀은 과거 조국을 유린한 영국에 대패했지만, 이란 응원단은 패배에 분통을 터뜨리는 대신 인권을 짓밟는 정부에 분노했고 무참히 죽어간 이들을 위해 울었다. 심지어 월드컵에서의 승리가 현실을 덮을까 봐 자국의 패배를 기원하기까지 했다.

한국에도 스포츠로 국민을 길들이려던 독재정권과 그에 맞서 목숨을 내걸고 싸운 역사가 있기에 그들의 저항은 낯설지 않았으나, 그럼에도 경기장 안팎에서 보여준 이란인들의 저항은 특별하고 놀라웠다. 조국의 자유를 위해 기꺼이 조국의 패배를 바라는 국민을 본 적이 있던가. 이란 국민들이 지금 얼마나 뜨겁고 간절하게 싸우고 있는지 비로소 실감했다. 그리고 궁금했다. 도대체 이란은 어떤 나라, 어떤 사람들이기에 한 여성의 죽음에 저토록 분노하며, 전 세계를 뒤덮은 국가주의를 뛰어넘는 대범한 투쟁을 보여주는가?

이란에 대해 알고 싶었다. 하지만 어려운 책은 싫어서 조그만 소설책을 골랐다. 마리암 마지디의 《나의 페르시아어 수업》. 여섯 살 때 부모를 따라 이란에서 프랑스로 망명한 작가의 자전적 소설인데, 예전에 본 마르잔 사트라피의 만화 《페르세폴리스》와 비슷한 듯 달랐다. 《페르세폴리스》에선 마르크스를 읽는 십대 소녀, 당찬 반항을 일삼는 작가의 모습이 이슬람 여성에 대한 통념과 전혀 달라 놀랐다면, 《나의 페르시아어 수업》은 그 당돌한 정신이 마주한 이란의 엄혹한 현실에 놀랐다.

소설 맨 앞엔 '압바스에게'라는 헌사가 적혀 있고, 첫 장을 펼치면 "너는 다른 사람을 살리려고 죽을 것이다"라는, 터키의 혁명 시인 나짐 히크메트의 말이 쓰여 있다. 솔직히 처음 히크메트의 문장을 마주했을 땐, 공감하기엔 너무 무겁고 무서운 말이라 생각했다. 그러나 임신 7개월의 몸으로 혁명에 참여한 스무 살 의대생이 동료를 지키려 3층에서 뛰어내리는 장면에서 나는 비슷한 시기 우리가 겪었던 숱한 죽음을 떠올렸고, 히크메트의 말이 허언이 아님을 아프게 수긍했다.

마지디의 소설은 동지를 위해 목숨을 걸었던 그 여성, 바로 자신의 어머니에서 시작한다. 자유로운 사회를 꿈꾸었으나 혁명은 배반당하고, 낯선 이국땅에서 낯선 언어에 시달리며 꿈과 말을 모두 잃은 어머니. 작가는 그의 잃어버린 말을 증언하기 위해, 또한 상실을 대물림한 자신의 잃어버린 언어를 찾기 위해 소설을 쓴다.

소설은 자신만의 언어를 찾아가는 마지디의 여정을 한 축으로 삼아 이야기를 전개하는데, 정작 나를 사로잡은 것은 감옥에 갇힌 삼촌에서 시작해 젊은 어머니로, 강하고 지혜로운 할머니로, 아이들을 위해 싸우다 죽은 청년 압바스로, 암매장된 반정부 활동가들의 시신을 수습하고 돌아와 앓아눕곤 하던 아버지로 계속해서 이어지는 낱낱의 이야기였다. 그래서일까, 소설을 읽다 보니 천 일의 이야기로 자신과 다른 이들의 목숨을 구했던 세에라자드가 떠오른다.

무심코 떠올린 이 이름과 마지디 사이의 연관성을 깨달은 것은 소설책에 이어 최승아의 《페르시아·이란의 역사》를 읽고서였다. 이란의 긴 역사를 쉽고 깔끔하게 정리한 이 책을 통해 나는 비로소 《아라비안나이트》의 기원이 사산조 페르시아에서 만들어진 '천의 이야기'였음을 알았고, 마지디가 왜 다른 사람을 위해 죽은 수많은 압바스와 그들에 대한 기억으로 아파하는 이들을 위해 이야기하려 애쓰는지 이해할 수 있었다. 또한 수십 년간 이어진 이슬람 통치에도 불구하고 여전히 강제된 히잡을 거부하며 인권과 민주주의를 외치는 이란 시위의 동력도 확인할 수 있었다. 이란에는 800년이나 아랍, 튀르크, 몽골의 지배를 받으면서도 페르시아 고유의 언어와 문화 정체성을 잃지 않은 역사가 있었던 것이다.

더욱 놀라운 건 이 힘의 원천이 '시'라는 사실이다. 수백 년에 걸친 아랍의 지배하에서 이란인들은 페르시아의 전설과 역사를 6만 행의 시로 쓴 《샤나메(왕들의 책)》를 읽고 낭송하며 모국어를 기억하고 보존했다고 한다. 괴테를 비롯해 여러 시인들에게 영감을 준 하이얌, 하피즈, 루미, 그리고《바람이 우리를 데려다 주리라》로 유명한 포루그 파로흐자드에 이르기까지 고금의 위대한 시인들이 이란에서 나온 건 우연이 아니다.

그런데 시를 사랑하는 사람들이 오늘날 왜 이런 고통을 겪게 되었을까? 좀 더 알고 싶어 도서관에서 일본의 이란 연구자 요시무라 신타로가 쓴《이란 현대사》를 찾아 읽었다. 제국주의 열강에 시달리고 그 그늘 아래서 쿠데타와 독재, 전쟁과 미완의 혁명을 겪는 모습이 한반도의 근현대사와 어찌 그리 닮았는지. 19세기 늘어 영국과 러시아에게 국내 자원과 이권을 넘겨주고 권력 유지를 꾀한 카자르 왕조, 이들에 맞서 새로운 종교로 반란을 꾀하고 연초불매운동 등을 펼친 이란 민중의 역사를 보고 있자니, 비슷한 시기 일본·중국·구미 열강에 광산이나 철도 같은 각종 자원과 이권을 내주면서 백성의 권익엔 눈 감았던 조선왕조와, 지배층과 외세에 저항했던 동학혁명, 만민공동회, 국채보상운동 등이 떠오른다.

그뿐만이 아니다. 자신의 의지와 무관하게 세계대전의 소용돌이에 끌려 들어가 외세의 전쟁터가 된 것도, 결국 쪼개진 국토에 영·소(러) 양군이 주둔한 전후의 역사도, 국민의 지지 아래 추진한 석유국유화운동이 미국의 개입으로 실패하고 팔레비 왕조의 독재로 귀결된 현대사도 모두 남의 일 같지 않게 낯익다. 낯선 나라의 낯익은 역사를 통해 제국주의와 냉전 체제가 세계를 어떻게 지배하고 일반 민중에게 어떤 고통을 주었는지 새삼 깨닫게 된다.

아무 상관 없다 여겼던 먼 나라 이야기에 한숨과 눈물로 공감하는 사이, 월드컵은 막을 내렸다. 구경은 끝났다. 이제 온몸으로 삶을 밀고 갈 시간이다. '여성·생명·자유'를 위하여.

사실의 무게를
생각하라

정혜경,
《일본의 아시아태평양전쟁과 조선인 강제동원》

강제징용 피해배상 문제가 논란이 되고 있다. 2023년 3월 6일 정부는 대법원에서 배상 판결을 받은 일본 전범기업 대신 행정 안전부 산하 일제강제동원피해자지원재단이 민간 기업에서 기 부금을 받아 피해자들에게 보상하는 안을 발표했다. 생존 피해 자 세 분을 비롯해 여러 피해자들이 일본의 사과와 배상이 없는 정부안에 반대 입장을 밝혔고 논란은 계속되고 있다.

처음엔 강 건너 불 보듯 했으나 논란이 이어지니 궁금하다. 도대체 왜 이리 오랫동안 문제가 해결되지 않는지도 궁금하고, 정부가 왜 '병존적 채무인수'라는 복잡한 방식을 추진하는지 도 궁금하다. 그래서 강제동원을 연구해온 역사학자 정혜경의 《일본의 아시아태평양전쟁과 조선인 강제동원》을 읽기 시작 했다. 200쪽 남짓한 적은 분량에 강제동원의 역사와 쟁점을 정리한 책이라 부담 없이 택했는데, 처음부터 생각이 많아진다.

첫 장에서 저자는 몇 해 전 개봉한 영화 〈군함도〉와 〈허스토리〉를 통해 강제동원을 둘러싼 한·일 양국의 그릇된 시선을 이야기한다. 그는 강제동원을 부인하는 일본뿐만 아니라 일제의 잘못을 부각하려 '근로정신대'의 피해를 왜곡한 〈허스토리〉 영화 제작자, 일제 하수인이 된 조선인의 모습을 외면한 한국 관객들을 두루 비판한다. 그리고 도식화된 민족주의를 넘어서 재일 사학자 강덕상이 말한 '사실의 무게를 아는 것'이 중요하며, 이를 위해서는 "전쟁을 일으키는 국가권력이 아닌 민중의 시선"으로 역사를 봐야 한다고 지적한다. 책은 이런 관점에서 80여 년 전 강제동원의 역사를 되짚는다.

시작은 일본이 아시아태평양전쟁을 일으킨 역사다. 이 역사는 두 가지를 말해준다. 첫째, 일본의 근대화는 처음부터 '침략하는 나라'가 되는 것이었다. 둘째, 일본의 대미 공격은 일시적인 오판이나 실수가 아닌 오래전부터 국방 방침으로 준비된 '최후의 일전'이었다. 놀랍게도 일본은 1907년에 이미 미국을 러시아, 중국과 함께 가상 적국으로 꼽았고, 1923년에는 미국을 제1순위 적국으로 삼아 '세계 최종전쟁'을 준비했다. 자신을 위협하지도 않는 최강대국을 상대로 전쟁을 꾀하다니 왜 그랬을까? 1853년 미국의 페리 함대에게 굴복해 문호를 열었던 흑역사의 기억 때문이라기엔 이해하기 힘든 무모함인데, 일본사 연구자 함동주의 《천황제 근대국가의 탄생》을 보니 러일전쟁 후 만주를 둘러싸고 벌어진 미·일 갈등이 주된 요인인 듯하다.

아무튼 일본은 서구 제국주의 국가들처럼 다른 나라를 침략해 식민지로 만들지 않으면 자신이 식민지가 될 거란 불안에 쫓겨 '전쟁하는 근대국가'를 만들었다. 그리고 조선의 동학농민혁명, 만주의 류탸오후 사건* 등 갖은 핑계로 주변국을 침략하는 역사를 썼다. 일본이 일찍부터 조선을 병참기지 삼아 중국을 점령하고 중국을 병참기지화해서 미국을 공격하려 했다는 것은, 청일전쟁부터 태평양전쟁까지 일본의 선택을 꼼꼼히 추적한 역사학자 가토 요코의 《그럼에도 일본은 전쟁을 선택했다》를 보면 분명히 알 수 있다. 이 선택으로 인해 한반도를 비롯한 아시아 전역이 피로 물들었고, 일본 국민을 포함한 수백만 명이 돌이킬 수 없는 고통을 당했다. 그러나 고통을 야기한 일본 정부는 전후의 냉전 체제에 편승해 국내외적으로 마땅히 져야 할 정치적·도덕적·법적 책임을 회피했다. 그리고 이제 다시 전쟁하는 국가를 만들겠다고 나서고 있다.

최근 북한이 군사적 위협을 시연하는 가운데, 일본은 방위 예산을 GDP의 2퍼센트까지 늘리고 유사시 북한 등 한반도를

---

* 1931년 9월 일본 관동군이 만주를 침략하기 위해 벌인 자작극. 일본군은 류탸오후에서 만주철도를 일부러 폭파한 뒤 이를 중국군 소행으로 몰아 전쟁을 일으켰다.

대상으로 '반격 능력'을 행사할 수 있도록 안보 전략을 수정했다. 이대로면 일본의 군비 지출액은 미국, 중국에 이어 세계 3위로 뛰어오를 것이다. 더 심각한 건 한반도에 대한 군사력 행사다. 한국 정부는 "긴밀한 협의 및 동의가 반드시 필요하다"라고 했으나, 일본 정부 관계자는 "한국 정부의 동의나 허가가 필요하지 않다"라고 밝혔다.

북한의 위협 아래서 일본이 안보 전략을 수정하는 건 당연하다는 시각도 있지만, 두 차례나 한반도를 침략한 일본의 과거 전력을 생각하면 불안할 수밖에 없다. 한국이 북한의 위협에 촉각을 곤두세우는 것은 과거에 도발한 역사가 있으며 그에 대해 잘못을 인정하지 않기 때문이다. 일본도 마찬가지다. 일본은 한반도를 점령해 식민 지배하면서 인명을 살상하고 자원을 수탈했으며 약 780만 명을 강제동원한 잘못이 있다. 1998년 김대중-오부치 선언 당시 일본 정부는 잘못을 인정했으나 현재는 이를 부정하고 있다.

혹자는 한국이 식민지가 된 것은 자발적 협약에 따른 것이니 합법적이며, 설령 식민 지배가 잘못이라 해도 이미 1965년 한일협정으로 보상이 끝났으므로 더는 왈가왈부하지 말라고 한다. 심지어 식민 지배 덕에 한국이 도로망 등 기반시설을 갖춘 근대국가로 성장할 수 있었다고도 한다. 일본 정부가 강제징용 피해에 대해 절대 배상할 수 없다고 버티는 것도 같은 논리다. 과연 이게 맞는 말일까?

일본에서 중국인 강제동원 피해배상 소송의 변호인으로 활동한 우치다 마사토시는 《강제징용자의 질문》에서 이들 주장을 낱낱이 반박한다. 그는 1910년 병합조약과 1965년 협정의 문제점을 논하면서, 과거의 잘못된 역사를 바로잡으려는 노력 없이 법적 타당성을 운운하는 것은 노예제에 대해 당시엔 합법이었다고 말하는 것과 무엇이 다르냐고 반문한다. 또한 '병존적 채무인수' 방안의 모델이라 할 수 있는 독일 사례를 언급하며, 이 경우에도 독일 기업의 사과가 전제였음을 분명히 한다. 마지막으로 저자는 이영훈 등이 쓴 《반일 종족주의》의 주요 논점을 비판하면서, '애당초 청구할 게 별로 없었다'는 주장을 편 주익종에 대해 "(매국이란 말을 좋아하지 않지만) 피해자가 당한 고통을 상상해볼 때 '백성을 팔아먹는' 무리란 말이 떠오른다"라고 토로한다. 이 문장 앞에서 참담함을 느낀 게 나만은 아니리라.

다른 이를 괴롭히지 않은 역사는 자랑이지 수치가 아니다. 다른 나라, 다른 문명, 다른 사람들을 노예화하고 식민화했던 자본의 시대는 성·인종 차별, 테러리즘, 기후위기와 같은 후과를 남겼다. 이제는 새로운 역사로 나아가야 한다. 강제동원 피해'배상'은 그 시작이다.

역사는 달라진다,
누가 무엇을 보느냐에 따라

메리 위스너-행크스,
《케임브리지 세계사 콘사이스》

독서회 친구들이 역사 공부를 해보자고 한다. 좋다곤 했는데 막상 책을 고르려니 쉽지 않다. 역사란 주제가 워낙 넓고 깊어서 어디부터 시작해야 할지 아득하다. 일단 이제까지 듣고 배워 익숙한 서구 중심의 세계사와는 다른 관점에서 쓴 세계사부터 읽기로 했다. 처음이니 쉽고 재미있게 볼 수 있는 책으로. 아프가니스탄 출신의 타밈 안사리가 쓴《이슬람의 눈으로 본 세계사》가 눈에 띈다. 이슬람권을 다룬 역사서는 유진 로건의 역저《아랍》을 비롯해 여러 책이 있지만, 긴 역사를 재미있게 풀어낸 안사리의 책이 읽기 편할 듯하다.

미국에서 세계사 교과서를 만드는 데 참여했던 안사리는 이슬람 세계가 누락된 역사 서술에 문제점을 느끼고 책을 썼단다. 과연 여러 면에서 기존의 세계사와는 다르다. 공간적으로는 인도 아대륙과 중앙아시아, 이란고원, 메소포타미아, 이집트를 연결하는 '중간세계'가 주된 배경을 이루며, 시간적으로는 이슬람교가 확립되는 622년 히즈라(이슬람력 원년)가 중요한 의미를 갖는다. 처음엔 낯선 고유명사에 애를 먹었으나 점차 익숙해진다. 그러자 역사를 보는 시각과 생각이 달라진다. 수천 년간 인류사를 이끌어온 중간세계에 대해 너무 몰랐음을 깨닫는다.

내친김에 좀 더 지역을 넓혀본다. 아랍, 몽골, 인도, 남미 등을 연구한 국내 학자들이 함께 쓴《더 넓은 세계사》. 학교에서 배운 적 없는 아프리카, 서아시아, 중앙아시아, 동남아시아, 인도, 라틴아메리카의 역사와 문화를 다룬, 일종의 대안교과서 같은 책이다. 예전에《오류와 편견으로 가득한 세계사 교과서 바로잡기》를 재미있게 읽었는데 15년 만에 나온 그 후속작이다. 필진으로 참여한 이슬람 연구자 이희수의 말처럼, 이 책은 확장된 지역사를 통해 '문명'과 '발전'이라는 유럽 중심적 인식론을 넘어선 "인류사의 새로운 지혜와 배움"을 보여준다.

서구 중심의 문명사관이 막을 내렸음은 메리 위스너-행크스의《케임브리지 세계사 콘사이스》를 봐도 알 수 있다. 유럽사와 젠더사 연구자인 위스너-행크스는 전 세계 200여 명의 학자가 참여한 '케임브리지 세계사 시리즈'를 총괄하며 개론서 격인 이 책을 썼다. 문장이나 내용이 어려운 것도 아닌데 쉬운 듯 쉽지 않아서 책장이 쉬 넘어가지 않는다. 지금까지 봐온 세계사와는 시각도, 다루는 주제도, 서술 방식도 달라서다.

흔히 역사는 변하지 않는다고 생각한다. 출판사에 다닐 때 일이다. 나이 든 독자가 새로 펴낸 역사책이 엉망이라며 빨갛게 교정한 책을 들고 와 환불을 요구했다. 확인해보니 30년 전 역사사전으로 교정한 것이었다. 새로운 사료와 연구가 나와서 사실이 달라졌다고 설명하자, 옛날 일이 바뀔 리 있냐며 화를 내셨다. 맞다, 옛날에 일어난 일은 바뀌지 않는다. 다만 어떤 일이 일어났는지 알아내는 접근 방식과 분석력이 달라지고, 그에 따라 우리가 아는 역사와 역사 서술이 변할 뿐이다. 그래서 역사학이라는 학문이 있고 역사가 다시 쓰이는 것인데, 많은 이들이 종종 이걸 잊는다.

그 점에서 메리 위스너-행크스의 책은 현대 역사학이 어디까지 왔는지 보여주는 본보기와도 같다. 저자는 서론에서 "생산자와 재생산자로서의 인간을 이야기"하겠다고 밝힌다. 처음엔 노동자 중심의 역사 서술을 말하는 줄 알았는데, 아니다. 고고학·인류학·여성학·구술사·생활사 등 여러 학문적 성과를 반영한 이 책에서 생산자 인간은 "먹이활동을 하는 포레이저, 농부, 공장 노동자일 뿐 아니라 무당, 필경사, 사무관"을 가리키며, 재생산은 가족과 친족 구조, 성별, 인구 규모 등을 모두 포괄하는 사회적 관계를 의미한다. 그러니까 저자의 말은 정치나

전쟁 같은 제도와 사건에 초점을 맞춘 (우리에게 익숙한) 역사가 아니라, "인간의 역사에서 긴밀히 연결돼온 생산과 재생산의 관계"를 중심으로 역사를 서술하겠다는 다짐이다.

그 결과, 정부와 지배 엘리트가 수행한 거대한 정치·경제적 과정을 중시하는 "물질주의적 전통에 입각한" 역사 대신, 노동·가족·여성·젠더·어린이·정체성 등에 초점을 맞춘 낯선 역사가 드러난다. 주제뿐 아니라 다루는 범위도 기존의 세계사 책보다 넓고 포괄적이다. 이전엔 문자 기록을 기준으로 '선사'와 '역사' 시대를 갈랐으나 이 책은 그런 구분에 매이지 않는다. 인류의 삶은 문자를 넘어 이어져왔으니, 기록된 것만 역사로 볼 순 없단 얘기다.

지배층이 기록한 정치·경제 중심의 역사와 달리 구술을 포함한 사회·문화적 역사 쓰기를 했지만, 이 역사에도 지배와 착취, 전쟁과 약탈, 차별과 억압은 면면히 이어진다. 노예제와 여성차별은 오래전부터 있었고, 자본주의 세계체제 아래서 발명된 '인종'과 같은 차별 기제는 과학의 이름으로 더 큰 설득력을 얻은 게 사실이니, 저자는 이 어두운 역사를 있는 그대로 보여준다.

그러나 어둠은 늘 그렇듯 빛을 동반한다. 저자는 고대에 노예제가 지배적이었던 사회는 로마뿐이었다는 사실을 강조하는데, 이는 마르크스주의를 비롯한 서구 중심 역사관이 당연시한 '고대 노예제−중세 봉건제−근대 자본제' 식의 역사 발전 단계론의 허구성을 드러내며, 역사란 단일한 일직선으로 나아가지 않음을 보여준다. '고대−중세−근대'의 발전론이 인류사의 보편이 아님을 확인하는 것은 중요하다. 모든 인간은 자신의 자리에서 제 환경에 맞춰 제 나름의 역사를 발전시켰으며, 거기엔 보편도 우열도 없음을 역사가 증명하기 때문이다.

여러 세계사 책을 읽으며 나는 배웠다. 사람은 누구나 최선을 다해 최선의 삶을 찾는다는 것을. 그 노력은 패배를 동반하며, 패배에도 불구하고 다시 싸우는 게 인간이라는 것도 배웠다. 한마디로 인간은 최선을 향한 불굴의 존재다. 이것이 내가 여러 권의 벽돌 책을 읽고 배운 사실(史實)이다.

보이는
세계 너머를
볼 수 있다면

제4부
○

부드러움이
강함을 이긴다

레이첼 카슨,
《침묵의 봄》

《햇빛도 때로는 독이다》를 쓴 독성학 전문가 박은정의 인터뷰 기사를 보았다. 코로나 시국에 필수품이 된 손소독제가 바이러스만 죽이는 게 아니라 건강한 피부막도 손상시키며, 주성분인 염화벤잘코늄은 폐 손상까지 일으킬 수 있단다. 깜짝 놀라서 어린아이를 키우는 주변 사람들에게 기사를 전했다. 아뿔싸, 한발 늦었다. 초등학교 5학년짜리가 이미 손소독제 때문에 피부과에 다닌다고 한다. 별생각 없이 화학 살균제를 사용해온 나 자신은 물론, 가습기 살균제 사건이 있었는데도 소독제 사용을 강권해놓고 부작용은 모르쇠하는 정부에 부아가 난다. 부작용이 생길 줄 몰랐다는 변명은 턱도 없다. 벌써 60년 전에 레이첼 카슨이 합성 화학물질의 위험성을 낱낱이 고발했는데 아직도 모른다는 게 말이 되나.

1962년 레이첼 카슨은 '환경 문제에 관한 최초의 선언'이자 20세기 최고의 고전으로 꼽는 《침묵의 봄》을 펴냈다. DDT를 비롯한 화학 살충제가 암을 일으키고 생태계를 파괴한다는 책 내용에 사람들은 충격을 받았고, 책은 출간 2년 만에 100만 부가 넘게 팔렸다. 미국뿐 아니라 해외에서도 반향은 컸다. 냉전의 와중에도 소련 지도부가 번역서를 돌려볼 정도였다.

책을 쓸 당시 이미 암을 앓고 있던 저자는 1964년 세상을 떴지만 그 영향력은 조금도 줄지 않았다. DDT 살포에 반대하는 '환경보호기금'을 필두로 환경운동이 본격화되었고, 미국의 여러 주에서 살충제 사용을 규제하는 법안이 속속 제정되었다. 또 대통령 직속 '환경의 질 위원회'가 설치되고, 지구 환경을 보호하자는 취지로 4월 22일을 '지구의 날'로 정해 전 세계가 기념하기 시작했다. 대중용 교양서라고는 하지만 화학 살충제의 작용 방식과 그것이 하천과 토양, 동식물에 미치는 영향을 실증적으로 입증한 과학책이 이렇게 큰 성공을 거둔 건 전례 없는 일이었다. 비결이 뭘까?

우선 타이밍이 좋았다(세상일이 다 그렇듯 책도 운을 탄다). 출간을 앞두고 환경과 독성물질에 대한 대중적 관심을 고조시킨 일련의 사건이 일어난 것이다. 당시는 1950년대 말부터 미·소·영 등 강대국들이 핵무장을 본격화하면서 방사능 낙진에 대한 대중의 공포가 높아가던 때였다. 그즈음 살충제를 공중 살포한 넌출월귤에서 발암물질이 든 제초제 성분이 검출되는 사건이 일어났다. 게다가 1961년엔 북미와 서유럽에서 임산부에게 처방되던 진정제 탈리도미드가 기형아 출산의 원인으로 밝혀져 전부 회수하는 일이 벌어졌다.

특히 넌출월귤 사건은 《우리를 둘러싼 바다》로 유명한 베스트셀러 작가 레이첼 카슨을 환경 문제 전문가로 만든 결정적 계기였다. 해충을 방제한다며 무분별하게 살포한 살충제 때문에 새들이 죽고 있다는 제보를 받은 카슨은, 새들의 노랫소리가 사라진 '내일을 위한 우화'로 "침묵의 봄"을 열었다. 세상을 바꾼 책은 그렇게 시작되었다.

《침묵의 봄》은 나오자마자 센세이션을 불러일으켰는데, 이는 주제의 시의성 때문이기도 하지만 주제를 전달하는 저자의 탁월한 능력 덕분이기도 했다. 사실 살충제의 독성, 과학의 오남용을 경고한 책은 《침묵의 봄》 이전에도 있었다. 카슨이 환경오염에 관한 책을 쓰기로 마음먹고 완성하기까지 4년이란 긴 시간이 걸렸는데, 그사이 여러 사람이 비슷한 문제의식의 글을 발표했다. 카슨은 이들에게서 직간접적인 도움을 받았고, 이들이 화학업계의 대대적인 공세에 시달리는 것을 보며 자신의 글을 빈틈없이 다듬었다.

이전까지 그는 좋아하는 바다와 해양생물을 주제로 아름다운 글을 썼지만 《침묵의 봄》은 달랐다. 좋아하는 것에 대해서가 아니라 좋아하는 것을 지키기 위해 사명감을 갖고 쓴 처음이자 마지막 책이었다. 자신의 작업이 얼마나 중요한지 알고 있었기에 그는 더 많은 사람이 읽고 받아들일 수 있도록 심혈을 기울였다. 수많은 학자의 자문을 구했고, 훗날 이 책의 문체와 수사법을 연구한 숱한 책과 박사학위 논문이 나올 만큼 문장을 다듬고 고쳤다.

눈앞의 이익에 급급해 화학물질 사용을 부추기는 업계와 정부를 비판하고, 새와 물고기의 떼죽음, 혈액암 증가 같은 심각한 부작용을 고발하는 글을 쓰면서도, 그는 목소리를 높이기보다 담담하고 우아한 문장으로 독자에게 다가갔다. 반대파들이 "애도 없는 노처녀가 왜 유전학에 관심을 갖느냐?" 하고 빈정대면서 그에게 "공산주의자" 딱지를 붙이고 "감정적이고 부정확한 분노"를 드러냈다고 비난한 것과 달리, 그는 살충제를 옹호하거나 부작용 문제를 전면 부정하는 사람들을 악마화하지 않았다. 대신 그는 평범한 주부들의 생생한 목격담을 통해, 과학기술 지상주의의 허점을 드러내고 생태계 위기라는 추상적인 주제를 일상의 문제로 느끼게 했다.

《침묵의 봄》 이후 수많은 환경 관련 책들이 나왔지만 이 책은 지금 봐도 놀랍다. 낯선 과학적 지식을 최대한 쉽고 유려하게 풀어내면서도 전문성을 조금도 훼손하지 않는 능력, 나와는 거리가 먼 듯한 지구 환경 문제를 지금 내 이야기로 느끼게 하는 능력, 위기의식을 고취하면서도 비관주의로 빠지지 않고 작은 변화를 위한 구체적인 대안을 제시하는 저자의 능력 덕분이다.

이런 놀라운 능력을 발휘할 당시, 그는 의사의 오진으로 암 치료 시기를 놓친 중환자였다. 그 바람에 한때는 시력을 잃고 심장발작까지 일으켰을 만큼 지독한 병마에 시달렸다는 걸 알면 아득해진다. 최악의 조건에서 최선을 다해 최고의 책을 쓴 "강인한 지식인" 덕분에,《침묵의 봄》을 읽은 사람들은 침묵하는 대중이 아닌 소리치는 시민으로 일어설 수 있었고 세상은 조금 살 만해졌으니, 부드러움이 강함을 이긴다는 오래된 말씀은 이 작은 여성에 의해 마침내 실현되었다.

(내가 과장하는 것 같다면 린다 리어의《레이첼 카슨 평전》과 알렉스 맥길리브레이의《세계를 뒤흔든 침묵의 봄》을 보라. 한 사람의 한 책이 세상을 바꾸는 믿기 힘든 사실 앞에서, 그걸 가능케 한 믿기 힘든 분투 앞에서 입을 다물게 될 것이다.)

가장 작은 세계와
가장 큰 세계는 다르지 않다

린 마굴리스,
《공생자 행성》

과학기술학 연구자인 임소연이 쓴 《신비롭지 않은 여자들》을 재미있게 읽었다. 여성의 시각으로 성염색체, 인공지능, 냉동 난자 같은 과학기술의 여러 쟁점을 정리했는데, 과학 지식도 챙기면서 과학기술의 사회성과 당파성을 다시 생각해볼 수 있어 좋았다. 다만 작은 책에 최근 이슈들을 두루 다루다 보니 좀 더 자세히 알고 싶은 아쉬움이 남는다. 책 뒤에 실린 참고도서가 도움이 되지만 안타깝게도 캐롤린 머천트의 《자연의 죽음》을 비롯한 상당수 책이 서점에 없다. 책이 안 팔리니까 적게 찍고 금방 절판되는 것인데, 여성이 쓴 과학책이나 여성 과학자에 관한 책은 더 그런 듯하다. 유명한 마리 퀴리의 경우도 어린이 위인전만 많을 뿐, 딸 이브 퀴리가 쓴 전기를 비롯해 볼 만한 평전이 여럿 절판되었다. 좋은 책이 절판된 걸 보면 속이 쓰리다.

도서관에서 우연히 발견한《린 마굴리스》도 그런 책 중 하나다. 책을 보기 전까지 나는 린 마굴리스가 누군지도 몰랐다. 책날개에 적힌 설명에 따르면, '세상에서 가장 영향력 있는 현존하는 과학자 20명'에 스티븐 호킹 등과 함께 이름을 올린 20세기 가장 위대한 생물학자이며, 리치드 도킨스 등과 세기의 논쟁을 벌인 과학의 이단자라고 한다. 얼마나 대단한 사람인지 궁금해서 읽기 시작했다.

책은 그의 아들이자 여러 책을 함께 쓴 공저자인 과학저술가 도리언 세이건이 2011년 어머니가 세상을 떠난 뒤 그와 인연이 있는 여러 사람의 글을 모아 엮은 일종의 추모집이다. 추모집이지만 개인적인 소회보다 과학자 린 마굴리스의 행보와 업적을 기리는 글이 대부분이라, 이 독특한 과학자의 개인사는 물론 현대 생물학 특히 진화론을 둘러싼 논쟁사를 일별할 수 있다.

25명의 필자 중에는 제임스 러브록, 나일즈 엘드리지, 잰 샙, 데니스 노블 같은 유명 과학자뿐 아니라 마굴리스에게 배운 제자들, 그에게 영감을 얻은 다양한 분야의 독특한 이력을 가진 이들이 많아서 그 자체로 마굴리스의 너른 시야를 가늠케 한다. 아쉽게도 이 책은 절판됐다. 대신 마굴리스가 직접 자신의 삶과 이론을 설명한 좋은 책이 살아 있다.《공생자 행성》이다.

우리가 사는 지구를 '공생자 행성'이라 표현한 책 제목은 마굴리스의 철학을 집약해 보여준다. 그의 업적을 한마디로 요약하면, 다윈의 자연선택 이후 가장 강력한 '공생 발생'이란 개념을 진화의 역사에 포함시킨 것이다. 그는 대부분의 진화적 새로움이 공생의 산물이며, 공생이 진화의 동력이라 보았다.

시작은 세균이다. 사람들은 질색하지만 세균이야말로 진화적으로 보면 인간의 진정한 조상이라 할 수 있다. 마굴리스는 세균이 식물과 동물의 세포로 들어가서 통합돼 색소체와 미토콘드리아 같은 세포소기관으로 변했다고 본다. 인간의 모든 대사활동에 필요한 에너지를 공급하는 미토콘드리아가 공생 발생했다는 것인데, 학계는 이 주장을 오랫동안 무시했다. 세균? 공생? 말도 안 돼! 그러나 유전자 서열분석 같은 최신 분자생물학 기술들로 이 주장은 증명되었고, 그의 이론은 교과서에도 실렸다.

하지만 마굴리스는 미토콘드리아 얘기에서 멈추지 않았다. 그의 '연속 세포 내 공생이론'에서 미토콘드리아 발생은 4단계 중 하나에 불과하다. 그는 섬모, 정자꼬리 같은 구조물도 세균 공생의 산물이며, 모든 진핵생물이 공생 발생을 통해 생겼다고 주장했다. 그뿐만 아니라 흔히 '생명의 나무'(계통수)로 표현하는 분류체계에 대해서도 세균 공생과 융합의 중요성을 무시한다고 비판하며 새로운 생물 분류를 제시했다. 계통수의 대안으로 그가 제안한 다섯손가락 모양의 분류체계는 크게 원핵생물(비공생 발생 세포)과 진핵생물(공생 발생 세포)로 나뉘며, 여기서 다시 생물이 어떻게 발달하는가에 따라 원생생물, 균류, 식물, 동물로 구분된다.

기존의 상식을 뒤집는 그의 이론은 '극단적'이라는 비판을 받았고, 그는 생애 내내 주류 학계의 이단자로 남았다. 자신의 주장이 얼마나 파격적인지 알았던 그는 이런 푸대접에 좌절하거나 분개하지 않았다. 오히려 어쩌면 자신의 가설이 틀렸을지 모른다고, 그럼에도 "공생에 대해 생각하는 것 자체가 공생에 따른 현상"(뇌호흡은 미토콘드리아 덕분이므로)이라고 농담처럼 말했다. 마찬가지로 자신의 5계 분류법 또한 계속 수정되어야겠지만 적어도 여기에는 '동물 대 식물'의 낡은 이분법적 오류는 없다고 천명했다.

《공생자 행성》은 200쪽 남짓한 작은 책이지만 놀라운 주장과 설명이 가득하다. 그 대부분은 마굴리스가 눈에 보이지도 않는 미생물을 연구해서 알아낸 것들이다. 평생 미생물을 연구한 그는 이 미소한 존재들을 통해 지구가 생명으로 가득한 살아 있는 행성으로 진화했음을 깨달았고, 미국항공우주국(NASA)에서 연구하던 제임스 러브록과 의기투합해 '가이아 이론'을 완성했다. 두 사람의 협업은 가장 작은 세계가 가장 큰 세계와 다르지 않다는 그의 철학을 보여준다.

마굴리스는 가장 작고 단순한 세균이 우리 인간과 아주 흡사하며, "모든 생물은 다른 생물과 언제나 비슷하다"라고 지적한다. 또한 인간은 가장 진화한 존재도, 가장 중요한 동물도 아니므로 "인간 종 특유의 오만함을 버려라"고 충고한다. 그에 따르면, 인간이 지구를 파괴하고 말 거라는 비관조차 오만이다. "인간은 자연을 끝장낼 수 없다." 인간은 스스로를 망칠 뿐이다. 그의 책은 이렇게 끝난다.

인간이 사라지고 오랜 세월이 지난 뒤에도 (다양한 생물들은) 불협화음과 화음을 섞어가며 계속 노래 부를 것이다.

나는 이 마지막 문장 앞에서 얼얼한 안도감을 느꼈다. 나의 끝은 나의 끝도 아니거니와 세상의 끝은 더욱 아님을 배운 지금, 두려움 없이 기꺼이 살아야지. 씩씩한 과학자 린 마굴리스가 그랬던 것처럼.

뇌는 생각하는
기관이 아니다

리사 펠드먼 배럿,
《이토록 뜻밖의 뇌과학》

하늘은 날마다 높아지는데 몸과 마음은 아래로 처진다. 지구 걱정 나라 걱정에 환절기 우울까지 겹쳐 한숨만 는다. 책이고 뭐고 다 심드렁해서 울고 싶은 그때, 문득 몇 해 전《행복한 나라의 조건》이란 책에서 읽었던 이야기가 떠오른다.

저자인 마이케 반 덴 붐은 세계에서 가장 행복한 13개 나라를 다니며 행복의 조건을 찾는데, 그중 덴마크에 갔을 때 얘기다. 길에서 허리는 굽고 손은 심하게 떠는 노인을 만났다. 행복과는 거리가 멀어 보이는 그에게 물었다. 행복하세요? 노인이 미소 지으며 말했다.

"당연하지. 어제보다 많이 알면 그게 행복이지."

나는 놀랐다. 새롭게 아는 것이 행복이라니! 그렇구나, 그게 행복이구나! 책을 보다가 막 웃었다, 행복해서.

마음이 환해졌던 그때 그 문장을 떠올리자 과학책이 읽고 싶어졌다. 과학책엔 내가 모르는 이야기가 가득하니까 그걸 읽는 동안은 내내 행복하겠지. 마침 250쪽도 안 되는 작고 가벼운 책이 있다. 신경심리학자 리사 펠드먼 배럿이 쓴 뇌과학 입문서 《이토록 뜻밖의 뇌과학》이다. 저자로 말하면, 뇌와 감정에 관한 혁신적인 연구로 심리학의 패러다임을 바꾼 세계적인 신경과학자다. 그런 사람이 최신 뇌과학의 정수를 고스란히 담아 입문서를 썼다니 기대가 된다.

《이토록 뜻밖의 뇌과학》의 원제는 '뇌에 관한 7과 1/2번의 강의'다. 제목처럼 이 책은 뇌에 대해 아무것도 모르는 나 같은 사람에게 뇌가 어떤 일을 하고 어떻게 움직이는지 대중강연을 하듯 친절하게 설명해준다. 뇌과학이라 골치 아플 줄 알았는데 웬만한 소설책보다 더 흥미진진하다. 처음부터 예상을 벗어난 놀라운 이야기가 펼쳐지기 때문이다.

책은 뇌란 생각하기 위한 것이 아니라는 파격적인 주장으로 시작한다. 뇌가 하는 가장 중요한 일은 생각하는 거 아닌가? 반문하는 내게 배럿이 답한다. 아니, 뇌가 하는 가장 중요한 일은 "작은 벌레에서 진화해 아주아주 복잡해진 신체를 운영하는 것"이다. 그러고는 약 5억 5천만 년 전 지구를 지배한 뇌 없는 생명체에서 시작된 긴 진화의 역사를 증거로 제시한다. 그가 짧고 굵게 요약한 진화의 역사는, 뇌가 '생각하는 이성의 기관'

이 아니라 "생존을 위해 신체 예산을 효율적으로 관리하는", 즉 "알로스타시스를 해내는 기관"으로 발달했음을 보여준다('알로스타시스'란 몸에서 필요한 걸 충족시킬 수 있게 예측하고 대비하는 것을 뜻한다). 한마디로, 뇌는 생각하는 기관이요 그 뇌로 이성적 사고를 한 덕분에 인간이 만물의 영장이 됐다는 우리의 오랜 믿음은 사실이 아니란 말씀.

파격적인 주장은 계속된다. 배럿에 따르면, 인간의 뇌가 '신피질(이성)·변연계(감정)·도마뱀 뇌(본능)'로 이루어져 있다는 이른바 '삼위일체의 뇌' 가설도 사실이 아닌 허구다. 그는 인간이 동물 중 가장 큰 대뇌피질을 가졌고 그래서 똑똑하다거나, 전두엽이 감정적인 뇌 영역을 조절해 비이성적인 행동을 억제한다는 식의 이야기는 "한심할 정도로" 부정확하다고 통박한다. 그리고 이 "가장 널리 퍼진 오류"에 맞서, 우리의 뇌는 세 개가 아니라 하나, 신체 예산을 운용하는 하나의 기관임을 여러 증거를 통해 보여준다.

상식인 줄 알았던 삼위일체 뇌 가설이 틀렸다는 것도 놀랍지만, 더욱 놀라운 건 이 가설의 오류가 뇌과학에서는 일찌감치 판명되었다는 사실이다. 이상하지 않은가? 오류가 드러났는데도 유명한 과학자 칼 세이건이 《에덴의 용》에서 여전히 삼위일체의 뇌를 말하고, 많은 전문가와 대학 교재들이 이 가설을 사실인 양 이야기하며 계속 유포하다니, 이유가 뭘까? 배럿은 허구가 사실로 통용되는 이 비합리적 행동을 (자신의 전공을 살려) 뇌과학의 시각에서 분석한 뒤, 그 바탕엔 서구의 이성 중심주의 전통이 있으며, 현대 사회가 신성시하는 정치·경제 제도의 근간이 여기 있다고 지적한다.

그가 보기에, 경제 분야에서 합리성과 감정을 철저히 구분하는 투자자 행동 모델이나, 대중은 감정적이고 지도자는 합리적 결정을 내릴 수 있다는 정치권의 믿음은 모두 '삼위일체의 뇌'라는 허구에서 나온 오만이다. 이성과 감정을 나누어 감정은 비합리적이라고 여기는 사고방식 역시 같은 맥락에서 나온 오해이고 오류다.

상식을 깨는 앎은 이뿐만이 아니다. 사람은 흔히 무언가를 먼저 감지하고 그다음에 행동한다고 생각한다. 적을 보고 총을 든다는 식으로. 그러나 뇌과학의 설명은 다르다. "뇌는 예측 기관이다." 인식하기 '전에' 행동하도록 배선되어 있다. 지금 내가 하는 행동은 과거의 기억과 환경에 의해 제어된다. 그래서 나도 모르게 후회할 말과 행동을 한다(적인 줄 알고 총을 쐈는데 사실은 친구였다!).

그럼 내 의지로 할 수 있는 일도 없고 내가 책임질 일도 없는 게 아닌가 싶겠지만, 아니다. 지금 내가 하는 행동이 뇌의 예측 방식을 바꾸므로, 오늘의 경험과 앎이 내일의 나를 만든다. 즉 "과거를 바꾸는 것은 불가능하지만, 지금 시간과 에너지를 투자해 새로운 생각을 배우면 앞으로 뇌가 예측하는 방식을 바꿀 수 있다."

결론적으로 내가 잘못한 일은 내 책임이다. 잘못된 생각을 고집하는 데 시간과 에너지를 투자했으니까. 더구나 나의 잘못은 내 책임으로 끝나기만 하는 게 아니다. 인간의 뇌는 사회적으로 의존하는 신경계를 갖고 있기에 나뿐만 아니라 타인에 대해서도 책임이 있다.

책에는 요즘 유행하는 MBTI 얘기도 나오는데, 배럿은 "오늘의 운세만큼이나 과학적 타당성이 없다"라고 일축한다. 뇌와 몸 사이의 거래에서 생겨나는 인간의 마음은 보편적 특징이 없이 다양하며, 따라서 몇 가지 유형으로 나눌 수도 없다는 것이다. MBTI를 신뢰하던 이들에겐 실망스러운 소식이겠지만, 뇌가 복잡한데 사람이 복잡한 건 당연한 일 아닐까.

머리를 때리는 놀라운 이야기는 마지막까지 이어진다. 배럿에 따르면, 뇌는 우리의 감정을 만들고 나아가 사회적 현실까지 만든다. 감정은 본능적으로 튀어나오는 거라고 믿었던 나는 쉬 납득할 수 없었다. 그래서 이 주제에 대해 그가 다양한 근거를 들어 설명한 《감정은 어떻게 만들어지는가》란 책을 읽었고 그런 뒤에야 고개를 끄덕였다. 뇌가 사회적 현실을 만든다는 이야기도 거듭 읽고서야 이해할 수 있었다. 이는 현실이 뇌가 꾸며낸 허상이란 의미가 아니다. 오히려 뇌가 만든 사회적 현실을 물리적 현실로 착각할 때, 예컨대 인종이나 성별 같은 변이를 불변인 양 취급하고 차별할 때 온갖 문제가 일어난다는 뜻이다.

뇌가 어찔어찔해지는 화두를 쉴 새 없이 던진 뒤에 배럿은 다정하게 말한다.

"우리는 우리가 생각하는 것보다 현실을 더 크게 좌우할 수 있다."

책을 읽는 사이 계절은 바뀌었고, 답답한 현실도 바꿀 수 있다니, 그래, 기운 내 살아보자.

우리는 모두 특별하고
부족해

템플 그랜딘, 리처드 파넥, 《나의 뇌는 특별하다》
사이 몽고메리, 《템플 그랜든》

도서관에서 DVD를 빌려본다고 하면 다들 놀란다. 도서관에서 DVD를 대출해준다고? 요즘도 DVD를 본다고? 놀라다 못해 한심해하기도 한다. 하지만 도서관이 아니었다면 〈잊혀진 꿈의 동굴〉이나 〈로큰롤 인생〉 같은 근사한 영화가 있는 줄 알지도 못했을걸. 최근에 본 영화 〈템플 그랜딘〉도 그렇고.

템플 그랜딘은 올리버 색스가 쓴 《화성의 인류학자》란 책을 통해 처음 만났다. 올리버 색스는 많은 책을 썼고 그 책들이 하나같이 좋지만, 나한테는 《화성의 인류학자》를 쓴 사람으로 기억된다. 가장 먼저 읽은 그의 책이기도 했고, 몸을 흔드는 투렛증후군 외과의사, 세상이 온통 회색으로 보이는 화가 등 책에 소개된 인물들의 독특한 사연이 인상 깊었다. 특히 자폐증이 있는데도 박사학위를 받고 동물의 고통을 덜어주는 목축·도축 시설을 설계한 템플 그랜딘 이야기가 쉬 잊히지 않았다. 그가 이룬 놀라운 성취도 성취려니와 스스로를 '화성의 인류학자'라 표현한 그의 고독이 오래 가슴에 남았다. 그런데 도서관에서 그에 관한 영화를 발견했으니, 반가운 마음에 얼른 빌렸다.

영화는 기숙 고등학교에 입학한 십대 시절부터 대학에 다니면서 가축 시설 개선에 본격적으로 뛰어든 이십대까지 그의 젊은 시절을 담고 있다. 다른 사람과 눈도 마주치지 못하던 그가 어머니와 친척, 선생님의 도움 아래 닫힌 문을 열고 세상 앞에 당당히 서는 모습에서 책과는 또 다른 감동이 느껴졌다. 책을 읽으면서 그랜딘이 마음의 평안을 얻을 때 쓰던 '압박 기계'가 어떤 모양일지 궁금했는데 영화로 확인할 수 있어 반갑기도 했다(상상 이상으로 을씨년스런 모양이라 좀 놀랐다). 아무 사전 정보 없이 영화를 본 옆지기도 감명을 받아서 며칠이 지난 뒤에도 "그 영화 정말 좋았는데" 하고 되새길 정도였다. 그러니 내가 템플 그랜딘에 대한 책들을 찾아보기 시작한 건 당연한 일.

책은 생각보다 많았다. 그의 삶을 그린 어린이책부터 《어느 자폐인 이야기》《나는 그림으로 생각한다》 등 그가 직접 쓴 책도 여러 권이었다. 언어 표현에 어려움을 겪는 자폐인이 공저라고는 해도 이렇게 많은 책을 쓴 것이 놀랍고, 갈수록 책 수명이 짧아지는 한국의 출판 현실에서 거의 30년 전에 번역된 그의 책이 절판되지 않고 계속 독자를 만나는 것도 놀랍다. 기분 좋은 놀람이 독서열로 이어져 꽤 많은 책을 읽었다. 그중 몇 권을 소개한다.

사이 몽고메리의 《템플 그랜딘》은 "타인에게 친절하라. 그대가 만나는 모든 사람은 지금 그들의 삶에서 아주 힘겨운 싸움을 하고 있기 때문이다"라는 플라톤의 제사(題詞)에 끌려 읽기 시작했다. 《유인원과의 산책》《문어의 영혼》으로 유명한 자연주의 작가 몽고메리가 그랜딘과 주위 사람들을 취재하고 쓴 전기인데, 짧은 분량에 평이한 문장으로 그의 삶과 성취를 알차게 정리해서 남녀노소 누구나 읽을 수 있는 알토란 같은 책이다. 책 말미에는 그랜딘이 자신의 경험에서 끌어낸 '자폐 범주성 장애아를 위한 조언'도 실려 있다. 자폐아를 위한 조언이지만 "배우라, 다른 사람을 위해 일하라, 문을 열어줄 수 있는 사람을 찾으라" 같은 그의 당부는 세상을 피해 자기 안으로만 파고드는 이들—나도 그중 하나다—에게 썩 도움이 될 이야기다.

템플 그랜딘의 삶에 대해 어느 정도 알았다면 이제는 그의 육성을 직접 들어볼 차례. 최근 개정 번역판이 나온 《동물과의 대화》는 동물행동학 전문가인 그랜딘이 40여 년간 동물을 연구·관찰한 결과를 과학저술가 캐서린 존슨과 함께 집대성한 책이다. 동물의 심리와 행동을 섬세하게 파고들어 '동물의 바이블'로 불리기도 하는데, 동물만이 아니라 자신의 경험도 함께 제시해 자폐증에 대한 이해까지 높인 특별한 안내서다.

그랜딘은 자신이 동물행동학자로 성공할 수 있었던 건 자폐증 덕분이라고 말한다. 그에 따르면 자폐인은 "고통을 참는 것, 언어가 미발달한 것, 미세감각에 예민한 것" 등 여러 점에서 동물과 유사하며, 보통 사람들은 보지 못하는 동물의 비범한 재능을 볼 수도 있다. 그가 가축 시설의 문제점을 파악하고 동물의 고통을 덜어주는 도축 시설을 설계할 수 있었던 것은 바로 이 자폐적 능력 덕분이다. 동물을 사랑한다면서 어떻게 도축 시설을 만드냐는 비난에 대해, 그는 모든 사람이 채식을 할 수는 없으므로 동물의 공포와 고통을 줄이는 노력이 필요하다고 답한다. 이 또한 도덕적 판단보다 객관적 세부 사실을 파악하는 데 집중하는 자폐적 사고방식을 반영한다.

그의 후기작인 《나의 뇌는 특별하다》는 자폐인의 이 같은 사고방식을 MRI라는 최신 뇌과학 기술을 이용해 분석한 노작이다. 사실 《동물과의 대화》는 동물에 대한 이해는 높이지만 뇌에 대한 설명엔 문제가 있다. 이 책은 인간의 뇌가 파충류·포유류·영장류의 뇌로 구성되어 있다는 삼두뇌 이론을 취하는데, 이는 현대 뇌과학에서 오류로 확인된 낡은 이데올로기이기 때문이다.

하지만 《나의 뇌는 특별하다》는 다르다. 그랜딘은 수십 년간 MRI로 자신의 뇌를 스캔해 분석하면서 이 낡은 이데올로기를 벗어난다. 그는 자신을 연구 재료로 삼아서, 자폐증은 심리가 아닌 뇌의 문제이며, 뇌도 근육처럼 어떤 부분을 자주 사용하느냐에 따라 자라고 변한다는 걸 보여준다. 그리고 자폐증, 주의력결핍과잉행동장애(ADHD), 아스퍼거증후군 같은 이름표보다 중요한 것은 개별적 증상이며, 그 증상에 따라 개인에게 맞춰진 치료법이 필요하다고 역설한다.

과거의 경험을 바탕으로 예측을 하는 비자폐인의 뇌가 '인지 편향'을 범한다면, 감정 없이 세부 사실을 보는 자폐인은 '국소 편향'을 범한다. 자폐인이나 비자폐인 모두 편향된 사고를 하는 셈인데, 알고 보면 이 편향이 우리를 살리는 힘이기도 하다. 한마디로, 부족함이 특별함이고 우린 모두 특별하면서 부족한 존재라는 것이다. 템플 그랜딘이라는 놀라운 선생님의 이 가르침을 알고 나면, 고기는 덜 먹고 잘난 척은 덜 하고 정상이란 말은 감히 쓸 수도 없게 된다.

간호는 넓고
깊다

김창희, 《플로렌스 나이팅게일 평전》
크리스티 왓슨, 《돌봄의 언어》

코로나19로 전국이 비상이던 시절, 방호복을 입고 노인 코로나 환자와 화투 놀이를 하는 간호사의 사진이 온라인에서 퍼지며 큰 화제가 됐다. 감동적이다, 영웅이다, 방호복을 입은 천사다, 사방에서 찬사가 쏟아졌다. 그즈음 나는 간호사 김창희가 쓴 《플로렌스 나이팅게일 평전》을 읽고, 내친김에 영국의 소설가이자 간호사인 크리스티 왓슨이 쓴 《돌봄의 언어》를 읽고 있었다. 나는 사진을 보며 간호에 대해 생각했다. 매뉴얼화할 수 없는 간호 일의 넓이와 깊이에 대해 생각했다.

나이팅게일은 "간호는 환자를 간호하는 예술이다. 병 자체가 아니라 환자를 간호하는 것이란 점에 유의해야 한다"라고 말했다. 그가 간호를 예술이라 한 것은, 간호에는 "독창적인 노력"이 요구되기 때문이었다. 고립된 병실에서 쇠약해지는 노인

환자를 위해 간호사가 환자에게 익숙한 화투로 그림 맞추기를 하는 창의적 치유법을 고안해낸 것처럼, 좋은 간호는 예술적인 실천이다.

간호사는 예술가이면서 또한 과학자여야 한다. '예술 간호'를 주창한 나이팅게일은 여성 최초로 영국 왕립통계학회 회원이 되었을 만큼 과학적 방법을 중시했다. 열일곱 살 때 간호사가 되기로 결심했으나 부모의 반대로 꿈을 미뤄야 했던 그는, 본격적인 간호 교육을 받기까지 십여 년간 유럽과 이집트의 병원들을 두루 다니며 좋은 병원의 조건을 연구하고 실증 자료를 수집했다.

크림전쟁이 일어났을 때 그는 간호학교에서 받은 전문적인 교육을 바탕으로 부상병의 병상을 지켰을 뿐 아니라, 그들이 겪는 고통의 원인과 결과를 정확히 파악하려 애썼다. 얼마나 많은 병사가 어떻게 죽는지도 모른 채 주먹구구식 치료를 행하던 상황에서, 그는 전쟁터에서 죽는 병사보다 병원에서 죽는 병사가 더 많다는 것을 통계로 입증했다. 그리고 이 문제를 해결하기 위해서는 군 병원의 위생을 비롯해 군 예산 사용 등 영국 군대의 전반적인 개혁이 필요하다는 것을 800여 쪽에 달하는 보고서로 제시했다. 기득권을 지키려는 군부의 반발에도 불구하고 그의 제안이 상당 부분 받아들여진 것은, 반대를 무력화할 만큼 철저한 과학적 분석이 뒷받침되었기 때문이다.

하지만 나이팅게일에게 간호사의 가장 중요한 덕목을 묻는다면, 그는 예술적·과학적 소양보다도 고통 받는 사람에 대한 공감과 연민, 이들을 위해 일하겠다는 사명감이 먼저라고 대답할 것이다. 부유한 귀족 가문에서 태어난 그는 어린 시절 병들고 가난한 이웃에게 자선을 베푸는 어머니를 따라다니곤 했다. 하지만 그는 잠깐의 자선에 만족하지 않았다.

"우리가 화려한 생활을 하는 동안 사람들은 이런 비참한 생활을 하고 있었구나."

그는 이웃의 고통을 제 일처럼 아파했고 책임을 느꼈다. 그리고 사람들을 비참하게 만드는 "가난과 질병"에 맞서 싸우는 것을 자신의 사명으로 삼았다. 이를 위해 통계학과 경제학을 공부하며 사회 개혁을 고민했고 간호사가 되기로 결심했다. 결혼해서 좋은 가정을 꾸리는 것이 상류층 여성의 본분이던 시절이었다. 가족, 특히 어머니는 충격과 배신감에 연을 끊다시피 했다. 그러나 그는 결혼은 여성을 억압하는 도구라며 "우아한 거실"을 떠나 고통의 현장에서 자신의 뜻을 펼쳤다.

나이팅게일은 근대 병원 시스템을 구축한 행정가, 빈민법과 공공보건의료법을 이끌어낸 보건위생 전문가이자 사회개혁가였고, '장미 도표'*를 고안한 뛰어난 통계학자였으며, '집안일,

* 장미 도표(Rose diagram)란, 크림전쟁 당시 영국군의 사망 원인을 쉽게 이

여성의 일'이라며 홀대받던 간호를 의학의 한 분야로 체계화한 현대 간호학의 창시자요 여권운동가였다. 그리고 이 모든 일을 하는 내내 그는 간호사였다. 고통 받는 이들에게 도움을 주어야 한다는 간호사로서의 사명이 분야를 넘나드는 놀라운 성취의 동력이었다.

나이팅게일이 보여주듯 간호사는 오지랖이 넓다. 가끔은 자신의 정체가 의심될 정도다. 나이팅게일이 씨를 뿌린 영국 국립보건서비스(NHS) 소속 간호사 크리스티 왓슨은 그래서 20년 간호 인생을 돌아보며 '간호란 무엇인가'를 계속 되묻는다. 간호사는 의사들처럼(때론 의사보다 더 능숙하게) 진단·검사·치료를 하고, 중환자의 생명유지장치를 관리한다. 또한 환자들의 침대 시트를 갈고, 식사와 배변을 돕고, 그들을 지켜보고 이야기를 듣는다. 그러나 그들의 의료 행위는 의사보다 싼값에 이루어지며(한국의 PA간호사들은 법적 보호조차 받지 못한 채 의사 업무를 대신한다), 그들의 간호 행위는 전문적인 의료가 아닌 '잡일'로 무시되기 일쑤다.

하지만 크리스티 왓슨은 의료 행위만이 아니라 환자를 돌보는 여러 잡일이 "환자들의 치료에 영향을 미치는 가장 중요

해할 수 있도록 통계를 그림으로 표시한 것이다. 색깔을 사용한 도표가 장미처럼 보인다 해서 장미 도표라 부르며, 19세기 최고의 통계 그래픽으로 꼽힌다.

한 측면으로서 간호의 핵심"이라고 말한다. 그가 경험으로 배운 간호에는 환자의 침상을 지키는 일은 물론이고, 세상을 떠난 환자의 시신을 거두고 유족의 마음을 헤아리는 일까지 포함된다. 간호란 "도움이 필요한 사람을 돕는 것"이기 때문이다. 그래서 간호사는 때론 의사로 때론 보호자로, 때론 예술가이자 장례지도사로, 사회복지사이자 신의 대리인으로 아픈 사람의 곁을 지키는 것이다.

이는 간호 일이 비전문적이라는 뜻이 아니라, 인간의 아픔은 실병 때문만은 아니며 질병의 원인조차 단순하지 않음을 반영한다. 사람은 병 때문에 아프기도 하지만 병든 사람을 보는 것만으로도 아프다. 이 공감이야말로 사람을 사람이게 하고 좋은 간호사를 만드는 힘이다.

전에는 영리라는 명목으로, 최근에는 전염병을 핑계로 이 오랜 힘을 고갈시키는 일이 계속되고 있다. K-방역이라는 것이 있다면, 그것은 사회 전체가 공감의 힘으로 가장 약한 자들을 돌아보고, 환자와 환자를 돌보는 이들을 지키는 시스템을 만드는 것이어야 한다. 더는 천사라는 이름으로 희생을 강요하지 말자.

모든 종교의
핵심은 공감이다

카렌 암스트롱,
《스스로 깨어난 자, 붓다》
《마음의 진보》

일주일에 한 번 어머니와 점심을 먹었다. 한나절을 함께할 뿐인데도 어머니를 만나고 돌아오면 한동안 일이 손에 안 잡힌다. 어머니는 하루가 다르게 늙는다. 그리고 하루가 다르게 늙는 자신에게 놀라고 낙담한다. 아프고 외로운 시간을 한탄하는 어머니 곁에서 나는 미구에 도착할 내 미래를 떠올렸고, 어두워지는 마음을 어찌지 못했다. 익숙해지려 해도 여전히 단련되지 않는 어리석은 마음에 다시 어두워지면서, 나는 그 많은 독서로도 어찌지 못하는 내 한계를 속수무책으로 바라보았다. 어떡해야 하나, 이 필연을 어떡해야 하나. 결국 나는 종교 서가를 기웃거렸고, 제목에 이끌려 《스스로 깨어난 자, 붓다》를 집어 들었다. 사금파리 같은 깨달음이라도 얻길 바라며 300쪽짜리 책을 일주일 내내 읽었다.

영국의 종교학자 카렌 암스트롱은 가장 오래된 불교 경전으로 여겨지는 팔리어 경전을 통해, 싯닷타 고타마가 고통과 슬픔에 얽매인 인간의 운명에서 벗어나기 위해 집을 떠나고 긴 구도 끝에 보디나무(보리수) 아래서 깨달음을 얻고, 자신의 열반을 늦추면서까지 중생을 위해 애쓰다 여든의 노쇠한 몸을 길 위에 눕히는 과정을 전한다. 문장도, 그 문장에 담긴 고타마의 생애도 물처럼 담백하고 서늘하다. 그런데도 나는 "삶은 괴롭다"라는 글귀에, "그것이 해방되었다!"라고 외치는 붓다의 깨달음에, "마지막까지 다른 사람들을 위해 살던" 붓다가 "모든 개별적인 것들은 지나간다"라는 마지막 조언을 남기고 닙바나(열반)에 들 때 눈시울을 붉혔다. "붓다는 노년이 고(苦, 둑카)의 상징이라 생각했다"라는 암스트롱의 전언에 마음은 고요해졌고, 나와 어머니의 아픔은 모든 인간이 겪는 고통임을 떠올리는 것만으로도 시름이 덜렸다.

이제까지 여러 사람의 붓다를 만났지만 나는 암스트롱의 붓다가 마음에 들었다. 인간의 한계를 넘어선 초월이 아니라 한계에 공감하는 함께함에서 거룩함을 보는 시선이 좋았다. 그는 어떻게 이런 눈을 갖게 됐을까? 자서전《마음의 진보》에 답이 있었다.

카렌 암스트롱은 17세에 수녀원에 들어갔다가 7년 만에 환속했고, 그 경험을 책으로 써서 유명해졌다. 옥스퍼드대학 영문학과를 최우등으로 졸업했고, 사도 바울로에 관한 텔레비전 다큐멘터리의 작가 겸 해설자로 일하면서 종교학자로 변신해 《신의 역사》 《축의 시대》 등 여러 화제작을 썼다. 기독교·이슬람교·유대교를 비교 분석한 저작들로 종교적 이해를 넓히고 벽을 허문 최고의 종교비평가로 꼽히며, 그 공을 인정받아 테드(TED)상 등을 수상했다. 이 정도면 남다른 이력을 디딤돌 삼아 성공 가도를 달려온 똑똑한 여성을 떠올림 직하다.

하지만 《마음의 진보》는 전혀 다른 삶, 실패로 점철된 상처투성이 인생을 보여준다. 암스트롱은 자신이 수녀에서 영문학자로, 작가로, 방송인으로, 종교학자로 변신을 거듭한 것은 새로운 길을 향한 열망이나 도전이 아니라 실패 때문이라 말한다. 성자를 꿈꾸며 시작한 수녀원 생활은 신을 잃고 자기 자신마저 잃는 실패로 끝났고, 최우등 졸업이라는 영예로 시작한 영문학자의 길은 박사학위 논문 심사에서 떨어지는 참담한 결과로 닫혔으며, 작가로도 방송인으로도 경력을 이어가기 힘들었던 실패를 솔직히 드러낸다.

그를 괴롭힌 것은 세상살이의 실패만이 아니었다. 그에겐 원인불명의 지병이 있었다. 수녀 시절부터 그는 갑자기 정신을 잃고 쓰러지곤 했는데, 기억상실을 동반한 졸도 증상은 환속 후에도 계속되었다. 갈수록 심해지는 증상 때문에 그는 심한 공포와 좌절감을 느꼈다. 하지만 그의 고통을 알아주는 이는 없었다. 수녀들은 감정 조절을 못 한다며 의지박약을 탓했고, 정신과 의사들은 "정체성 혼란, 성적 갈등"을 운운하며 "똑똑한 여학생일수록 자기가 여자라는 사실을 받아들이지 못해" 증상을 만든다고 확언했다. 모든 게 병든 정신이 만들어낸 환각이라는 진단은 증상만큼이나 그를 괴롭혔다. 하지만 오랜 시간이 지나 마침내 밝혀진 병인은 환각이 아닌 간질이었다. 간질병 진단을 받고 그는 환호했다. 간질병이 기쁨이 될 만큼, 그의 절망과 외로움은 깊었던 것이다.

바로 그때, 암스트롱은 실패에서 일어선다. "고통과 비애를 경험하는 능력은 깨달음을 얻기 위한 필수조건이므로 이제 영혼의 탐구에 나설 수 있다"라며, 한동안 외면했던 종교의 세계로 돌아갔다. 그리고 열정과 냉담 사이를 오갔던 과거와 달리 투명한 눈으로 다시 종교를 만났다.

그리하여 유대교·기독교·이슬람교·불교·유교 거기에 묵가까지 두루 아우른 그는, 종교의 핵심은 공감이라 말한다. 그에 따르면, 공감이란 "자아는 삶의 중심에서 내려오고 그 자리에 남들이 들어앉는" 것이며, "깨달음에 이르는 가장 안전하고 확실한 길"이다. 하나 공감엔 아픔이 따른다. 네가 아프면 나도 아프기 마련이니, "이 아픔은 공감할 줄 아는 사람이 치러야 할 작은 희생"이다. 군이 왜 희생하느냐고 묻는다면 거기에, 나 같은 보통 사람도 신성하다는 깨달음에, 깊은 희열이, 빛의 길이 있기 때문이다.

그 빛이 얼마나 찬란한지, 그는 말하지 않는다. 신은 설명할 수 없는 것이므로. 설명할 수 없는 신을 증명하거나 논박하는 대신에 그는 책임을 느끼고 실천하라고 말한다. 모든 위대한 종교의 핵심은 "책임 의식"이고, "나의 적을 포함해서 모든 인간이 거룩한 존재란 사실에 부응해 행동하려는 마음가짐"이니 그 마음을 몸으로 행하라고. 그리하여 내가 당하고 싶지 않은 일은 남한테도 하지 말라는 황금률대로 살라고 일깨운다.

그는 거듭해서 종교는 신학이 아니라 실천이라 강조한다. 어려운 것은 말이 아니라 실천이다. 붓다와 예수가 말을 남기기보다 몸으로 실천한 까닭이 거기 있는데, 아, 나는 여전히 말만 하는구나.

숫자의 지배를
멈추려면

캐시 오닐,
《대량살상 수학무기》

허준이 교수가 한국계 수학자 최초로 2022년 필즈상을 받았다. 수상 소식이 전해지면서 필즈상과 수학에 대한 대중적 관심이 부쩍 높아졌다. 1936년 시작된 필즈상은 4년에 한 번 40세 미만의 젊은 수학자에게 수여되는데, 업적을 기림과 동시에 앞으로의 연구를 독려하기 위해 나이 제한을 뒀다고 한다. 4인이 공동 수상한 이번 수상자 중에는 우크라이나 출신의 여성 수학자 마리나 비아조프스카도 있다. 여성으로는 2014년 이란 출신의 마리암 미르자하니에 이어 역대 두 번째다. 비아조프스카는 "전쟁이 일어나자 수학을 비롯해 어떤 생각도 나지 않았다"라며, 키이우 폭격 때 숨진 젊은 수학자 율리아 즈다노프스카의 죽음을 애도했다.

가슴 아픈 수상 소감이다. 사실 전쟁 같은 극단적인 상황은 말할 것도 없고 매일매일 생존경쟁에 시달리는 현실에서 수학은 별 의미가 없어 보인다. 내가 '수포자'가 된 것도 따지고 보면 그 때문이다. 어려운 수학 문제를 보면 찬찬히 배울 생각을 하기보다 '수학이 사는 데 무슨 소용이 있나?' 하면서 포기하곤 했으니까. 한데 살아보니 알겠다. 수학은 소용이 있다. 수학 점수가 아니라 수학, 숫자 자체가 세상살이에 아주 중요하고 쓸모가 있다.

크라우드펀딩 저널리즘으로 유명한 네덜란드 대안언론《코레스폰던트》의 수학 전문기자 사너 블라우는《위험한 숫자들》이란 책에서, "우리의 삶은 숫자에 의해 지배당한다"라고 단언한다. 이는 매일 확진자 수, 중환자·사망자 수, 감염재생산 지수, 병상 가동률 등을 발표하는 코로나19 사태만 봐도 알 수 있다. 숫자에 따라 일상이 달라지고 삶이 요동친다.

페스트, 콜레라, 스페인독감 등 인류를 위협한 전염병은 이전에도 있었다. 하지만 전염병의 유행과 관리를 수량화하고 그 숫자가 일상을 통제하기 시작한 것은 이즈음의 일이다. 그로 인한 긍정적 효과는 분명하지만 부정적 측면 또한 무시할 수 없다. 무엇보다 심각한 문제는 사회가 숫자에 의한 통제와 지배를 당연시한다는 점이다. 사람들의 생생한 목소리보다 수에 의한 예측과 평가를 더 중시하고 정확하다고 믿는데, 블라우는 이 책에서 다양한 사례를 통해 이 같은 숫자 편향의 위험성을 지적하고 "수의 지배를 멈춰야 한다"라고 주장한다.

숫자의 위험성을 경고한 책 하면 수학자이자 데이터과학자인 캐시 오닐의 《대량살상 수학무기》를 빼놓을 수 없다. 2017년에 처음 읽었는데 몇 년이 지난 지금도 기억이 날 만큼 충격적이었다. 수학과 종신교수였던 그는 수학을 현실에 활용하고 싶어 헤지펀드의 퀀트(계량분석가)로 전업했다가 눈앞에서 금융위기를 목도한다. 자신이 사랑한 수학이 금융 기술과 결탁해 혼란과 불행을 야기하는 것을 본 오닐은 이후 빅데이터 모형의 위험성을 제어하는 데 앞장선다.

그는 수학과 데이터, IT 기술이 결합해 만들어진 알고리즘을 '대량살상 수학무기(WMD)'라고 부른다. 알고리즘이 불평등과 부익부 빈익빈을 심화시키고, 민주주의를 위협하며, 교육·노동·보험·정치 등 모든 영역에서 우리 삶을 파괴한다는 점에서 폭탄 같은 살상무기와 다를 바 없다는 의미다.

오닐이 그 위험성을 맨 처음 인식한 것은 미국 워싱턴 교육청의 교사평가 모형이다. 교육청은 학생들의 성적으로 학업 성취도를 판단하는 알고리즘을 적용해 무능한 교사들을 대량 해고했다. 언뜻 보면 객관적이고 공정한 것 같다. 하지만 실제론 이 과정에서 성적 조작이 이루어지고, 학생과 학부모의 신뢰를 받는 헌신적인 교사가 해고되는 어이없는 일들이 일어난다. 평가에 항의하며 자료 공개를 요구하는 교사들에게는 평가 시스템이 수학적 알고리즘으로 구성돼 있어 설명하기 어렵다는 답만 돌아온다. 오닐은 이것이 대량살상 수학무기의 본질이라고 말한다. 분석은 외부에 맡겨지고, 실무자는 기계의 판단에 의존하며, 부당한 처벌을 조정할 방법은 없는 것. 그 결과 우수한 자질을 가진 교사는 기계보다 사람의 보증을 선호하는 부자 사립학교에 채용되고, 가난한 지역의 공립학교는 인재를 잃는다. 공정을 내세운 알고리즘이 불공정을 부추기는 것이다.

이것은 시작에 불과하다. 오닐은 대학, 법원, 직장, 투표소, 그리고 자신이 몸담았던 금융업과 빅데이터 기업에서 데이터에 기반한 알고리즘 모형이 어떻게 인종차별, 지역차별, 빈부격차를 부추기고 불평등을 확대하는지 낱낱이 파헤친다. 일례로, 구글이나 페이스북은 모두에게 열린 평등한 인터넷 광장으로 알려져 있지만 사실은 "자신들의 이해관계에 근거해 사용자가 무엇을 보고 무엇을 배울지 결정"한다.

우리는 검색 엔진의 검색 결과는 정확하고 공정하다고 믿는다. 하지만 검색 엔진은 그 회사에서 일하는 연구자들이 제작한 것으로, 기업의 의도와 목표에 따라 결과를 보여주도록 프로그램화되어 있다. 생각해보면 당연하다. 사회가 요구하지 않는 한, 사적 이익을 추구하는 기업이 왜 정의롭게 움직이겠는가? 알고리즘에 정통한 데이터과학자인 오닐은 서슴없이 말한다. "알고리즘은 패배자로 낙인찍힌 사람들이 계속 패배자로 남도록" 하고, "운이 좋은 소수는 통제력을 확장하고 부를 축적하면서 자신은 모든 특혜를 누릴 자격이 있다고 확신"하므로, 자신은 "모든 WMD에 분개한다"라고.

수학자인 그는 데이터 처리 과정은 과거를 코드화할 뿐 미래를 창조하지 않는다고 강조한다. 어떤 이들은 편견에 사로잡힌 인간보다 인공지능(AI)이 더 낫다고, 편견 없이 정확하다고 말한다. 그러나 AI의 근간인 데이터가 이미 차별과 편견에 물들어 있고 이를 확대 재생산한다는 걸 알면, 기술이 더 나은 미래는 아님을 깨닫게 된다. 오닐의 말처럼, "미래를 창조하려면 도덕적 상상력이 필요"하고, "그런 능력은 오직 인간만이 가지고 있다."

우리가 해내지 못할 일은
아무것도 없다

나오미 클라인,
《미래가 불타고 있다》

덥다. 여름이니까 당연하지, 하고 넘기지만 가끔은 견디기 힘들다. 자다 깨서 창밖으로 얼굴을 내민다. 시원한 바람 대신 이웃집 에어컨 소리와 열기만 가득하다. 한밤에도 이렇게들 에어컨을 돌려대니 대기가 식을 틈이 있나, 부아가 난다. 갈수록 나빠지는 지구 환경은 아랑곳 않고 대체 어쩔 셈이냐고 소리를 지르고 싶다. "불이야!" 외치고 싶다. 불이야, 불났어요! 정신 차려요.

과장이 아니라 실제 지구는 불타고 있다. 금광 개발과 목초지 확보를 위해 매일 수백 군데 불을 지르는 아마존은 말할 것도 없고, 미국, 캐나다, 호주, 그리스, 심지어 시베리아에서도 해마다 초대형 산불이 일어난다. 지구를 찍은 위성사진은 사방이 시뻘겋다. 캐나다 출신의 저널리스트 나오미 클라인이 '불타고 있다(on fire)'라는 제목으로 책을 쓴 것도 이해가 간다. 그게 사실이니까. 한국어판 제목은 '미래가 불타고 있다'인데, 수백 명의 과학자와 정책 입안자들이 모여 최초로 온실가스 감축을 논의하고 유엔 IPCC(기후변화에 관한 정부간 협의체)가 조직됐던 1988년이라면 몰라도 지금으로선 좀 한가한 느낌이다. 불탈 미래조차 장담할 수 없을 만큼 상황이 심각하니 말이다. 하지만 책은 기후위기의 급박함만이 아니라 해결 방법도 얘기하므로 '미래가 불타고 있다'는 맞춤한 제목이기도 하다.

나오미 클라인은 글로벌 기업들의 이면을 파헤친《노 로고》를 시작으로, 재난을 이용해 부익부 빈익빈을 심화시킨 신자유주의를 비판하는《자본주의는 어떻게 재난을 먹고 괴물이 되는가》, '기후운동의 바이블'로 평가받는《이것이 모든 것을 바꾼다》 등을 펴낸, 현재 세계에서 가장 영향력 있는 베스트셀러 작가이자 기후행동가, 요즘 보기 드문 비판적 지식인이다. 2019년에 출간된《미래가 불타고 있다》는 그가 지난 십 년간 써온 기후변화에 관한 기사와 논평, 강연 원고를 모은 것인데, '기후 재앙 대 그린 뉴딜'이란 부제가 말해주듯 기후위기의 원인과 실상, 결과는 물론 '그린 뉴딜'이란 대응책까지 제시한 책이다.

처음엔 그린 뉴딜이라는 말이 걸려서 책을 읽고 싶지 않았다. 그린 뉴딜을 내세운 한국 정부가 온실가스 제로 정책을 적극적으로 펴는 대신 뉴딜펀드 운용하며 2050년(IPCC가 정한 최종기한)까지 감축한다는 말만 하기 때문이다. 경제의 토대를 바꾸려면 30년으로도 모자라다고 할 테고 일반적으론 그 말이 맞지만, 지금은 일반적인 상황이 아니다. 당장의 적극적인 대책이 없는 그린 뉴딜은 과거의 '녹색성장'과 똑같은 수사일 뿐이다. 아무튼 나는 선입견을 갖고 흰 눈으로 프롤로그를 훑어봤는데 그러다 빠져들고 말았다. 이렇게 감동적이고 일목요연하고 명쾌한 프롤로그라니! (바빠서 책 읽을 시간이 없다면 프롤로그만이라도 읽으라 하고 싶다.)

시작은 그레타 툰베리다. 여덟 살 때 기후변화에 대해 공부한 툰베리는 열한 살 무렵 깊은 우울증에 빠졌다. 빠르게 악화하는 지구의 상태, 그럼에도 아무것도 하지 않는 사람들을 보며 공포와 절망을 느낀 탓이다. 다행히 공부나 하라고 다그치는 대신 함께 육식과 비행기 타기를 포기한 부모의 지지 덕분에 그는 우울증 환자로 머물지 않고 기후행동가로 나섰다. 2018년 툰베리는 홀로 등교 거부 시위를 시작했다. 누구는 철없다 했고, 누구는 자폐아의 병증이라 했다. 그는 "자폐증을 앓는 우리가 정상이고 그렇지 않은 사람들이 비정상이라 생각한다"라고 대답했다. 다보스포럼에 모인 부자와 권력자들이 그가 희망을 주었다고 하자, "제가 원하는 건 여러분의 희망이 아닙니다. 저는 여러분이 극한 공포에 빠지길 원합니다. 제가 날마다 느끼는 공포감을 여러분도 느끼길 원합니다. 저는 여러분이 자기 집에 불이 났을 때처럼 행동하길 원합니다" 하고 일갈했다. 그의 분노에 전 세계 청소년이 함께했고, 유럽연합이 온실가스 제로를 위한 방안을 논의하고 실천하기 시작했다.

그러나 클라인은 툰베리만 기억하진 않는다. 그는 툰베리 이전에 필리핀, 마셜제도, 남수단의 유색인들이 경고의 목소리를 높였음을 상기시킨다. 기후위기에서도 인종과 계급, 빈국과 부국의 차별은 유지되며 오히려 심해진다는 것을 분명히 보여준다. 그뿐만이 아니다. 2011년 노르웨이 여름캠프를 공격한 총기 난사범, 2019년 뉴질랜드의 크라이스트처치 학살범이 기후변화를 부정하고 '환경 파시스트'를 자임하며 혐오범죄를 저지른 것처럼, "생태위기는 증오와 폭력을 부추기는 불쏘시개 역할"을 한다.

그러므로 기후위기에 대응하는 것은 탈탄소 정책을 넘어 혐오와 차별에 맞서는 것이며, 모든 차별적 구조를 바꾸는 일이다. 이 때문에 극히 보수적인 IPCC조차 보고서 들머리에 "사회의 모든 측면에서의 신속하고 광범위하고 전례 없는 변화"를 촉구한 것이며, 클라인이 위기 대응책으로 일시적 경기 부양책이 아닌 근본적 변혁으로서 그린 뉴딜을 이야기하는 것이다.

그가 말하는 그린 뉴딜은 재생에너지 사용, 녹색산업 투자, 돌봄노동을 포함한 일자리 창출, 공공부문 강화, 기업 규제, 부유세 신설 같은 세제 개혁, 참여민주주의, 무상의료·무상보육 등 사회 전 부문을 포괄한다. 이 변혁에서 정부의 역할은 중요하고 시장도 한몫하지만 "주역은 민중"이다. 소비하는 삶이 아니라 책임지고 행동하는 삶을 택한 사람들이다. 이들이 이끄는 그린 뉴딜은 기후위기의 가장 큰 피해자인 빈곤층과 개발도상국을 지원하고, 난민과 이민자의 권리를 자선이 아닌 의무로서 옹호한다.

역사를 바꾸고 미래를 여는 비전을 제안하며 클라인은 간곡히 당부한다. 너무 늦었다고 자포자기하지 말라고. 그가 말했듯이 우리에게는 수십 년간 위기를 돌파하려 애쓴 사람과 조직이 있다. 그러니 "우리가 해내지 못할 일은 아무것도 없다."

정의가 우리를
치유한다

주디스 루이스 허먼,
《트라우마》

언젠가부터 '트라우마'란 말이 일상어가 되었다. 어설픈 짓을
하고 과거의 트라우마 때문이라며 이해해달라는 이들도 드물
지 않다. 트라우마란 말이 일상적으로 쓰인다는 건 폭력과 위
험이 만연한 사회를 뜻하니 심각한 문제다. 개인이 이 말을 남
용하는 것 또한 문제다. 자신의 책임을 타인에게 전가하는 것
이니까. 트라우마란 말이 유행어가 돼버린 한국 사회엔 이런
문제가 다 있다. 트라우마를 양산하는 불안한 사회, 사회를 그
렇게 만든 정치의 부재, 나쁜 기억과 트라우마를 동일시하는
감정의 과잉. 문제를 풀려면 트라우마가 무엇이며, 그것이 왜
생기고 어떻게 치유할 수 있는지부터 알아야 할 터. 그래서 읽
은 책, 주디스 루이스 허먼의《트라우마》다.

하버드 의대 정신의학과 교수인 허먼이 1997년 펴낸《트라

우마》는 트라우마에 대한 이해 방식을 근본적으로 변화시킨 심리학의 고전이다. 책의 맨 앞에는 "나의 '남성' 플롯과 '여성' 플롯은 결국 똑같은 이야기인 것이다"라는 문장으로 끝나는, 살만 루시디의 소설《수치》의 한 대목이 인용되어 있다. 저자가 왜 이 문장을 인용했는지는 책을 보면 알 수 있다.

허먼은 참전 군인을 비롯한 국가폭력 피해자들의 심리적 손상이나, 성폭력·가정폭력 피해자들이 겪은 이상심리나 다 같은 외상후스트레스 장애임을 분명히 한다. 이는 사적 영역에서 이루어진 폭력이든 국가 차원의 공적 폭력이든 그로 인한 외상 경험은 같은 무게로 인간성과 인간 사회를 훼손하며, 외상에서 벗어나기 위해서는 똑같이 사회적·정치적 지원 체계를 필요로 함을 뜻한다.

책의 도입부에서 허먼은 심리적 외상, 즉 트라우마를 제대로 연구하려면 무엇보다 "정치적 운동의 지지가 필요하다"라고 지적한다. 그리고 백여 년에 걸친 외상 연구의 역사를 통해 연구자가 사회·정치적 상황에서 결코 자유롭지 않다는 사실을 보여준다. 예컨대 19세기 후반 공화주의와 반교권운동의 영향 아래 샤르코, 자네, 프로이트 등이 시작한 히스테리아 연구는 외상 연구의 물꼬를 트고 대화치료의 중요성을 일깨우는 큰 성과를 거두었지만, 이후 프로이트가 사회적 압력에 순응하면서 왜곡, 단절된다. 프로이트는 성학대 같은 히스테리아의 외상적

요인을 확인하고도 스스로 부정했으며, 성착취의 사회적 맥락을 은폐했다. 그 결과 "다음 세기를 지배하게 된 심리학 이론은 여성의 현실에 대한 부정을 기반으로" 세워졌으며, 히스테리아를 낳은 아동 성학대의 외상은 계속되었다.

허먼에 따르면, 한동안 위축되었던 외상 연구가 다시 활발해진 것은 1970년대 사회운동 덕분이었다. 반전운동의 영향 아래 진행된 참전 군인의 신경증 연구와 '외상후스트레스 장애' 진단의 확립, 여성운동의 적극적 문제 제기로 드러난 가정폭력과 아동학대 피해자의 심리적 증후군은 외상 연구를 제도권에 안착시키기에 이른다. 허먼은 이 같은 역사를 근거로, "정치적 운동의 밑바탕 없이 트라우마 연구가 홀로 진전할 수는 없다"라고 확언한다.

그의 말처럼 외상 연구가 사회적으로 공인되면서 이제는 너나없이 트라우마를 토로하는 시대가 되었다. 사실 차별과 폭력이 만연한 사회에서 외상은 "운 좋은 자들만 피할" 수 있을 만큼 일반적이다. 그럼에도 트라우마를 일으키는 사건은 일상적인 것이 아니며, "인간 삶의 적응 능력을 압도한다는 점에서 특별"하다. "외상은 생명을 위협하거나 폭력이나 죽음과 직접 맞닥뜨리는 경우와 관련돼 있다."

이런 일을 겪은 사람은 삶에 필수적인 자기보호 체계가 무너져 심각한 무력감과 공포를 느낀다. 허먼은 200여 쪽에 걸쳐 외상 사건의 잔학상과 피해자가 겪는 다양한 증상을 설명하는데, 이걸 읽고 나면 '마음의 상처'라 하면 족할 아픔에 굳이 트라우마란 말을 쓰지는 않을 것이다.

그렇다면 이런 심각한 트라우마를 극복할 방법이 있을까? 다행히도 있다. 허먼은 책의 제2부 '회복 단계'에서 풍부한 임상 경험을 바탕으로 구체적인 치료 기법을 제시하여, 정확한 진단과 상담, 단계적이고 지속적인 회복 과정에 도움을 준다. 특히 눈길을 끄는 건 외상 치유가 상담실에서만 이루어지는 게 아니란 사실이다.

허먼은 트라우마를 유발하는 사건이 사람을 살리지 못하는 사회, 사람의 소중함을 잊은 공동체에서 비롯되었기 때문에, 피해자의 회복을 위해선 전문적 치료뿐 아니라 사회 성원 모두의 뼈아픈 자각과 애도, 따스한 위로와 지지가 중요하다고 강조한다. 또한 그는 트라우마를 만든 사회가 피해자에게 희생자 역할을 강요한다고 비판하면서, 이를 넘어서려는 피해자의 노력에 경의와 지지를 표하는 한편 이들과 함께하는 연대의 힘을 역설한다.

그에 따르면, 외상 생존자의 회복에서 "생존자의 임무는 정의를 추구하는 형태"를 띤다. 이는 "(외상을 유발한) 범죄의 책임을 묻는 것이 개인적인 안녕뿐만 아니라 더 큰 사회의 건강을 위해 중요한 일임을 깨닫게" 되기 때문이다. 즉 외상을 치유하는 과정에서 우리는 "다른 사람의 운명을 자기 운명과 연결 짓는 사회정의의 심원한 원칙을 다시 발견할 수 있다."

허먼의 말처럼 외상 치유는 정의의 실현을 요구한다. 그래서 어렵지만 그래서 포기할 수 없다. 치유와 정의를 위해선 선택해야 한다. 외상 사건이 일어날 때 방관했던 이들도 이제 피해자와 가해자 중 "어느 한 편을 선택해야" 한다. 피해자 편에서는 이들은 "가해자의 광포에 대면해야" 할 것이다. 그것은 분명 껄끄럽고 두려운 일이지만 허먼 가라사대, "우리 대부분에게 이보다 더한 영광은 없을 것이다."

끝내 살아남는
극한의 힘

김진옥, 소지현,
《극한 식물의 세계》

기상 시간이 점점 늦어진다. 잠은 벌써 깼지만 눈은 뜨고 싶지 않은, 몸을 일으켜 하루를 시작하기가 싫어지는 계절, 겨울이다. 어릴 적엔 어른이 되면 날씨나 계절 따위엔 끄덕 않는 줄 알았는데, 아니다. 나이를 먹을수록 날씨와 계절에 민감해진다. 비가 오면 몸이 처지고 해가 짧아지면 마음이 먼저 어두워진다. 애면글면 살면 뭐 하나, 한숨짓는데 경고음이 들린다. 조심해, 경험이 말한다. 우울에게 한번 곁을 주면 그다음엔 손쓰기 어렵다. 가라앉는 몸을 움직여야 한다. 일부러 산길을 돌아 도서관에 간다. 아직 남은 단풍에 눈길을 주며 천천히 걷는다. 지금은 검은 활자를 읽을 때가 아니다. 노랑과 주홍, 자주와 붉음을 마음에 담을 때다. 타오르는 이 색들을 마음의 갈피에 갈무리한다. 오는 겨울의 침울에 맞설 내 고운 방패들.

어디 나만 그러겠는가. 책이 안 팔려 걱정인 책방지기는《야생의 위로》를 읽으면서 우울감을 떨치고 있단다. 그의 처방이 내게도 통하길 바라며《야생의 위로》를 펼친다. 25년이나 우울증을 앓아온 박물학자 에마 미첼이 자연에서 얻은 위안을 소박한 그림과 함께 담담히 적은 책이다. 머리말을 읽는데 한 문장에 눈길이 머문다.

"인생이 한없이 힘들게 느껴지고 찐득거리는 고통의 덩어리에 두들겨 맞아 슬퍼지는 날이면, 초목이 무성한 장소와 그 안의 새 한 마리가 기분을 바꿔주고 마음을 치유해줄 수 있다."

정말 그래. 고개를 끄덕이며 책장을 넘긴다. 책은 "낙엽이 땅을 덮는" 10월에서 시작해 "햇빛이 희미해지고 모든 색채가 흐려지는" 11월로 이어진다. 나는 완전한 겨울이 오기 전 "색채를 탐색"하는 미첼의 심정에 공감한다. 어둠이 길어지는 겨울 앞에서 그가 개암나무 꽃차례 같은 사소하고 미세한 지표들에 설레며 "봄은 오고야 말 것"이라고, "밤은 짧아질 것이며 내 생각들도 다시금 밝아지고 가벼워지리라" 하고 쓸 때, 나는 그 안간힘에 고개를 끄덕인다. 희망 없이 어찌 살겠는가? 그것이 아무리 작고 무력한 식물의 흔적일지라도.

그러나 '무력한' 식물이라는 표현은 옳지 않다. 비록 사나운 불길이나 무자비한 전기톱을 피해 달아나진 못하지만, 그래서 생명력을 잃은 무기력한 존재를 두고 식물인간이니 식물국회니 말들 하지만, 그건 식물의 강인함을 모르는 무지의 소치다. 식물이 얼마나 강한지는 잡초를 뽑아보면 안다. 회사에 다니던 시절, 울화가 턱밑까지 치밀면 회사 마당에 나가 풀을 뽑았다. 아무리 뽑아도 풀은 늘 넘치게 많아서 분노는 이내 힘을 잃었고, 나는 수굿해져 책상 앞으로 돌아왔다. 그때 알았다. 식물에게는 분노를 다스리고 스스로를 돌아보게 하는 힘이 있음을. 한데 식물학자 김진옥과 소지현이 쓴《극한 식물의 세계》를 보니 식물에겐 이것 말고도 아주 많은 극한의 힘이 있다.

일단 식물은 4억 6600만 년 전부터 생존해온 엄청나게 긴 생명력을 가진 존재다. 아주 먼 조상까지 거슬러 올라가도 기껏해야 600만 살에 불과한 인류는 감히 명함도 못 들인다. 식물 전체만이 아니라 개별 식물의 생명력도 놀라운데, 수령 5천 년이 넘는 나무가 있는가 하면 2천 년간 시들지 않는 잎새도 있다. 한자리에 붙박인 식물이 변화하는 환경 속에서 어쩜 이리 오래 살아남을 수 있었을까?

비밀은 다양성이다. 크기만 봐도, 가장 큰 것과 가장 작은 것의 차이가 극과 극이다. 세계에서 가장 키가 큰 레드우드 나무는 높이 116미터나 되고, 현존하는 가장 큰 생물로 알려진 거삼나무는 무게가 1121톤에 달한다. 반면 가장 작은 나무인 난쟁이버들은 1~6센티미터밖에 안 된다. 북극에 사는 난쟁이버들은 매서운 바람을 피해 땅에 납작 엎드려 살면서 번식에 공을 들인다. 엄혹한 환경에서 살아남으려면 돌연변이가 많이 일어나야 하므로, 줄기 번식만이 아니라 씨앗 번식까지 해서 더 멀리 다양한 자손을 퍼뜨리는 것이다.

씨앗 번식 얘기가 나와서 말인데, 세상에서 가장 작은 씨앗은? 정답은 난초다. 최소 0.1밀리미터, 커봐야 6밀리미터다. 꽃이 아름다워 비싸게 팔리고 때론 산에서 파가는 이들 탓에 수난을 겪는데, 가져온 난초가 잘 사는 일은 드물다. 이유는 난초의 공생관계 때문으로 자세한 내용은 책에서 확인하시압.

놀라운 건 이 모든 극한의 존재 방식에 나름의─인간이 미처 알지 못하는─이유가 있다는 사실이다. 가령 식물 중에는 자신을 지키려 독을 품은 것들이 있는데, 오스트레일리아 열대우림에 사는 짐피짐피가 대표적이다. 이 나무는 닿기만 해도 고통에 못 이겨 자살한다고 해서 '자살식물'로 악명이 높다. 이런 방어기제는 뭇 동물의 접근을 막으므로 번식에 도움이 안 될 것 같지만 그렇지 않다. 예부터 오스트레일리아에 함께 살던 동물들은 면역이 돼 있기 때문이다.

독하다고 나쁘기만 한 건 아니다. 중앙아메리카 연안에 사는 맨치닐 나무는 독성이 어찌나 강한지, 비 오는 날 그 아래 서 있으면 온몸에 수포가 생기고 자동차의 도색이 벗겨지며, 나무 타는 연기만 마셔도 후두염이 생기고 눈이 안 보일 정도다. 그래서 한때 플로리다에선 대대적인 맨치닐 제거 작업을 벌였으나 지금은 멸종위기종으로 보호하고 있다. 맨치닐이 해안 침식을 막고 여러 풍토병에 효험이 있음을 알게 됐기 때문이다. 우리 주위에서 볼 수 있는 쐐기풀 역시 찔리면 통증이 며칠씩 이어지는 독풀이다. 하지만 오래전부터 천연섬유로, 영양 좋은 식재료이자 항염증제로 널리 쓰였으니,《레미제라블》에서 장발장은 쐐기풀의 쓸모를 역설하며 "세상에 나쁜 식물은 없다"라고 말한다.

과연 자세히 보면 예쁘고, 잘 알면 사랑스럽다. 세상에 나쁜 것은 없다. 제가 모르고 제 맘에 안 들면 무조건 나쁘다 하는 못된 심보만 빼고.

치매가 있어도
좋은 삶은 가능하다

웬디 미첼, 아나 와튼,
《치매의 거의 모든 기록》

지갑을 깜박해 다시 집에 돌아오고, 냄비를 태워먹고, 냉장고 문을 열고 우두커니 서 있는 일들이 하루가 멀다고 일어난다. 아무리 건망증과 치매는 다르다지만 이런 일이 거듭되면 치매 생각을 안 할 수 없다. 치매 진단에 많이 쓰는 '하세가와 척도'라는 게 있다. "오늘이 몇 년 몇 월 몇 일인가요?" "암산으로 100에서 7씩 계속 빼보세요" 같은 문항으로 이루어진 검사다. 가끔 혼자 해보는데, 암산에 약한 나는 자꾸 막히는 계산에 걱정이 더한다.

진단법을 만든 일본의 치매 전문의 하세가와 가즈오에 따르면, 노령은 치매의 주요인이다. 아무리 조심해도 나이가 들면 치매에 걸릴 확률이 높아진다는 얘기다. 치매의 권위자인 그도 88세에 치매 진단을 받았다. 한데 그러고서 "이제야 비로소 치매에 대해 알게 되었다"라며 90세에 《나는 치매 의사입니다》란 책을 썼다. 치매 환자가 책을 쓰다니 가능한가 싶지만, 알고 보니 이런 경우가 생각보다 많다.

《치매의 거의 모든 기록》을 쓴 웬디 미첼은 20년 동안 영국 국민의료보험에서 팀장으로 일하다 58세에 치매 진단을 받은 초로기 치매 환자다. 미첼은 진단받고 4년째 되던 해에 첫 책을 썼고, 8년이 지난 2022년에 《치매의 거의 모든 기록》이란 책을 또 펴냈다. 두 책 모두 아나 와튼의 도움을 받아 함께 썼는데, 읽어보면 알 수 있듯 미첼의 기록 없이는 불가능한 책이다. 그러니까 치매 환자도 생각을 하고 글을 쓸 수 있다!

이 책들을 읽고 나면 치매에 관한 통념이 뿌리째 흔들린다. 우선 치매는 머리를 쓰지 않거나 사회생활을 하지 않는 사람이 걸릴 거라는 흔한 오해부터 사라진다. 평생 의사로 일하고 아흔이 넘어서도 강연을 다니는 하세가와는 물론이요, 미첼 또한 활발히 사회생활을 하고 책 읽기를 좋아하며 술·담배도 안 하는 건강한 생활습관을 가진 두 딸의 엄마였다. 그런 사람이 58세의 이른 나이에 치매에 걸린 것이다. 그러니까 다른 많은 병처럼 치매 또한 발병 요인은 여러 가지이며, 환자가 뭘 잘못해서 걸렸다는 식으로 단순히 말할 순 없다. 또한 치매에 걸리면 혼자서는 살 수 없다는 통념도 미첼 앞에선 힘을 잃는다. 그는 치매에 걸리고도 8년이나 혼자 살면서 책을 두 권이나 썼으니 말이다. "나는 사람들이 이 책을 읽고 적어도 깜짝 놀라기를 바란다"라는 미첼의 바람은 이루어졌다. 정말이지 나는 깜짝 놀랐다.

책을 읽기 전엔 만약 내가 치매 진단을 받으면 차라리 죽는 게 낫다고 생각했다. 지금은 그게 얼마나 무식하고 어설픈 생각인지 안다. 미첼은 "치매가 있어도 좋은 삶"이 있다고 말한다. 그는 이렇게 반문한다.

"치매로 인해서 도대체 왜 우리 삶이 멈춰져야 하는가?"

다른 병과 마찬가지로 치매에 걸렸다고 해서 삶이 갑자기 끝장나는 것은 아니다. 끝나기는커녕 미첼은 이전에 살던 대로 혼자 살면서 글을 쓰며 삶을 꾸려간다.

물론 쉽진 않다. 먹는 것 하나만 해도 음식을 조리하고, 포크와 나이프를 사용하고, 심지어 접시 위에 놓인 음식을 인지하는 것조차 어렵다. 그래서 부엌은 난장판이 되고 즐기던 음식은 멀어지고 접시의 음식은 바닥으로 떨어지기 일쑤지만, 그럼에도 미첼은 느리고 단순한 자기만의 방식으로 식사를 해결하며 자신의 삶을 즐긴다. 혼자 사는 그에겐 이걸 이렇게 먹어라, 이걸 왜 안 먹느냐고 지적하는 사람이(지적받는 스트레스가) 없어서다. 그는 자신과 여러 환자들의 경험을 토대로, 환자를 돌보는 이들에게 말한다. 애써 준비한 음식을 환자가 먹지 않아도 너무 속상해하지 말라고, 또 조금밖에 먹지 못한다 해도 함께

하는 식사 시간의 즐거움을 누리도록 도와주라고. 식단이나 영양보다 중요한 건 자신이 여전히 사람들 속에 한 사람으로 존재한다는 확인이기 때문이다.

흔히 치매는 기억을 잃는 병이라고들 하지만, 이 책에서는 희미해지는 기억 못지않게 감각의 왜곡이 환자를 괴롭힌다는 짐을 강조한다. 흰 접시 위에 놓인 흰살 생선을 먹기 힘든 것도, 반들거리는 대리석 바닥에 발을 들이기 힘든 것도, 사이렌 소리에 심각한 공포를 느끼는 것도 모두 치매로 인한 감각기관의 문제 때문이다. 만약 이 책을 읽지 않았다면 나 또한—미첼이 성토하는 무감각한 의사들을 포함한—많은 이들처럼, 빤히 보이는 음식을 먹지 못하거나 걸음을 떼지 못하는 치매 환자를 보며 치매에 걸리면 판단력이 없어지고 바보가 되는구나, 생각했을 것이다. 제대로 알고 대응법을 마련하면 되는데도 불구하고 잘 알지도 못하면서 재단하고 업신여기거나 동정했을 것이니, 정말 어리석은 건 누구인가.

미첼은 치매에 걸린 뒤 자신이 겪은 내면의 감정 변화에 대해, 엄습하는 우울과 슬픔과 불안에 대해 솔직하게 토로한다. 하지만 그와 동시에, 과거는 흐릿해지고 미래는 아득하여 오로지 '지금 여기'에 집중하면서 얻는 행복감이 있다고 말한다. 물론 치매에 걸린 사람이 다 그이처럼 씩씩한 것은 아니다. 치매에 걸리지 않은 사람이 다 다르듯 치매 환자들 역시 증상도 내면도 다르다. 그래서 조기진단이 필요하다.

네덜란드의 노인심리학자이자 치매 환자의 가족으로 40년을 살아온 휘프 바위선은 《치매의 모든 것》이란 책에서, 치매가 낫는 병은 아니지만 조기진단은 환자의 상태를 개선하고 앞으로의 삶을 계획하는 데 도움이 된다고 말한다. 어떤 치매인지 알고 적절한 치료를 하면 악화를 늦추고 고통을 덜 수 있기 때문이다.

늙든 젊든 누구나 치매에 걸릴 수 있고, 누구나 치매 환자를 돌보는 처지에 놓일 수 있다. 책을 읽고 안다 해서 이 고통이 줄지는 않는다. 우리가 할 수 있는 일은 고통을 나누는 것뿐이다. 나눌 수 있다는 믿음, 그게 우리가 고통을 알아야 할 이유이고, 고단한 인생을 사는 우리의 유일한 희망이다.

예외의 힘

제니퍼 애커먼,
《새들의 방식》

너무 오래 사람을 보느라 내 안이 텅 빈 걸 몰랐다. 빈 마음에 남의 시선과 말들이 가득 차 쉴 곳이 없다. 지친 나를 데리고 뒷동산을 오른다. 나무에 푸른 물이 오르고 봄빛 아래 매화 꽃송이가 벙글고 있다. 눈이 환해지고 귀가 열린다. 깍깍 까악 삐이익 꾸룩꾸룩 또로롱, 소리를 찾아 고개를 젖힌다. 까치, 까마귀, 직박구리, 멧비둘기는 익숙한데 가지 틈의 주황색 깃털, 저 새는 뭐지? 아예 자리를 잡고 앉아 눈이 시도록 올려다본다. 덕택에 머리가 까만 박새도 보고 까치 부부가 아옹다옹 집 짓는 것도 제대로 봤다. 얼마나 지났을까, 뻣뻣한 몸을 일으킨다. 걸음을 떼기 힘들다. 그래도 기분은 상쾌하다. 사람을 아랑곳 않는 새들 덕에 모처럼 무념무상의 시간을 누렸다.

그날 이후 새에게 자꾸 눈이 간다. 유명한 과학저술가 제니퍼 애커먼의《새들의 방식》을 펼친다. 3년간 전 세계를 돌며 수많은 과학자와 연구 현장을 취재하고 쓴 책인데, 첫 장의 그림부터 호기심을 불러일으킨다. 이게 새냐 물고기냐? 400쪽이 넘는 책에 코를 박고 있는 사이 원고 마감이 닥쳤다. 시간에 맞추려면 남은 부분은 대충 훑어봐야 하는데 그럴 수가 없다. 말하기, 일하기, 놀기, 짝짓기, 양육하기로 이어지는 새들의 이야기가 계속 예상을 뛰어넘는 통에 한 줄도 건너뛸 수가 없다. 그 이야기가 보여주는 세계가 어찌나 신기한지, 마감의 공포마저 잊힌다. 드디어 새처럼 자유로워지는 걸까.

책을 읽기 전, 새들의 방식에 대해 내가 아는 것은 '날기' 하나였다. 새는 날기 위해 이빨과 위장을 없애고 뼛속까지 비웠다는 말을 듣고, '오, 나는 무엇을 위해 전부를 버릴 만큼 절실했던가' 반성한 적도 있다. 그러나 책을 읽고 나는 이런 '사람의 시선'을 버렸다. 날기 위해 몸을 비우는 것은 새라는 존재의 아주 작은 시작일 뿐, 새는 그보다 훨씬 크고 비상한 존재임을 알았기 때문이다.

일단 새는 말을 한다. 사투리도 있다. 우리가 듣는 새의 '노래'는 많은 의미를 담은 새의 말이고 대화다. 이 노래엔 독창, 이중창, 합창, 심지어 모창도 있다. 그리고 사람이 말을 배우듯 새도 열심히 배워서 노래한다. 짝을 지키기 위해 이중창을 하는 암수는 음성을 통제하는 뉴런이 동시에 발현되면서 절묘한 주고받기를 하며, 새끼들은 이것을 학습한다. 새의 언어는 아주 복잡하고 구체적이다. 음의 개수 하나하나에 포식자가 얼마큼 떨어져 있고 얼마나 위험한지 따위를 낱낱이 담을 정도다. 이렇게 중요한 의미가 담긴 경계음이 들리면 종이 다른 새들도 귀를 기울인다. 본능인 것 같지만 실은 폭넓은 학습의 결과다. "여러 종의 경계음을 인지한다는 건 여러 외국어를 아는 것과 같다."

새는 배우기도 잘하지만 놀기도 잘한다. 노는 걸 우습게 아는 사람들이 많은데, 사실 놀이는 지능과 관련이 있으며 뇌 발달에 도움이 된다. 새의 작은 머리를 업신여겼던 과거엔 새가 놀 줄 모른다고 생각했지만 요즘은 다르다. 여러 실험에서 케아앵무는 놀이 자체가 사회적 지능에 기여함을 증명했고, 큰까마귀는 먹이와 놀이 중 놀이를 택해 새가 얼마나 놀기 좋아하는지 보여줬다.

새의 감각 능력은 꽤 유명하지만 후각은 오랫동안 무시되어왔다. 한데 웬걸? 칠면조독수리는 가스 파이프의 누수 지점을 찾아내는 "개코 같은 능력"을 가졌고, 바닷새는 광활한 바다에서 크릴이 만드는 화합물 냄새로 먹이를 추적할 만큼 뛰어난 후각을 갖고 있다(안타깝게도 그 때문에 바닷새는 플라스틱 쓰레기를 먹는다).

어디 그뿐이랴. 새의 인지 능력은 인간에 버금간다. 단적인 예로, 새들의 세계에서 도구 사용은 드문 일이 아니다. 세계 도처에 도구를 사용하는 새들이 있고, 어떤 새는 필요한 도구를 만들기까지 한다. 이 분야의 고수인 뉴칼레도니아까마귀는 (인간과 유인원처럼) 둘 이상의 도구를 결합할 수 있고, (인간만 만드는) 고리 달린 도구도 만들 줄 안다. 그에겐 도구 제작에 필요한 단계적 행동을 '사전 계획'하는 고도의 지능이 있으므로 아주 어려운 일은 아닐 것이다.

가장 놀라운 건 새가 불을 사용한다는 사실이다. 불로 음식을 익혀 먹으면서 인간은 비로소 진정한 인간이 되었다는 말이 있다. 그만큼 불은 인간의 고유 영역으로 알려져 있었는데 이제 보니 그것도 아닌 모양이다. 맹금류들은 불이 난 곳에서 도망가는 먹잇감을 사냥하고, 오스트레일리아의 통칭 불매(fire hawk)는 불붙은 가지를 이용해 일부러 불을 지르기도 한다니 말이다. CCTV가 없어 믿기 어렵지만, 새가 불을 활용해 먹이를 찾고 방화까지 하는 걸 본 사람이 한둘이 아니며 원주민들의 전승 지식으로도 확인되는 사실이다. 그럼에도 많은 과학자들이 이를 인정하지 않는다. 이들은 한 지역에 4만 년 이상 거주하며 쌓아온 토착민의 지식을 무시하고, "인간만 불을 사용할 수 있다'는 뿌리 깊은 서구식 사고방식"을 고집한다.

애커먼은 새들의 경이로운 방식이 최근에야 발견된 이유가 바로 이런 편견 때문이라고 지적한다. 그는 모든 걸 인간 중심으로 보는 시각, 북미와 유럽 등 북반구에 치우친 지리적 편향, 남성 과학자가 주도하는 학계의 성별 편견이, 새들의 세계에선 일부분에 불과한 온대 지방의 수컷 새를 조류의 표준으로 여기는 오류로 이어졌고, "암새는 단지 소극적 참여자"라거나 "새들의 사회는 '죽이거나 죽거나'의 경쟁으로만 이루어졌다"라는 그릇된 믿음을 낳았다고 비판한다.

다행히 첨단장비와 기술이 발전하고 여성 과학자들의 활동과 열대 지방에서의 연구가 활발해지면서, 그동안 편견과 오류에 가렸던 새들의 본모습이 드러나고 있다. 인간에 버금가는 똑똑한 지능부터 무리가 함께 새끼를 키우는 공동육아에 이르기까지 놀랍고 다양한 모습들이다. 애커먼은 이를 통해 "예외의 힘"을 확인하고, "인간이 생각만큼 유일한 존재가 아니"란 사실을 보여준다.

사람들은 새가 어리석다고 비웃지만, 애커먼은 다른 동물은 물론 스스로를 멸종 위협으로 몰아가는 인간의 어리석음에 절망하면서, "진화가 허락하는 것 이상으로 새롭고 변화하는 상황에 적응하는 새들에게서 희망을 본다." 어쩌면 스웨덴의 한 조류학자가 농담처럼 예견했듯, 수백만 년간 존재해온 까마귓과 동물이 고도의 인지 능력으로 동물 세계에 군림할 날이 올지도 모른다. 그런 미래를 피하고 싶다면 새들의 존재 방식을 보고 배우라는데, 과연 어리석은 우리 인간이 배울 수 있을까?

나를 단단
하게 만든
여자의 문
장
들

2책
○

여성 억압은 노예제보다 먼저 일어나 노예제를
가능하게 한다.

p.139

갑질의 원조,
가부장제

거다 러너,
《가부장제의 창조》

페미니즘 공부를 제대로 해보자 맘먹고 맨 먼저 고른 책은 거다
러너의 《가부장제의 창조》다. 내 안의 가부장이 문제라 생각하고
가부장제에 관심을 가졌을 때 마침 이 책이 눈에 띄었다.
도서관에서 빌려 읽는데 밑줄을 긋고 싶어 손이 근질거렸다.
오래된 책이라 절판됐겠지 했는데 웬걸, 개정판이 나와 있다. 어느
눈 밝은 독자가 이렇게 좋은 책이 묻히면 안 된다고 사전구매
운동까지 벌여 출판사에서 재출간을 했다고 한다. 근사한
뒷이야기에 얼른 책을 사서 읽었다. 아, 이렇게 좋은 책을 이제야
읽다니!

　《가부장제의 창조》는 미국역사학회 회장을 역임한 사학자 거다
러너가 쓴 여성사 분야의 고전이다. 러너는 미국 최대 여성운동
단체인 전미여성연맹(NOW)의 창설회원이며, 대학에 여성사

커리큘럼을 처음 도입하고 박사학위 과정을 개설한 여성사의 개척자로 유명하다.

오스트리아계 유대인으로 나치를 피해 미국으로 온 그는 주부로 살다가 서른여덟 늦은 나이에 대학에서 역사학 공부를 시작했다. 절멸 위기를 겪은 유대인으로서 역사의 중요성을 뼈저리게 깨달았기 때문이라는데, 정작 그가 필생의 주제로 삼은 것은 유대인이 아닌 여성의 역사였다. 미국 사회에서 백인 유대인은 인종차별의 이득을 누리지만 여성은 역사상 가장 오래된 타자로서 여전히 차별받고 있음을 인식해서였다.

그에게 여성사는 단순히 여성(female)의 역사가 아니라, "차이라는 이름으로 차별받는 모든 것을 드러내는 것"이었다. 왜냐면 여성은 차이로 인해 차별받은 최초의(그리고 어쩌면 최후의) 인간이기 때문이다. 《가부장제의 창조》는 바로 이 차별의 기원을 밝힌 책이다.

러너는 남성 지배가 자연적이라 주장하는 사회생물학과 전통주의자들을 비판하면서, 가부장제는 서기전 3100년경부터 서기전 600년까지 약 2500년에 걸쳐 성립된 역사적 산물임을 분명히 한다. 그에 따르면, 문명 이전 사회의 평등한 성별 분업은 신석기시대 농업혁명을 거치며 점차 불평등한 종속관계로 바뀌었다. 재생산 능력을 가진 여성은 자원의 일부로 교환·전유되었고, 사유재산과 시장경제, 노예제가 발달하면서 가부장제 국가가 공고해졌다.

특히 흥미로운 것은 오늘날 우리가 분노하는 모든 갑질의 원조, 위계적 지배의 원점이자 극단이라 할 수 있는 노예제가 여성 억압에서 비롯했다는 점이다. 여성과 어린이를 노예화해본 남성은 모든 인간 존재를 노예로 만들 수 있다는 것을 알게 되었고, 이후 노예제라는 착취의 제도화를 통해 문명을 발전시켰다.

이 오래된 과거는 현재와 미래를 보는 새로운 눈을 열어준다. N번방 사건 같은 디지털 성착취 범죄자들이 여성 피해자를 '노예'로 칭하고 '분양'하고 '성폭행'을 모의한 이유는, 분출하는 성적 호기심이나 성욕 때문이 아니라 단지 타인을 지배하고픈 욕망, 가부장제의 중심이 되고픈 권력욕 때문이란 것을 분명히 알 수 있다. 나아가 억압과 차별이 없는 평등한 미래, 인간다운 삶은 페미니즘과 뗄 수 없다는 사실도 일깨운다.

역사는 말한다. 사람이 사람으로 대접받는 세상을 만들고 싶다면 우리는 모두 페미니스트가 되어야 한다.

우리의 내면 가부장은 누구에게 기초교육을
받았을까? 바로 어머니다. 가부장제 문화의 가치를
반복하는 어머니들은 자신의 지식과 신념을 내면
가부장에게 전파한다.

p.82

내 식대로 살자,
그런데 '내 식'이 뭐지?

**시드라 레비 스톤,
《내 안의 가부장》**

한동안 우울감에 시달렸다. 불면의 밤마다 부끄러운 일들을
떠올리며 회한에 잠겼고 자기반성은 이내 자기비하로 이어졌다.
쓰기로 한 책의 계약금을 돌려주고 십 년을 이어오던 연재를
그만뒀다. 툭하면 울고 원망하고 미안해하는 일이 반복되었다.
그런 어느 날, 어차피 절망뿐이라면 뭘 겁내고 주저하지? 하는
생각이 들었다. 사랑과 인정을 바라며 살아온 인생은 실패했다.
이왕 이렇게 된 것, 내 식대로 살아보자 싶었다. 더 나빠질 것도
없으니까. 한데 문제가 있었다. '내 식'이 뭔지를 모르겠는 것이다.
맥이 빠졌지만 심기일전. 도서관에 갔다. 서가를 헤매다《내 안의
가부장》이란 책을 발견했다.

　　젊은 시절, 가장 자부심을 느꼈던 건 내가 다른 여성들과 다르다

는 점이었다. 내가 다른 여성들보다 더 잘났다고 생각했는데 그건 내가 더 남성적이었기 때문이다.

관계와 가족을 지키는 역할을 수행하면서 여성은 타인의 요구를 충족하기 위해 자신의 욕구를 밀쳐두는 법을 배웠다. 그 결과 여성은 큰 대가를 치렀다. 자신을 위해 사고하고, 선택하고, 무엇을 원하는지 파악할 능력을 잃어버린 것이다.

내 이야기였다. 타인을 위해 희생하지도 나를 위해 성공하지도 못한, 둘 사이에서 갈팡질팡하다가 원망과 후회에 사로잡힌 내가 거기 있었다.

40년 넘게 심리치료사로 일하며 '자아들의 심리학'을 개척한 시드라 레비 스톤은, 오랜 페미니즘운동에도 불구하고 여성들이 앞으로 더 나아가지 못하는 이유를 여성 안에 내재한 '내면 가부장'에서 찾는다. 내면 가부장은 여성의 발목을 잡을 뿐만 아니라 혐오가 난무하는 젠더 갈등을 부추기기도 한다. "여성과 남성은 본질적으로 다르고 남성이 모든 면에서 우월"하며 "세상을 좋은 것과 나쁜 것으로 구분"하는 "이원론 위에서 번성"하기 때문이다.

그러면 어떻게 이 '나쁜' 내면 가부장에서 벗어날 수 있을까? 사실 나는 그것이 가장 궁금했다. 이 책을 읽기 전에도 내 안에 나를 심판하는 가부장이 있다는 건 알았고 그에 맞서 싸우기도 했다. 하지만 여전히 내 안에 있는 그림자, 이걸 어떻게 물리치지?

한데 저자는 그게 아니라고, 오히려 싸우지 말라고 한다. '내면 가부장은 나쁘다'는 인식 자체가 '선/악, 남/녀'를 가르는 가부장제의 이분법을 답습하는 것이라면서. 대신 그가 제안하는 것은, 내 안에 가부장이 있음을 인정하고 한 명의 자문가로 삼는 길이다. 순응하지도 싸우느라 불안해하지도 말고, 그냥 "조언을 따를 수도 거부할 수도 있는 자문가"로 삼아 그의 의견을 듣고서 독립적으로 판단하라고 권한다.

과연 가능할까. 우리 어머니들이 단지 어리석어서 가부장의 수호자가 된 건 아니듯, 수천 년 동안 드리운 그림자에서 벗어나기는 쉽지 않을 텐데. 걱정하는 내 마음을 아는지, 저자는 독립의 구체적인 방도를 일러준다. 실용적이라 당장 써먹을 수 있을 것 같다.

일단 나는 내 시간과 공간을 인정하지 않는 사람들에게 "여기까지는 다가와도 되지만 내가 응하기 전에는 더 다가오지 마세요"라는 메시지부터 전하기로 했다. 그렇게 독립의 첫발을 떼고 나면 그다음엔 또 다른 길이, 진짜 내 식대로 사는 길이 보이리라.

외부인을 배제한 작은 가족 집단에 몰입하는
것은 그것이 잘 돌아가고 구성원 각자의 요구를
만족시켜줄 동안은 매혹적일 수 있다. 그러나 이 작고
폐쇄적인 집단은 하나의 함정, 즉 가정의 사생활권과
자율성이라는 관념으로 만들어진 감옥일 수 있다.

p.118

가족 때문에,
가족 덕분에

미셸 바렛, 메리 맥킨토시,
《반사회적 가족》

어릴 때, 다리 밑에서 주워 왔다는 어른들의 놀림이 사실이었으면
하고 바랐다. 드라마에서 본 하얀 앞치마를 두른 엄마, 통닭을 사
들고 퇴근하는 아빠, 살가운 언니 오빠들이 오순도순 사는 다정한
집을 꿈꾸었다. 남들은 안 그런데 왜 우리 집만 시끄러운지
속상하고 슬펐다. 머리가 굵어가며 다른 집도 별다르지 않다는 걸
알게 됐다. 위로가 되면서도 씁쓸했다. '즐거운 나의 집'에 대한
기대를 접었다. 그렇게 가족의 환상에서 벗어났다고 생각했다.
　하지만 가족이 따스하고 편안한 안식처만은 아니란 사실을
알았다 해서 가족의 통념, 가족이란 틀에서 벗어날 수 있는 건
아니었다. 막내-딸 역할에 넌더리를 냈으면서도 기꺼이 아내-
며느리 되기를 택했고, 이상적인 가족은 없는 줄 알면서도
텔레비전에 나오는 잉꼬부부, 스위트홈을 질투했다. 누가

강요하지 않았는데도 착한 딸, 참한 아내가 되려 애썼고, 그러지 못한 죄책감을 떨치지 못했다.

영국의 사회이론가 미셸 바렛과 메리 맥킨토시가 쓴《반사회적 가족》을 만나지 않았다면 계속 자괴감에 시달리며 나와 가족을 원망했을 것이다. 1982년 처음 출간돼 여섯 차례나 재간행되며 가족 연구의 고전으로 평가받는 이 책에서 두 저자는 "가족은 근본적으로 반사회적 제도"라고 천명한다. 혹자는 가정폭력, 아동학대 같은 문제가 있긴 하지만 그렇다고 가족제도를 싸잡아 반사회적이라 할 수 있냐고 분개하리라. 가족을 부정해서 뭘 어쩌자는 거냐고 눈살을 찌푸릴지도 모른다.

그러나 이들은 가족을 부정하지 않는다. 오히려 가족의 매력에 주목한다. 이상적 가족은 없다고 생각하면서도 가족에 기대는 나 같은 사람을 비웃는 대신, 그건 가족이 어디서도 얻기 힘든 "정서적·경험적 만족을 제공하는 것으로 보이기" 때문이라고 설명한다. "우리 사회가 가족에 부여하는 물질적·이데올로기적 특권을 고려하면 가족에 투자하는 건 합리적인 선택"이라고도 말한다.

그럼 무엇이 문제냐고? 문제는 다른 투자처가 없다는 것이다. 주식은 수백 수천의 선택지가 있지만, 가족을 유일한 보호처로 삼는 이 사회의 선택에는 다른 대안이 없다. 남성(아버지-생계부양자)과 여성(어머니-양육담당자)의 성별 분업과 혈연에 기초한 가족을 자연적·평균적인 것으로 절대화하는 현대 사회에서 이런 가족을 이루지 못한 사람은 달리 갈 데가 없다.

예부터 가족은 돌봄의 주된 행위자였다. 문제는 이렇게 가족이 돌봄을 독점하면서 다른 형태의 돌봄을 수행하기도 기획하기도 어려워졌다는 것이다. 마찬가지로 가족은 공유의 단위이지만 그들만의 공유를 주장하면서 다른 관계는 돈만이 목적인 관계가 되었다. 가족 간의 친밀성에 특별한 지위를 부여하면서 바깥세상은 차갑고 냉정하며 친구와 이웃은 믿을 수 없는 관계가 되어버렸다. 그리하여 우리는 외로움과 불안에 잠 못 들게 되었으니, 이래도 가족이 반사회적인 제도가 아니라 할 수 있을까?

저자들은 여기서 벗어날 길은 새로운 가족이 아니라 새로운 '사회'라고 말한다. 우리는 이미 애정, 안정감, 친밀성, 양육, 돌봄 등 가족만이 제공한다고 여겼던 역할과 감정을 다른 장소와 관계에서도 얻고 있다. 이런 장소, 이런 관계가 많아질수록 우리는 더 편안하고 사회는 더 안전할 것이다. 그래도 가족에 특권을 부여하고 싶다면, 그래, 가정의 달이라는 5월 한 달만 하길.

엄마가 되는 것은 작가가 되는 것처럼
여성이 할 수 있는 여러 가지 일 중 하나다.
그건 특권이다. 의무나 운명이 아니다.

어슐러 르 귄
p.248

엄마의 진실을 웃으면서 얘기하는 법

도리스 레싱 외,
《분노와 애정》

자기 엄마를 좋아하는 딸은 많지 않다. 존경하는 경우는 더욱 드물다. 많은 딸들이 엄마의 불만, 차별, 잔소리, 신세 한탄, 무력함에 질려서 집 떠나기를 고대하고, 출가의 방편으로 결혼을 선택한다. 그리고 자기 엄마 같은 엄마가 아닌 '좋은 엄마'가 되겠다고 결심한다. 하지만 막상 엄마가 되면 생각과 다른 현실에 당황한다. 아이에 대한 사랑으로 더없이 행복할 때도 있지만, 징징대고 빽빽대며 밤잠을 뺏는 아이에게 살기등등한 분노를 느끼는 경우도 드물지 않다. 그래서 죄의식을 느끼고, 좋은 엄마는커녕 엄마가 될 자격도 없는 인간이란 자괴감에 시달린다.

《분노와 애정》은 이런 엄마들(양육자의 대부분이 엄마라 이렇게 표현한 걸 양해하시압!)과 이런 엄마를 이해하고 싶은 이들이 읽으면 좋은 책이다. 도리스 레싱, 실비아 플라스, 앨리스 워커, 수전 그리핀, 에이드리언 리치 등 영어권 여성 작가 16인이 엄마됨에 관해 쓴 이야기를 모았는데, 여기저기서 발췌한 글이 많아 아쉬움이 남긴 하지만 엄마 노릇에 어려움을 겪는 이들에게는 읽는 것만으로도 위로가 될 책이다. '나는 왜 이 모양인가' 하는 자책감을, '남들도 다 이렇구나' 하는 공감으로 떨칠 수 있다.

공감의 지점은 사람마다 다를 것이다. 누구는 "버지니아 울프보다 잘할 때까지 아이는 갖지 않겠다"라고 다짐하다가 불과 2년 만에 "중요한 건 언제 아이를 낳느냐가 아니라 내가 아이를 낳을 수 있냐는 것"이라며 걱정하는 실비아 플라스에게 공감할 것이고, 누구는 "애들을 너무 사랑하지만 애들이 진짜 밉다"는 제인 라자르의 고백과 "이 양가성을 받아들이는 능력이 바로 모성애가 아닐까" 하는 그의 통찰에 공감할 것이다. 또 누군가는 "상실의 아픔에서 자신을 보호하려고 아이를 낳았는데, 바로 그 순간부터 나의 엄마됨은 무언가를 천천히 계속해서 놓아주는 것이었다"라는 엘런 맥마흔의 문장에 밑줄을 칠지도 모른다.

방점은 달라도 열여섯 개의 서로 다른 목소리를 읽다 보면 결국 깨닫게 된다. 수전 그리핀이 지적하듯, 우리 문화에서 엄마됨은 희생을 요구하고 그래서 "엄마는 아이 안에서, 아이를 통해서 살아가게 된다"는 사실을. 혹자는 헌신과 희생이야말로 모성애라는 숭고한 사랑을 이루는 힘이거늘, 아이가 자랄 때까지 몇 년간 엄마가 아이를 위해 희생하는 것이 그렇게까지 괴롭고

탓할 일이냐고 반문할 것이다. 그러나 수전 그리핀은 세상이
당연시하는 엄마의 희생이 사실은 아이의 희생이기도 하다고
말한다.

> 엄마가 자아를 희생하면 아이도 자아를 희생한다. 엄마의 사랑
> 은 아이를 집어삼킨다. 엄마의 평가는 억압이 되고, 엄마의 보호
> 는 지배가 된다.

요즘 유행하는 '맘충'이라는 비속어가 떠오른다. 희생한
엄마들을 맘충이라고 비하하는 아이들의 언어야말로 엄마의
희생이 아이의 희생이 되는 현실을 보여주는 게 아닐까. 알다시피
누구도 희생하지 않을 때 모두가 즐겁다. 즐거움은 기쁨과 활력을
낳고 생을 긍정하게 한다. 그때 아이는 세상의 부모들이 듣고
싶어 하는 말을 한다.

"태어나서 좋아요! 살아 있어서 좋아요!"

아이에게 정말 좋은 선물을 주고 싶다면 웃는 당신을 주어라.
진심으로 웃는 삶보다 더 큰 선물은 없다. 그 삶의 시작은, 엄마인
당신의 진실을 웃으면서 얘기하는 것이다. 에이드리언 리치가
말했듯 "우리가 진실을 말할 수 있다면 결국 우리는 앞을 볼 수
있게 될 것이다."

여전히 아버지의 그늘 아래 있는 아들들의 세상에는 미래가 없다. 아버지로 표상되는 기존 질서의 부정과 극복 없이 새로운 세상은 도래하지 않는 것이다.

p.273

아버지의 이름을 넘어
나아가라

김영희,
《한국 구전서사의 부친살해》

때가 되면 자식은 독립하고 부모는 자식을 놓아줘야 한다는 걸 모르는 사람은 없다. 하지만 실제론 많은 이들이 부모를 떠나지 않고 자식을 놓지 않는다. 이유는 다르지만 저변의 심리는 똑같다. 분리되는 게 두려워서다. 부모에게 자식은 자신의 존재 증명이며 또 다른 자기다. 자식이 자신을 거역하거나 떠나려 할 때 부모는 자기 존재가 부정당하는 고통을 느낀다. 한편 자식에게 부모는 안전과 안락을 제공하는 울타리다. 자식은 부모의 그늘 아래서 그들과의 동일시를 통해 자기 존재를 확보하지만, 부모의 인정을 받지 못하면 언제든 버려질 수 있기에 존재는 위태롭다. 그래서 자식은 부모에게서 독립하기를, 자신이 주인인 새 세계를 이루기를 꿈꾼다.

세계의 수많은 신화와 동화에 '부친 살해', '자식 살해'라는 패륜의 주제가 등장하는 것은 이 때문이다. 프로이트가 말했듯 부친 살해는 문명의 원천이다. 또한 아버지가 주인인 가부장제에서 사회적 주체로 서기 위해 거쳐야 하는 통과의례다. 부친 살해 없이는 심리적 주체의 독립은 물론 새로운 세상을 만들어갈 역사적 주체의 등장도 불가능하다. 이 점에서 한국의 전통 서사에 부친 살해가 보이지 않는다는 국문학자 김영희의 지적은 의미심장하다.

김영희는《한국 구전서사의 부친살해》라는 보기 드문 저작에서, 부친 살해보다 자식 살해가 더 많은 한국의 서사 전통이 어떤 의미를 갖는지 천착한다. 그에 따르면, 한국에는 그리스 신화의 크로노스나 오이디푸스처럼 아버지를 부정한 아들이 없다. 나라를 세운 주몽, 불법(佛法)을 세운 아도는 아비를 '죽인' 자식이 아니라 아비 '없는' 자식이다. 그들은 부친 살해가 아니라 '부친 탐색'에 나선다. 아버지를 찾아 어머니의 세계를 떠나며, 아버지의 세계에서 정체성을 인정받고 권력을 위임받는다. 때문에 "그들의 세계는 아버지의 후광 없이는 존재할 수 없고" 자식의 분리는 미완으로 남는다.

반면, 아버지 즉 부모는 자식 살해라는 극단적 형태의 분리를 수행한다. 주로 조선시대로부터 전해지는 구전서사에는 늙은 부모를 위해 아이를 죽이는 효행담이 수두룩하다. 며느리가 제 자식을 삶아 먹은 시부모를 감싸 효부상을 받는 것처럼, 자식 살해는 패륜이 아니라 효행이다. 주목되는 건 이때 여성이 며느리란 이름으로 적극적인 역할을 한다는 점이다. 저자는 자식 살해가 유발하는 죄의식과 불안을 대리 표출할 대상, 곧 '남성'의 '죄'를 대신할 알리바이로서 '여성'이 필요했다고 설명한다.

'효'를 내세워 엽기적인 자식 살해를 권장하기까지 하는 옛이야기들은 기존 질서를 수호하는 기능을 한다. 젊은 부모는 자식을 죽이는 적극적인 분리를 수행하지만, 이는 늙은 부모와 분리되지 않기 위한 자기 살해의 변형이다. 저자는 부친 살해 서사가 "공동체의 미래 주체를 만드는" 것과 달리, 자식 살해는 "공동체의 과거에 고착된 주체를 생산"한다고 지적한다. 비범한 능력을 가진 아이를 부모와 공동체가 집단살해하는 〈아기장수〉 설화는, 수구적 주체들이 새로운 주체의 탄생을 얼마나 가혹하게 억압했는지 단적으로 보여준다.

21세기에도 여전히 아버지의 이름으로 권력을 잡고 국부를 운운하는 퇴행적 언어가 쓰이는 것은, 아버지와 분리되지 못한 역사 때문이며 미래 주체를 만들지 못한 과거의 복수다. 이 과거를 떨치고 새로운 미래를 열기 위해 어버이는 루쉰처럼 "청년들아, 나를 딛고 올라가라" 하고 자신을 내주어야 할 것이며, 자식은 그들을 사뿐히 즈려 밟고 나아가야 한다. 한국사 최초의 부친 살해라는 오래된 미래를 향해.

여자: 당신은 우리 사이에 무슨 일이 일어나는지 관심도 없는 것 같아요.

남자: 당신 입에는 늘 불만이 걸려 있어.

여자: 내가 말하려는 건 그러니까……

남자: 당신이 하라는 대로 하고 있잖아. 모든 걸 당신 말대로 할 수는 없다고.

(침묵)

남자: 원하는 게 있어?

여자: 신경 쓰지 말아요.

p.28

상실의 심리학으로 본
가부장

캐럴 길리건, 나오미 스나이더,
《가부장 무너뜨리기》

화가 나면 아무 말도 안 하는 여자들이 나는 이해가 안 됐다. 말해야 알지, 그랬다. 요즘은, 말하면 뭐 해, 그런다. 입 닫고 귀 닫고 문 닫고 혼자서 혼자를 곱씹는다. 사랑은 영원하지 않고 사람은 원래 외로운 법. 성숙한 인간이라면 상실을 받아들이고 혼자서도 잘 지내야 한다. 혼자 잘 지내는 데 책만 한 게 있나. 나는 책을 펼쳤다.

　사회심리학자 캐럴 길리건과 인권변호사 나오미 스나이더가 함께 쓴 《가부장 무너뜨리기》. 뭘 무너뜨리고 싶은 의욕은 없지만 캐럴 길리건이란 이름에 혹했다. 남성 중심적인 심리학 전통을 뒤흔든 그의 대표작 《다른 목소리로》를 워낙 재미있게 읽었기 때문이다. 이번 책은 그가 젊은 후배와 함께 쓴 것인데 역시 재밌다.

두 사람은 노골적인 가부장의 화신 도널드 트럼프가
미국 대통령에 당선되자 '왜 가부장제는 이토록 끈질기게
유지되는가?'라는 의문을 가졌고, 그래서 이 책을 썼단다. 사실
이 질문엔 오래된 답이 있다. 가부장제가 기득권을 가진 상위
계층(특히 남성들)에게 부와 권력, 지위를 주기 때문이라는 거다.
하지만 저자들은 이 표면적 이유 외에 사람들이 가부장제를
받아들이는 심리적 동인이 있다고 보았고, 그것을 '상실'의
심리학으로 설명한다.

인간은 사회적 동물이다. 관계 맺기는 인간의 조건이고 삶의
동력이다. 한데 관계엔 반드시 상실의 아픔이 따른다. 가부장제는
이 아픔에 도피처를 제시한다. 사랑을 원천봉쇄하는 것이다.
사랑엔 상실이 따르기 마련이니 고통을 피하고 싶으면 사랑을
포기하라, 성숙한 사람은 관계에 연연하지 않는다, 하고 가르친다.

가부장제는 이렇게 삶에서 사랑을 분리한 뒤 다시 관계와 자아,
감정과 이성(앎)을 나눈다. 그리고 남성에게는 자아와 이성을,
여성에게는 관계와 돌봄(감정)을 배당한다. 이 젠더 이분법을
내면화하면 남성은 감정에 대해 생각하지 않고, 여성은 자신의
앎에 대해 말하지 않는다. 그리하여 앞에 제시한 인용문 같은
소통 불능의 대화가 이뤄진다.

저자들은 이 소통 불능이, 그리고 이런 불능을 야기한 분리와
분열이 고독한 개인을 낳고 민주주의를 위협한다고 지적한다.

젠더 이분법에 기반을 둔 가부장제에서 지배층은 공감 능력을, 피지배층은 자기주장 능력을 잃기 때문이다. 그럼, 어떻게 해야 잃어버린 능력을 되찾고 가부장제에서 벗어날 수 있을까? 길리건은 관계를 포기하라는 압박에 저항하는 것이 바로 가부장제를 향한 정치적 저항이라고 말한다. 그리고 이 저항에서 "앎과 돌봄은 반드시 필요한 덕목"이라고 강조한다.

민주주의란 모든 사람이 자신의 말을 할 권리가 있고 타인의 말을 들을 책임이 있음을 인정하는 정치다. 그런 정치를 실현하려면 나와 너, 사회 구성원들에 대한 앎과 배려가 필요하다. 관계를 맺고 타인에 공감할 때 비로소 부당함에 맞서 싸울 수 있기 때문이다. 그래서 길리건은 가부장제에 대비되는 말은 가모장제가 아니라 민주주의라고 얘기한다.

내 딴엔 성숙한 인간이고 싶어 혼자를 택했는데 책을 읽으니 그게 아니구나 싶다. 내가 택한 침묵과 고독은 성숙의 표시가 아니라 가부장제에서 상처받지 않으려는 방어책일 뿐이며, 이 방어막이 가부장제를 유지하고 민주주의를 위태롭게 한다는 것을 알겠다. 이제부터 제대로 관계 맺기 위해 '건강한 저항'을 실천하며 내 앎을 말해야 한다는 것도 알았다. 그런데 왜 이리 입을 떼기가 힘들까? 그 많던 나의 수다는 다 어디로 갔을까?

어린아이가 잘 자라려면 인간은 사회 집단에서
살아야 한다. 인간의 상호의존성은 필수적이다. (…)
'인간의 이기심과 경쟁심에 대한 가정은 수많은
남성(그리고 대부분의 여성)이 수많은 시간을
타인을 위해 헌신했다는 사실을 간과한다.'

p.49, 53

정말 학대를
멈추고 싶다면

**앨리슨 재거,
《여성해방론과 인간본성》**

 페미니즘에 관한 책들을 읽는데 이론이 다양하고 논쟁도
많아서 갈피를 못 잡겠다. 아무래도 안 되겠다 싶어 주요
이론들을 소개한 《페미니즘: 교차하는 관점들》을 펼쳤다. 19세기
자유주의 페미니즘부터 최근의 포스트식민주의, 퀴어 이론,
에코페미니즘까지 다양한 관점들이 소개돼 있으니 정리가
되겠지.

 하지만 계획은 시작부터 어그러졌다. 1장에서 앨리슨 재거의
자유주의 비판론을 접한 순간 눈을 뗄 수가 없었다. 재거는
자유주의가 주장하는 이성적이고 자유롭고 자율적인 자아는
남성 자아이며, 인간을 오로지 이성적 존재로 규정하는 인식론은
정치적 유아론과 회의주의를 낳는다고 비판한다. 이성적이고
자유로운 자아이기를 바랐고 그런 자아로 살기 위해 최선을

다해온 나는 놀랐다. 그게 왜 문제지?

재거는 명쾌하게 답한다. 왜냐면 인간은 자유주의 정치학이 가정하듯 태어날 때부터 고독한 원자가 아니라 집단 속에서 살아가며, 그러지 않고는 생존 자체가 불가능한 존재이기 때문이다. 따라서 자신만의 욕구를 가진 고독한 개인들이 계약을 맺어 사회를 형성한다는 자유주의의 정치적 유아론은 근본부터 잘못된 것이다. 인간에게는 "협조가 아니라 경쟁이 이례적인 것"이므로, 자유주의 정치학이 설명해야 하는 건 개인들이 왜 함께 모이는가가 아니라 "어떻게 그리고 무엇 때문에 공동체가 해체되는가"이다. 맞다! 이 당연한 사실을 왜 잊었을까.

나는 오래전 절판된 그의 책 《여성해방론과 인간본성》을 찾아 헤매다 도서관에서 밑줄로 도배가 된 책을 구해 읽기 시작했다. 1세대 페미니즘 철학자인 재거는 이 책에서 네 가지 주요 페미니즘 이론, 즉 자유주의, 전통적 마르크스주의, 급진적 여성해방론, 사회주의 여성해방론을 비판적으로 분석한다. 특히 그는 각각의 인간 본성론에 주목하는데, 인간을 어떻게 이해하는가에 따라 인간 사회에 대한 이해는 물론 사회의 모순과 해결책을 보는 눈도 달라지기 때문이다.

그는 인간 본성을 사회적 맥락과 무관한 개인의 속성으로 보는 자유주의에 가장 비판적이다. 인간은 생물학적 조건과 사회적 맥락에서 자유롭지 않기 때문이다. 생식과 양육 같은 (본능처럼 보이는) 행위조차 순전히 자연적이지는 않다. 따라서 육체와 정신을 나누고 여성은 육체, 남성은 정신과 연결 짓는 서구 철학의 전통은 실로 인간 본성을 간과한 것이라 할 수 있다.

또한 그는 공/사 영역의 구분은 (현대에 공적 영역인 '경제'가 고대 그리스에서 사적 영역이었듯) 임의적이며, 이에 기초한 성별 분업은 여성의 종속을 심화시키는 남성 지배의 토대라 지적한다. 이러한 지배-종속 관계를 끝내기 위해 그는 사회주의 여성해방론의 입장에서, 모든 생활 영역에서 성별 분업을 제거하는 재생산적 민주주의를 주장한다.

책에서 특히 주목되는 건 어린이를 보는 평등한 시선이다. 그는 억압이 '여성적인' 여성과 '유치한' 어린이를 창조했다면서, 억압에 반대하는 민주주의에는 여성은 물론 어린이도 동등하게 참여해야 한다고 말한다. 여성이든 어린이든 모든 존재는 소유의 대상이 아니라 상호작용하는 관계의 성원이기 때문이다.

책을 읽는 동안, 입양 부모가 아이를 학대 살인한 이른바 정인이 사건이 일어났고 분노의 목소리가 들끓었다. 그러나 현실이 보여주듯 비난과 동정으로 학대를 멈출 수는 없다. 학대는 차별과 억압에서 비롯하는 것. 정말 학대를 멈추고 싶다면 모든 사람이 동등하다는 사실을 진심으로 받아들이고, 각자의 몫과 책임을 인정하는 민주주의를 위해 싸워야 한다. 민주주의가 정의고 선의다.

환대란 타인의 존재에 대한 인정이며, 이러한
인정은 그에게 자리를 마련해주는 몸짓과 말을
통해 표현된다. 신원을 묻지 않는, 보답을 바라지
않는, 복수하지 않는 환대. 사회를 만드는 것은 이런
의미에서의 절대적 환대이다.

p.242

사회가 내 이름을 불렀을 때
나는 사람이 되었다

김현경,
《사람, 장소, 환대》

제목에 혹해 읽는 책들이 있다.《사람, 장소, 환대》는 다르다.
뜬금없는 제목이다. 내용을 가늠할 만한 친절한 부제도 없다.
웬만해선 눈길을 주기 힘들다. 그러나 책을 펼쳐 프롤로그를
읽으면 그때부터는 눈을 떼기가 힘들다. 추상적으로 느껴졌던
책이 지금 여기 우리의 구체적인 얘기로 다가온다. 칸트, 데리다,
아렌트 같은 어렵기로 유명한 사상가들이 계속 언급되지만 골치
아프지 않다. 빈약한 논리를 가리려 저명한 이론을 끌어댄 것이
아니라, 좀 더 분명히 설명하기 위해 필요한 만큼만 인용하기
때문이다.

　책은 '사람이란 무엇인가'라는 질문으로 시작한다.
형이상학적인 물음 같지만 실은 우리가 늘 하는 말 속에 이
질문이 담겨 있다. 직원에게 갑질하는 사장을 욕하고, 일없이

노는 백수를 비웃고, 왕따 가해자를 비난하거나 잔인한 살인범을 죽이라고 목소리를 높일 때, 우리는 "사람 노릇을 하라", "사람도 아니다"라고 말한다. 그런데 이때 우리가 생각하는 '사람'이란 대체 무엇이냐고 저자는 묻는다. 정말 사람이 뭘까?

"나는 생각한다, 고로 존재한다"라는 유서 깊은 정의에 따르면, 사람은 '생각하는 존재'다. 하지만 이 정의엔 여러 의문이 따른다. 일테면, 생각을 못 하는 사람은 사람이 아닌가? 무엇을 얼마큼 생각해야 사람이라 할 수 있을까? 윤리학자 피터 싱어는 "자의식을 가지고 미래에 대해 생각할 수 있어야 진짜 사람"이라면서 무뇌아 등의 장기 공여를 주장했는데 과연 이것이 정당한가?

"일하지 않는 자 먹지도 말라"라는 금언에 담긴 '노동하는 존재'라는 정의도 문제다. 일자리를 못 구한 실업자나 일할 수 없는 중증장애인은 사람이 아니냐는 반문이 나온다(실제로 이 사회에서 그들은 사람으로 대접받지 못한다). 이 물음은 불로소득으로 잘 먹고 잘사는 사람에게도 적용되니, 그럼 이들도 사람이 아닌가? 이 밖에 사람을 '도덕적인 존재'로 규정짓기도 하지만 이 또한 타인을 비난하는 잣대로나 쓰일 뿐이다. 한마디로, 사람이 아니라고 낙인찍긴 쉬워도 사람이 무엇인지 정의하긴 어렵다. 그렇다면 다시 사람이란 무엇인가?

김현경은 정의한다. 사람이란 사회의 환대를 받아 자리/장소를 가진 자다. 그 말인즉, "사람이란 것은 사람으로 인정된다는 것, 다른 말로 하면 사회적 성원권을 인정받는다는 것"이다. 즉 우리는 환대에 의해 사회 안에 들어가며 그때 "사람이 된다."

사회는 환대를 통해 누가 사람인지 결정하며, 이 사람들의 상호작용에 의해 사회가 다시 결정된다. 즉 사회가 변하면 사람의 정의도 바뀌는데, 이런 점에서 역사는 사람 아닌 자들이 사람이 되기 위해 몸부림친 과정이라 할 수 있다. 그 결과 사회의 외연과 더불어 사람의 외연도 넓어졌다. 한 사회에서 한때 사람이 아니었던 노예, 흑인, 여성, 동성애자 등이 이제는 사람으로 불린다. 기술 발전과 세계화라는 공간적 확장은 이런 흐름을 가속화한다.

이런 유동성은 불안과 동시에 희망을 낳는다. 불안이 이미 사람으로 획정된 이들의 방어심리라면, 희망은 아직 사람이 아닌 자들의 것이다. 김현경은 절대적 환대를 주장함으로써 희망을 말한다. 더 많은 인간에게 사람의 지위를 주고, 더 열린 세상에서 더 많은 사람이 사람답게 사는 세상을 만들 책임과 권리를 갖는 것이, 좁은 울타리 안에서 불안에 떠는 것보다 낫지 않느냐는 것이다. 물론 절대적 환대는 어렵다. 그러나 사람으로 사람 노릇하며 살기가 언제는 쉬웠던가.

사회운동의 차원에서 저는 세상을 바꾸려면 부수고 싶은 상뿐만 아니라 만들고 싶은 미래상이 있어야 한다고 봅니다. 내가 바라는 나의 미래상, 좀 더 크게는 내가 만들고 싶은 사회상에 대한 긍정적 전망을 품는다면, 중심을 잃지 않고 세상에 대한 증오에 갇히지 않으면서 나아갈 수 있지 않을까요?

박은하
p.180-182

아우성의 낙관이
역사를 만든다

권김현영, 손희정, 박은하, 이민경,
《대한민국 넷페미史》

한동안 페미니즘 책을 멀리했다. 그 책들을 읽는 바람에 오랜
우정을 잃었고 사랑이 위태로워졌기에. 페미니즘은 가장 친밀한
관계들에 균열을 일으켰고, 차별에 분개하면서도 당연시하는
나 자신의 이중성을 일깨웠다. 독서는 괴로웠다. 어디서부터
뭘 어떻게 해야 할지 모르는 채 분노만 쌓는 것이 싫었다.
페미니즘이 이슈가 되고 책들이 쏟아져 나와도 선뜻 눈길을 주지
않았다.

그런데 《대한민국 넷페미史》는 달랐다. 제목이
이상해서('넷페미가 뭐지?') 집어 들었다가 빵 터졌다. 책을 보다가
이렇게 웃은 게 얼마 만인지. 이 책은 2016년 10월 '페미니즘
라운드 테이블'이 기획한 강의와 토론을 정리한 것인데, 생생한
입말 덕에 여느 페미니즘 책보다 쉽고 즐겁게 읽힌다.

기막힌 현실을 한숨이 아니라 웃음으로 전하는 권김현영과 손희정의 입담은 감탄스럽거니와, 그 입담에 담긴 1990년대 중반부터 현재까지의 온라인 여성운동사는 더욱 감탄스럽다. 특히 이들의 강의에 이어진 박은하와 이민경의 제3강은, 1990년대 영 페미니스트들을 자신의 계보로 인정하면서도 그들과는 독립적으로 새로운 활동을 전개해가는 뉴 페미니스트들의 목소리를 통해, 나 같은 비관주의자의 예단과 달리 여성주의 역사는 도도히 이어지고 있음을 보여준다.

　그들이 말하는 역사는 내가 살아온 시대였으나 내가 아는 역사는 아니었다. 내가 아는 역사에서 여성은 언제나 대사 없는 보조출연자거나 말 못 하는 피해자였다. 그러나 이 책에선 말하는 여성, 말로 싸우는 영혼들의 역사를 드러낸다.

　그 역사는 메갈리아의 언어만큼이나 낯설고 뜨겁다. 이상한 것은 언론에서 메갈리아의 언어를 처음 접했을 때 눈살을 찌푸렸던 내가 이 책에서 그걸 봤을 때는 웃음을 터뜨렸고 통쾌함마저 느꼈다는 점이다. 똑같은 언어가 왜 이렇게 다른 느낌으로 다가왔을까?

　그것은 언어가 놓인 '맥락'이 달랐기 때문이다. 권김현영은 과거 영 페미니스트들이 정치적으로 올바르지 않은 주장을 했을 때, 이를 '맥락적으로' 이해하고 그 가치를 지켜가려는 '사회'가 있었음을 상기시킨다. 그리고 정치적으로 올바른 언어란 과정과 맥락 속에서 구성된다고 지적한다. 그의 지적은 오늘날의 '사회'를 돌아보게 한다. 정치적 올바름을 내세워 소수자의 언어를 검열하고 '예스컷'을 외치는 사회, 양성평등의 이름으로 다수자가 억울함을 토로하는 사회.

그 사회에서 아버지들은 버림받았다며 흐느끼고, 아들들은 "자신은 이 가부장제의 수혜를 받은 적이 없다고 광광 울고" 있다. 현 사회의 시대정신과도 같은 이런 자기연민은 자신의 인생과 사회에 대한 책임을 부정하고 전가하는 미성숙함을 반영한다. 그러니 이들에게 넷페미들이 "그만 징징대라" 하고 일갈하는 것은 얼마나 올바른가.

물론 저자들도 인정하듯이 넷페미나 여성이 늘 옳은 말을 하는 건 아니다. 하지만 "여성의 목소리가 많아지는 게 진보지 그 목소리가 다 옳은 얘기여야 진보는 아니다." 진보란 올바른 하나의 목소리가 아니라 온갖 목소리의 아우성이 올바름을 만든다고 믿는 낙관이다. 영웅의 웅변이 아니라 아우성의 낙관이 역사를 만든다. 《대한민국 넷페미사》를 읽고 영화 〈파란 나비효과〉를 본 지금, 나는 비로소 역사를 믿게 되었다. 내가 역사임을 믿게 되었다.

미국이라는 사회가 단순하게 마을 사람들의 세계에서
외주자들의 세계로 옮겨간 것은 아니다.
그 과정에서 우리는 '감정이 거래되는 시장'을
창조했다. 아이러니한 요소는 시장이 우리에게 판매할
수 있는 감정 중 하나가 바로 우리가 이런 시장 외부에
존재하고 있다고 착각하게 만드는 교묘한 상술이다.

p.95

러브 코치부터
대리모까지

앨리 러셀 혹실드,
《나를 빌려드립니다》

영화 〈카트〉를 보았다. 회사의 부당해고에 맞서 정규직·
비정규직이 하나가 되어 싸웠던 2007년 이랜드 노동자들의
투쟁을 소재로 한 영화다. 보도를 통해 알고 있었는데도 막상
영화를 보니 많은 사람들이 그렇게 억울한 일을 겪고 그토록
힘든 싸움을 하는 동안 나는 뭘 했나 싶어 가슴이 먹먹하고
부끄러웠다.

　나를 더 울컥하게 만든 건 고통을 나누며 서로를 보듬는
그들의 뜨거운 우정이었다. 그 우정이 부럽고, 한때 내 것이기도
했으나 이제는 잃어버린 연대의 삶이 그리워서 오래 울었다. 그때
알았다. 자본에 의해 아웃소싱당한 노동자들을 부러워할 만큼
내가 내 삶으로부터 아웃소싱되어 있다는 것을. 어쩌다 이렇게
됐을까? 앨리 러셀 혹실드의 《나를 빌려드립니다》를 펼쳤다.

'아웃소싱된 자신(The Outsourced Self)'이라는 원제 그대로, 지금 내 모습이 거기 있었다.

혹실드는 '감정노동'을 처음 개념화한 사회학자로 유명하다. 그의 대표작《감정노동》(1983)이 항공기 여승무원 등을 대상으로 한 참여관찰 연구를 통해 인간의 감정을 상품화하고 감정 관리가 노동의 일부가 되는 현실을 폭로했다면, 2013년 발표한《나를 빌려드립니다》는 불과 30년 만에 여성의 감정노동은 물론 남녀노소 모두의 희로애락을 상품으로 만든 자본주의의 가공할 현장을 생생히 전한다. 그 현장은 미국에서 인도까지 전 세계를 아우르며, 출생부터 죽음까지 삶의 전 과정을 포괄한다.

책에 나오는 다양한 사례는 삶의 매 순간이 아웃소싱된 현대인의 생활상을 적나라하게 보여준다. 사람들은 러브 코치의 도움으로 만남을 시도하고, 웨딩 플래너를 고용해 결혼식을 올리고, 부부 치료사의 상담을 받으며 결혼생활을 유지하고, 본 적도 없는 인도의 대리모를 통해 아이를 낳고, 베이비 플래너와 파티 플래너, 필리핀 유모를 고용해 아이를 키우고, 고민이 있거나 외로울 때는 '임대 친구'를 부르고, 노인 돌보미와 요양보호사의 도움으로 노년을 지낸 뒤, 죽으면 상조회사의 장례 서비스를 받는다. 그렇게 생로병사의 모든 과정을 시장에 의뢰하고, 사랑과 우정과 슬픔과 추억까지도 타인에게 외주를 주면서 살다가 죽는 것이다.

자본의 전략으로 시작된 아웃소싱이 삶을 지배하는 그 모습을 보니 내 삶이 갈수록 적막해지는 이유를 알 것 같다. 돈으로 임대 친구를 사지만 않았을 뿐, 나 역시 책에 나오는 사람들처럼 가족이나 친구에게 고민을 토로하기보다는 자주 들르는 찻집 주인과 이야기를 나누거나 상담사를 찾아갈까 생각하고 있었으니까. "묻고 따지거나 요구하지 않고 묵묵히 내 이야기를 들어주는 사람"이 필요했고, 버거우면 언제든 그만둘 수 있는 관계가 편했다. 그 관계의 부질없음에 쓸쓸해하면서도 행여 돈이 없어서 그런 관계를 살 '자유'조차 잃게 될까 봐 전전긍긍하는 것이 지금의 나였다.

  진실한 인간관계를 바란다고 하면서 실제론 사람을 살 자유를 잃고 자신을 팔 자유만 갖게 될까 봐 두려워하면서 사는 나, 타인에게 내 몸과 마음을 맡기면서도 그들 전부를 투명인간 취급하며 살아온 나, 그러면서 정작 내가 진짜로 원하는 게 무엇인지, 어떻게 살고 싶은지는 잊어버린 내게 혹실드는 말한다. 고객의 욕구까지 지정해주는 원톨로지스트(wantologist)를 찾아가 네가 뭘 원하는지 물어보라고. 그게 아니면, 정말 네가 원하는 삶을 살고 싶다면, 잃어버린 연대를 회복하라고. 한마디로 시장이냐 사람이냐, 결국 그것이 문제란 말씀이다.

사람들에게 청소 노동자는 보이지 않는다. 실제로
청소 노동자들은 '보이지 않는 것'도 업무 중 하나라고
이야기했다. 청소 노동의 결과는 제대로 처리되지
않았을 때만 눈에 띈다.

p.75

공감 격차와
황금률

**캐런 메싱,
《보이지 않는 고통》**

내가 싫은 것을 남에게 하지 말라. 인간의 도덕률 중 가장 근본이 되는 윤리, 이른바 황금률이다. 타인을 배려하고 역지사지하는 것이 그만큼 중요하단 얘기다. 역지사지하려면 타인의 처지를 내 것처럼 여기는 공감의 상상이 필요하다. 생물학자이자 인간공학자인 캐런 메싱의 회고록《보이지 않는 고통》은 역지사지의 공감이 얼마나 어렵고 중요한지 거듭해서 일깨운다.

주부 만학도로 뒤늦게 생물학자가 된 메싱은 방사선에 노출된 제련 노동자들을 만나면서 세상의 보이지 않는 고통에 눈뜬다. 그는 유전자 손상을 걱정하는 노동자들을 위해 다른 과학자들에게 도움을 청하지만, 과학자들은 심하게 손상된 염색체 표본에만 관심을 보일 뿐 노동자의 고통에는 무심하다. 메싱은 이들에게서 자신의 아버지를 본다. 대기업 부회장이었던 아버지가 노동자를 무시한 것처럼, 과학자들은 노동자의 고통을 무시하고 있었다.

그 모습을 보며 메싱은 자문한다. 왜 많은 전문가들이 노동자의 능력과 고통을 간과하는가, 왜 과학자들이 노동과 질병의 연관성을 인정하지 않는가. 이런 질문을 던진 사람은 그가 처음이 아니었다. 답도 이미 나와 있었다. 과학자들이 자본에 포섭돼 노동자를 외면한다는 것이었다. 하지만 메싱은 '나쁜' 과학자들이 자본 편을 든다고 비난하는 대신, 과학자들이 실제로 노동자의 고통을 '못 본다'는 사실에 수복했다. 종일 서서 일하는 마트 직원의 통증은 이해 못 하는 과학자가 박물관을 돌아다닐 때 허리가 아픈 건 쉬 이해하고, 테니스 엘보는 금세 알아차리는 의사가 전선 벗기기 작업을 하는 노동자의 손목 통증은 이해 못 하는 현실에서, 그는 공감의 계급적 차이를 보았다. 서로 다른 노동, 서로 다른 처지가 빚어내는 '공감 격차'가 객관 사실을 간과하는 비과학적 태도를 낳고 비윤리적 결과를 만든다는 사실을 깨달았다.

이러한 공감 격차는 노동을 숫자로 평가하는 데서도 드러난다. 메싱은 일터에서 암암리에 이루어지는 노동 협력의 가치는 물론, 불합리한 환경으로 인한 노동자들의 고통도 측정할 수 없으며 측정된 적도 없다고 지적한다. 사랑을 잴 수 없는 것처럼, 아이들을 가르치는 교사의 노동도 계량할 수 없다. 그는 객관적으로 보이는 숫자나 중립성을 표방한 과학이 오히려 편파적이듯이, 무의식적인 공감 격차를 극복하려는 의식적 노력 없이는 선한 의도가 선한 결과를 낳지는 않는다고 역설한다.

물론 노동자의 고통을 의도적으로 외면하는 과학자들도 있다. 그들 때문에 무력감에 시달린다고 할 만큼 메싱은 자본 편에 선 과학자들에게 비판적이다. 하지만 그는 이들을 공박하기 전에, 자신 또한 공감 격차의 가해자였음을 고백한다. 만약 자신이 여성이고 싱글맘이 아니었다면, 페미니즘과 인간공학을 몰랐다면, 사회에 만연한 격차를 몰랐을 거라고 토로한다. 그가 회고록 형식으로 직업보건을 이야기하는 것은 이 때문이다. 모르고 누린 평안은 고마운 것이되 실은 위태로운 것임을 그는 자신의 삶으로 보여준다.

약자의 안전이 보장돼야 하는 이유는 그들이 불쌍해서도 아니고, 그들 편에 서는 것이 착한 행위여서도 아니다. 그렇게 해야만 내가 안전하고 건강할 수 있기 때문이다. 황금률은 그들과 나를 가르는 이분법이 인간 사회에서는 통하지 않음을 일깨우는 도덕률이다. 너를 위한 것이 곧 나를 위한 일임을, 너를 통해 나를 배려하는 역지사지가 잘 사는 길임을 사람은 이미 수천 년 전부터 알고 있었다.

모든 시작은 기다림의 끝이다. 우리는 모두 단
한 번의 기회를 만난다. 우리는 모두 한 사람 한 사람
불가능하면서도 필연적인 존재들이다. 모든 우거진
나무의 시작은 기다림을 포기하지 않은 씨앗이었다.

p.52

우리 발밑에서
떡잎이 하는 일을 보라

호프 자런,
《랩 걸》

잘 쓴 과학책은 소설보다 재밌다.《랩 걸》이 그렇다. 글쓴이는
나무 연구로 일가를 이룬 여성 과학자 호프 자런. 사랑하면
닮는다더니, 그의 글은 쓰임 많은 나무처럼 무엇 하나 버릴 게
없고 이야기는 가지를 뻗듯 이어진다.

   첫 번째 이야기는 아빠의 실험실을 동경하던 소녀가 자신의
실험실을 가진 과학자로 커가는 '실험실 소녀(Lab Girl)'의 성장
스토리다. 여성 과학자에 대해선 듣지도 보지도 못한 여자아이가
가난과 불안, 불면에 시달리면서도 끝내 자기 이름을 단 실험실을
이루는 이야기는 뿌듯하면서도 아프다. 방의 쓸모는 달라도 나
역시 자기만의 방을 꿈꾸었던지라, 그가 "내 실험실은 창문이
필요 없는 하나의 우주"이며 그곳에선 "하지 않은 일에 대한
죄책감이 해내고 있는 일들로 대체된다"라고 말할 때 깊은 공감과

함께 부러움을 느꼈다. 질투는 아니었다. 그 우주를 이루기 위해
그가 얼마나 치열하게 살았는지 알았으므로.

두 번째 이야기는 불이 꺼지지 않는 실험실을 배경으로
펼쳐진다. 주인공은 셋이다. 여자 주인공 자런, 그를 돕는
남자친구 빌, 신비에 싸인 미스터리한 주인공 나무. 이들이
들려주는 이야기는 예상을 뛰어넘는다. 일테면, 자런과 빌이
나누는 단단한 믿음과 사랑은 남녀관계의 통념을 보기 좋게
깨뜨리며, 실험실에서의 작업은 과학과 식물에 대한 상식을
가볍게 뛰어넘는다.

나무를 연구하는 일이 수십 미터 땅을 파고 수천 킬로미터를
운전하고 수십 킬로그램의 장비를 나르는 막노동인 줄은 책을
보기 전엔 미처 몰랐다. 더욱 놀라운 건 그렇게 온몸으로 알아낸
나무의 비밀이다. 대부분의 씨앗이 자라기 전에 1년을—체리
씨앗은 100년이나—기다린다는 것도, 나무에 달린 수많은
이파리가 다 다른 것도, 거기서 만들어진 당이 인간을 생각하는
존재로 만든다는 것도, 사람이 공간을 여행할 때 한 자리에
붙박인 나무는 시간을 여행한다는 것도 나는 책을 보고 처음
알았다. 그뿐 아니다. 나무는 직접 당을 생산해 자급자족하며,
상처가 나면 소독약을 만들어 자가 치료를 하고, 자신을 공격한
곤충은 병들게 만들고 심지어 그 정보를 공유하는 소통 능력까지
가졌다고 한다. 아, 이토록 놀라운 능력을 갖고도 자신을 자랑하지

않는 이 과묵한 존재 앞에서 무슨 말을 더 하랴!

　그러나 나무의 언어를 이해하지 못하는 인간은 자신의 무능을
인정하는 대신 식물은 수동적이고 무기력한 존재라고 폄하한다.
남성 과학자들이 낯설단 이유만으로 여성 과학자를 앞에 두고도
"저 여자애가 과학자라고?" 하며 무시하는 것처럼. 성차별의
역학과 복잡성을 운운하며 문제를 회피하는 과학계를 향해
자런은 단호히 말한다.

　　성차별은 굉장히 단순하다. 지금 네가 절대 진짜 너일 리가 없다
　　는 말을 끊임없이 듣고, 그 경험이 축적되어 나를 짓누르는 무거
　　운 짐이 되는 것이 바로 성차별이다.

　자런은 자신을 동료 과학자가 아니라 랩 걸로 폄하하는 그들의
시선에 상처받지만 무너지지 않는다. 자신을 괴롭힌 조울증이란
병과 마찬가지로 차별이라는 "무거운 짐"을 지고 계속 나아갈 뿐.
그리하여 식물이 세계를 바꿨듯 과학계를 변화시킬 따름이다.
비록 크고 강대한 그 세계에 비하면 아주 작은 변화지만, 희망은
또한 사소함에서 시작하는 법. 그는 조용히 무너져내리는
세상을 구하기 위해 일 년에 나무 한 그루를 심자고 말한다.
너무 사소하다고? 우리 발밑에서 떡잎이 하는 일을 보라. 지금은
떡잎에게 배울 때다.

얀테의 법칙

1. 당신이 특별하다고 생각하지 마라.

2. 당신이 다른 사람들만큼 선하다고 생각하지 마라.

3. 당신이 다른 사람들보다 똑똑하다고 생각하지 마라.

4. 당신이 다른 사람들보다 더 낫다고 생각하지 마라.

5. 당신이 다른 사람들보다 더 많이 안다고 생각하지 마라.

6. 당신이 다른 사람들보다 더 중요하다고 생각하지 마라.

7. 당신이 뭔가를 잘한다고 생각하지 마라.

8. 다른 사람들을 비웃지 마라.

9. 누구든 당신한테 관심을 갖는다고 생각하지 마라.

10. 다른 사람들을 가르칠 수 있다고 생각하지 마라.

p. 349

커피 주문보다 세금 계산이
쉽다고?

아누 파르타넨,
《우리는 미래에 조금 먼저 도착했습니다》

핀란드의 저널리스트 아누 파르타넨은 미국 남자와 사랑에 빠져 뉴욕에서 신혼을 시작한다. 그는 아메리칸 드림을 꿈꾸지만, 커피 한 잔 주문하는 게 핀란드에서 세금 신고하는 것보다 어려운 미국의 현실에 좌절한다. 휴대전화를 사고 은행 계좌를 개설하고 케이블TV를 설치할 때마다 불합리한 약관과 예외조항, 각종 수수료에 머리를 싸쥐던 그는, '나같이 한심한 인간이 여기서 잘 살 수 있을까?' 자괴감에 사로잡힌다. 그나마 위안은 주위의 미국인들도 그처럼, 아니 그보다 더 불안해한다는 사실. 연소득 10만 달러가 넘는 이들조차 거리에 나앉을까 봐 두려워한다는 조사 결과가 있을 정도였다.

이즈음《뉴스위크》에 "세상에서 가장 좋은 나라는 핀란드"라는 기사가 실린다. 모국이 가장 좋은 나라라는 제목에 으쓱했던 그는 막상 기사를 보곤 고개를 갸웃한다. 핀란드의 성공 비결이 긴 출산휴가와 탁아 서비스, 훌륭한 공교육이라는 기사 내용을 받아들일 수 없었기 때문이다. 마침내 그는 자신의 경험을 바탕으로 두 나라의 차이와 그 이유를 분석한 책을 썼고, 그것이 미국에서 큰 화제가 된 책《우리는 미래에 조금 먼저 도착했습니다》이다.

미국뿐 아니라 한국에서도 핀란드는 보육과 교육이 좋기로 유명한데, 하지만 파르타넨이 생각하는 성공 비결은 다르다. 그는 핀란드를 비롯한 노르딕 국가(노르웨이·덴마크·스웨덴·아이슬란드)가 세계에서 가장 행복한 나라로 꼽히는 것은 '자유, 개인적 독립, 기회'라는 현대성을 구현했기 때문이라고 말한다. 그리고 이 가치를 선도했던 미국인들은 과거로 후퇴해 의존적인 인간이 되었다고 비판한다.

그가 보기에 노르딕 국가는 보편복지를 통해 모두가 독립된 개인으로 자유롭게 살 수 있게 되었으나, 미국은 복잡하고 선별적인 복지로 인해 (실제론 대다수 국민이 복지 수혜자임에도) 게으른 가난뱅이만 복지 혜택을 받는다는 편견을 갖게 되었다. 그는 이런 편견과 복지제도의 불투명성이 불신을 낳고 공동체 의식을 훼손했으며, 그 결과 가족 간의 사랑조차 의무와 채무 관계로 변질됐다고 지적한다.

파르타넨은 강한 공동체가 개인의 독립과 평등한 사랑을

보장하며, 이를 위해서는 경쟁보다 연대가 필요하다고 역설한다. 연대를 위해 노르딕 사회가 기울이는 노력은 놀랍다. 핀란드 학교에선 경쟁을 피하려 스포츠팀조차 만들지 않으며, 노르딕 사회는 '너는 특별하지 않다'는 얀테의 법칙을 제일의 가치로 공유한다. 이 사회에서 경쟁과 성공은 당연시되지 않는다. 사람은 저마다의 능력을 가지며 그것을 발휘하도록 돕는 것이 사회의 역할이다. 커피 주문보다 쉬운 세금 계산은 이런 사회를 만드는 재원인 세금의 투명성을 확보하고, 세금이 모두를 위해 공정하고 효율적으로 쓰인다는 믿음으로 이어진다.

고개를 끄덕이며 책을 읽고 있는데 정규직과 비정규직의 차별은 당연하다는 여론조사 결과가 뉴스에 나온다. 미국처럼 불평등이 심화되는 한국에서 공정성이 오히려 공동체의 연대를 약화시키는 요인이 된 것이다. 과연 우리가 말하는 공정성은 무엇을 위한 것인가? 경쟁과 연대, 과거와 미래 사이에서 우리는 무엇을 선택할 것인가? 책을 덮은 뒤에도 질문은 이어지고, 우리의 미래는 아직 도착하지 않았다.

권력이 평가를 제도화한 방식이 시험이다. 시험의 발명 자체가 권력 집단이 필요한 인간을 골라 쓰기 위한 장치였던 것처럼, 시험은 자연적 존재로서 인간이 아니라, 사회적 쓸모라는 개념에 의해 유능한 자와 무능한 자로 구분하고 그들 각각에게 표시를 한다.

p.359

어쩌다 우리는
시험국민이 되었을까

이경숙,
《시험국민의 탄생》

2017년 11월 11일 포항에서 5.4도의 지진이 났다. 땅이 갈라지고 건물이 부서져 80여 명의 부상자와 천 명이 훌쩍 넘는 이재민이 발생했다. 전문가들은 이번 지진으로 양산단층이 활성화된 게 아니냐는 우려 섞인 분석을 내놓았다. 이 단층대에 즐비한 원전을 생각하면 보통 일이 아니다. 하지만 사람들의 걱정은 다른 데 있는 듯하다. 뉴스에선 일주일 미뤄진 수능시험을 둘러싼 논란과 대비책을 보도하느라 바쁘다. 전 국민의 생존이 달린 지진-원전 대책보다 대학입시가 더 심각한 국가적 관심사가 되는 나라, 시험 공화국이다. 어쩌다 이렇게 되었을까? 어쩌다 우리는 생명보다 성적이 중요한 '시험국민'이 되었을까? 교육학자 이경숙의 《시험국민의 탄생》은 그 비틀린 역사를 좇는 보기 드문 책이다.

이 땅에서 시험이 제도화된 것은 958년 고려가 과거제를 도입하면서부터다. 과거제는 1894년 갑오개혁 때 폐지되었지만 시험은 형태를 바꿔 여전히 우리의 삶을 지배한다. 이 유구한 역사는, 과거든 고시든 수능이든 시험이 인재를 뽑는 최선의 방법이라는 믿음의 소산이다.

전체 고등학생의 3퍼센트에 불과한 서울 지역 특목고생의 서울대 입학률이 40퍼센트가 넘고, 특목고 입학에서 부모의 소득이 지렛대 역할을 한다는 사실을 뻔히 알면서도, 많은 이들이 시험은 평등하고 공정한 평가 방식이라고 말한다. 그리고 시험의 공정성이 훼손되지 않도록 국가가 엄격한 관리 감독을 해야 한다고 요구한다. 그렇게 국가에 평가의 잣대를 일임하고 국가의 잣대에 자신을 내맡기며 시험국민이 되어간다.

이들 시험국민에게 점수는 곧 능력이다. 성적과 학벌은 능력의 증거이고, 능력에 의한 차별은 당연하다. 오랜 시간 현장에서 쌓은 지식과 경험보다 시험점수가 더 가치 있다는 주장이 공정이란 이름으로 인정받는다. 임금은 노동의 대가가 아니라, "노동에 접근하기 위해 거쳤던 치열한 경쟁에 대한 보상"으로 인식된다. 그래서 어려운 시험을 통과한 자에게 임금과 복지를 몰아주고, 시험을 칠 수 없거나 실패한 자들은 노골적으로 무시하고 차별한다. 기간제 교사의 정규직화나 인천공항 정규직 전환을 둘러싼 갈등에서 나타났듯이, 서열 체계를 뒤흔드는 시도는 격렬한 반발을 부른다. 어려서부터 상대평가와 서열로 자신을 파악하고 정체성을 형성해온 이들은, 서열을 부정하는 것은 곧 자신의 삶을 부정하는 것이라 여긴다.

그런데 이경숙은 시험이 능력 있는 인재를 선발하는 최선의 제도라는 이들의 믿음에 의문을 제기한다. 그는 시험이 요구하는 능력은 어떤 능력이며, 그토록 강조하는 변별력이란 누구를 위한, 무엇을 위한 변별력이냐고 묻는다. 그의 물음은 시험의 기준과 문제 출제, 시험하는 대상과 방식 모두가 시험을 주관하는 국가와 기득권층의 이해를 대변하고 강화하는 데 이바지한다는 것을 드러낸다.

그렇다고 저자가 시험을 전부 부정하는 것은 아니다. 다만 모두가 선망하는 의대나 법대의 경우 고등학교를 졸업할 점수만 되면 추첨으로 입학생을 선발하는 네덜란드처럼, 시험을 사회정의를 위한 실천으로 만들기 위한 의식적 노력이 필요하다는 것이다.

저자가 다양한 자료를 통해 보여주듯이, 중요한 것은 더 나은 사회를 위한 질문이며 이를 위해 서로가 서로에게 묻고 답하는 열린 시험이다. 그러니까 시험을 치기 전에 먼저 "누가 문제를 출제하고, 누가 시험을 치며, 누가 합격하는지, 왜 그런 문제를 내는지" 하는 문제부터 풀어야 한다면, 너무 어려운 시험일까?

저는 기본 토대를 알아야 한다고 강조했어요. 즉
듣기, 응시하기, 경청하기, 보기. 그리고 자기 자신을
존중하여, 교만하지 않고 존재에 중요성을 부여하기.
누구나 존재에 중요성을 부여하지 않으면 잘 연주할
수 없고, 잘 생각할 수 없고, 잘 살 수도 없다고
생각해요.

p.89

주의를 기울여 듣고
응시하고 경청하라

브뤼노 몽생종,
《음악가의 음악가 나디아 불랑제》

글을 쓸 때 KBS 1FM을 켜놓는다. 안팎의 소음을 잊을 만큼 조그맣게 틀어놓는데 가끔 그 작은 소리가 귀에 확 꽂힐 때가 있다. 20세기 음악의 여제라 불리는 나디아 불랑제를 알게 된 날도 그랬다. 라디오에서 첼로와 피아노가 함께하는 짧은 연주곡이 흘러나왔다. 샘물같이 흐르다가 바다처럼 깊어지는 선율, 작곡가는 나디아 불랑제라고 했다. 처음 듣는 이름이었다. 유명한 작곡가 아스토르 피아졸라의 스승으로 이 선생님 덕에 피아졸라가 탱고 음악의 세계를 펼칠 수 있었다고 한다. 게다가 에런 코플런드, 레너드 번스타인, 존 엘리엇 가디너, 필립 글래스……(숨이 차서 여기까지만) 등등의 음악가들이 모두 그의 제자란다.

그 유명한 음악가들을 가르친 선생이 여성 음악가였다고?

375

호기심이 동했다. 도대체 어떤 사람이기에 이런 음악가들을 길러냈는지, 작곡한 곡도 나쁘지 않은데 왜 그만두고 음악 선생이 됐는지 궁금했다. 자신의 선택에 후회는 없었는지도. 다행히 궁금증에 답해줄 책이 있었다. 클래식의 거장들을 영상에 담아온 브뤼노 몽생종이 불랑제가 세상을 떠나기 일 년 전까지 5년간 나눈 대화를 모아 펴낸《음악가의 음악가 나디아 불랑제》다. 200쪽 남짓한 책을 천천히 오래 읽었다.

모든 걸 언어로 생각하는 나와 달리 불랑제는 아잇적부터 "단어보다 음표로 먼저 생각하는" 사람이었다. 나와는 전혀 다른 사람을 이해하려니 독서가 느려진다. 무엇보다 구십 평생 한 가지 일에 성심을 다한 사람이 보여주는 깊이에 압도돼 책장이 쉬 넘어가지 않는다. 일테면 그가 "공부를 많이 하긴 했어도 최선을 '다'한 적은 없었어요. 이 '다'라는 것에 가까워지려 애쓸 때 비로소 모든 슬픔과 상실감에도 불구하고 마음속에 기쁨이 샘솟을 수 있겠죠"라고 말할 때, 나는 눈을 감을 수밖에 없었다. 세 살 때 음악을 시작해 92세로 생을 마칠 때까지 오롯이 음악에 헌신한 사람이 '최선을 다한 적이 없다'고 하는 걸 보며, 너무 오래 '다함'을 잊고 살았음을 깨달은 까닭이다.

최선을 다한다고 하면 흔히 어떤 목표를 성취하거나 한계를 극복하고 나아가는 것이라 여긴다. 한데 불랑제에게 최선을 다한다는 건 주의를 기울이는 것이었고, 이것은 어머니의 평생 가르침이었다. "주의를 '좀' 기울이는 게 아니라 할 수 있는 한 '다' 기울이라"라는 어머니 말씀을 불랑제는 자신의 학생들에게 고스란히 전수했다. "주의를 기울이지 않고 행동하는 사람은 자기 삶을 잃는 셈"이니, 주의를 기울여 자신과 타인을 제대로 봐야 한다고 강조했다.

선생의 눈치를 보는 학생에게 "네가 원하는 게 뭔지 나는 몰라. 내가 모르는 한, 너는 내게 음악적으로는 없는 사람이나 다름없어" 하고 말한 것도 그래서였다. 냉정한 말이지만 그건 당당히 스스로를 찾으라는 격려였다. 물론 자신을 아는 게 늘 기쁨은 아니다. 한계와도 직면해야 하니까. 하지만 한계가 곧 좌절은 아니다. 그는 작곡가로서 한계를 깨닫고 교사의 길을 택했지만 그걸 실패로 여기지 않았다.

"음악에서도 저는 세상의 한계란 한계는 다 갖고 있어요. 제가 모르는 게 뭔지 저는 압니다. 하지만 그나마 제가 탄탄한 바탕 위에 서 있는 것은, 누군가가 저로 하여금 진짜로 듣고 제대로 경청하도록 이끌어주고 도와주고 허용해준 덕분입니다."

그래, 이제라도 세상의 소리를 경청하고 나 자신의 소리에 귀 기울이자. 듣고 응시하고 경청하고 보는, 기본부터 배우자. 90년은 몰라도 9개월, 아니 9일이라도, "모든 원천에 귀 기울이고 모든 호흡에 마음을 주는" 나디아 불랑제 같은 사람으로 살아보자, 쫌!

천천히 나는 펜과 종이를 쥐고
보이지 않는, 태어나지 않은 타인들을 위한 시를
지었다.

p.85

한 여자가 자기 삶의
진실을 말한다면

뮤리얼 루카이저,
《어둠의 속도》

에이드리언 리치가 "내 시를 쓰고 내 삶을 살아가는 투쟁
과정에서 가장 필요한 시인"이었다고 기린 시인이 있다. 뮤리얼
루카이저. 미투운동이 한창일 때 숱한 이들의 가슴을 친 문장,
"한 여자가 자기 삶의 진실을 말한다면 어떤 일이 일어날까?/
세계는 터져버릴 것이다"라는 시구를 쓴 시인이다. 그의 시를
제대로 읽고 싶었는데 (고맙게도) 대표작 《어둠의 속도》가 번역돼
나왔다. 50편의 시를 읽고 또 읽었다. 이해하기 힘들어서이기도
했지만, 그보다 시에 계속 읽게 하는 힘이 있었다. 구체적인
삶에서 나온 언어들, 거기 담긴 간절한 기원이 마음을 움직였다.

스물한 살 때 '예일젊은시인상'을 받으며 화려하게 데뷔한
루카이저는 평생 사회적 차별과 독재, 전쟁에 맞서 싸운 투사
시인이었다. 초기작 〈어린 시절로부터의 시〉에서 "경험을

들이마시고 시를 내쉬어라" 하고 썼듯이, 그는 언제나 자신이
겪고 느낀 것을 토대로 작업했다. 시의 존재 이유를 묻는《시의
생애》는 스페인 내전의 현장에서, 걸작《사자의 서》는 산업재해로
고통 받는 광부의 현실에서, 생애 마지막 시집《문》은 김지하
시인의 석방운동에서 나온 것이었다. 그러니 베트남전쟁이
한창이던 1968년 출간된《어둠의 속도》가 시종일관 반전을
노래한 것은 당연한 일이었다.

　반전을 '노래한다'는 말이 이상할지 모르나, 책에 실린 여러
편의〈노래(Song)〉시가 보여주듯이 시인은 반전을 외치지
않고 노래한다. 그 노래는 스페인 강변과 베트남 숲속에서
죽은 자들이 부르는 노래이며, 전쟁 같은 삶에 의해 끊어지는
노래다. 오르페우스가 그랬듯 시인은 본래 노래하는 자이기에,
루카이저는 이 노래를 기억하고 이어부르는 것을 자신의 책무로
삼는다.

　그러나 그가 부르는 노래는 이제까지 시인들이 배워 부르던
노래가 아니다. 시집을 여는 첫 시에서 그는 "가면은 이제 그만!
신화는 이제 그만!"이라고 선언한다. 신화적 권위에 기대지 않고
자신의 기억, 자신의 언어로 새로운 노래를 부르겠다고 다짐한다.
이 다짐을 이루기 위해 그는 길가의 "작은 돌멩이"와 "화염을
비처럼 맞는 어린아이들"과 "치아파스의 굶주린 여자들"에게 귀
기울인다. 자신처럼 "전쟁들 사이에 생이 붙잡혀" 괴로워하면서도

끝내 고통 받는 이들의 얼굴을 외면하지 않았던 케테 콜비츠의 생에 귀 기울인다. 그리고 이들에게서 지상의 모든 존재가 들려주는 푸가의 선율을 듣는다. 되풀이하며 나아가는 푸가는 세상 만물이 하나이며 너의 죽음과 나의 삶이 하나임을 들려주는 유대(紐帶)의 노래다.

루카이저는 자신도 당대의 전쟁에 책임이 있음을 안다. 오랜 차별과 폭력의 역사에 물들지 않은 새로운 언어를 꿈꾸지만 자신의 부리는 굽었음을 안다. 그래도 침묵하지 않고 목소리를 낸다. "우주는 원자가 아니라 이야기들로 이루어져" 있으며, 푸가는 "아직 태어나지 않은 목소리"를 위한 마중물 같은 노래, 새롭게 변주되며 풍부해질 음악이기 때문이다. 그리하여 그는 자신의 "굽은 부리"로 부를 수 있는 가장 아름다운 노래를 부른다.

"삶이란 안내자./ (⋯) 나, 나쁜 엄마는/ 약속한다/ 태어나는 데는 여러 방법이 있음을./ 그 모든 방식에는/ 각자의 기품이 담겨 있다."

그의 노래처럼, 어떤 모양으로 어떻게 태어났든 모든 존재에는 각자의 기품이 담겨 있다. 그 기품을 기억한다면 세상이 조금은 덜 사나워지리라.

세상 사람들에게 말하는 거야. 성범죄의 가해자든 피해자든, 영혼 없는 괴물도 아니고 파손된 물품도 아니라고. 그냥 사람이라고. 불완전하고 흠이 있더라도 너나 나처럼 직업과 배경과 신념을 가진 그런 인간이라고.

p.293

용서하고 용서받기 위한
긴 여정

토르디스 엘바, 톰 스트레인저,
《용서의 나라》

'미투'의 목소리가 한국 사회를 뒤흔들었다. 되살리고 싶지
않은 기억을 증언하는 피해자들의 목소리에 그들의 용기를
지지하는 목소리들이 더해지고, 정부도 권력형 성폭력에 대한
처벌을 강화하겠다는 내용의 대책을 내놓았다. 긴 시간 홀로
고통스러웠을 이들을 생각하면 그나마 다행이지만, 그렇다고
세상이 쉬 바뀔 거라고 낙관할 수는 없다. 정부 대책에
선행되어야 할 법 개정은 물론이요, 성폭력을 '관행'으로 여겨온
성차별적 의식과 문화를 바꾸는 것은 한 번의 운동으로는 힘든
지난한 과정일 것이다.

　비관의 근거는 가해자와 주변 사람들의 반응에서도 찾아볼 수
있다. 의도하지 않았고 기억도 잘 나지 않지만 상처를 입었다면
미안하다, 연애였고 합의 하의 관계였지 폭력은 아니었다, 상심한

가족과 국민에게 미안하다, 그는 그런 짓을 할 사람이 아니다, 그렇게 오래된 일을 그처럼 또렷하게 기억하다니 피해자의 말을 믿을 수 없다 등등.

　그들 모두가 거짓말을 한다고는 생각지 않는다. 실제로 그들은 기억하지 못할 수 있고, 연애를 하고 합의를 했다고 생각했을 수 있다. 그리고 그들은 인간적으로 매력적이고 많은 이들에게 좋은 사람일 수 있다. 미투가 일깨우는 것은 극악한 괴물이나 변태 같은 인간이 성폭력을 저지르는 것이 아니라, 피해자와 마찬가지로 상식적인 인간이 그런 범죄를 범죄인 줄도 모르고 저지른다는 사실이다. 누구나 성폭력의 가해자/피해자가 될 수 있기에 무서운 것이고, 그래서 우리 모두가 이 사태를 사회구조적인 문제로 바라봐야 한다는 걸 미투의 증언은 보여준다.

　미투가 시작되었을 때 나는 피해자와 나를 동일시했고 그들의 아픔을 안다고 생각했기에 주저 없이 지지했다. 나 역시 학교에서 일터에서 거리에서 성추행을 당해왔고, 제때 제대로 대응하지 못한 스스로를 탓하며 모멸감을 느껴왔기에. 그러나 아이슬란드의 작가이며 성폭력 피해자인 토르디스 엘바가 가해자인 톰 스트레인저와 함께 쓴 《용서의 나라》를 읽으며 처음으로 나 역시 성폭력에 대해, 피해자의 아픔에 대해 제대로 모르고 있었고, 그래서 그들과 나 자신에게 2차 피해를 입히고 있었음을 깨달았다. 쓰디쓴 깨달음이었고 그만큼 괴로운 독서였다.

토르디스는 16세 때 호주에서 온 톰을 만나 사랑에 빠진다. 둘은 행복 속에 사랑을 나누지만, 그 기억이 채 가시기도 전에 토르디스는 톰에게 강간당한다. 그 충격으로 모범생이었던 그는 섭식장애와 알코올중독에 시달리고 스스로를 자해하며 몸부림친다. 그리고 9년이 지나 토르디스는 톰에게 편지를 보낸다. 지우고 싶었지만 지울 수 없었던 그날에 대해 쓴 편지였다. 이후 8년간 둘은 300통의 메일을 주고받으며 그날의 끔찍한 기억에 대해 이야기한다. 그리고 16년 만에 케이프타운에서 얼굴을 맞대고 용서를 모색한다.

이미 첫 편지에서 사과한 톰이 왜 8년이나 편지를 계속하는지, 왜 두 사람이 용서하고 용서받기 위해 그 먼 아프리카까지 힘든 여정을 감행하는지 궁금하다면 책을 읽어보라. 어설픈 사과와 용서에 자족하지 않은 두 사람의 분투가 이룬 진경을 마주하면, 뜨거운 눈물과 함께 우리가 무엇을 위해 왜 싸워야 하는지, 왜 자기연민을 넘어 그의 고통을 직시해야 하는지 알게 된다. 인간이 된다는 것은 참으로 어렵지만 참으로 벅찬 일임을 깨닫게 된다.

기억나지 않는 죄로 단죄당하는 게 억울하다면 이 책을 읽기 바란다. 자신이 무엇을 잃었고 잊었는지 기억날 것이다.

지금 내 삶은 선인장의 삶이다. (…) 나를 보호해주던 가시조차 뽑혀 피가 뚝뚝 흘러내린다. 선인장을 그대로 놔두어 주었으면 좋겠다. 왜 사막에 사는지도 모른 채 열심히 살아왔는데 그 삶마저 위협하는 행위들을 이제는 멈춰주었으면 좋겠다. 어느 날 폭행을 당했고, 살기 위해 도망쳤고, 살아내려 노력할 뿐이다. 그게 디디.

p.266

나는 삶을 포기하지 않았다

**김지은,
《김지은입니다》**

유력 대선주자의 성폭력을 고발해 세상을 놀랜 김지은이 책을 썼다. 제목은 거두절미하고《김지은입니다》. 서점에서 한참 망설이다가, 힘든 싸움을 잘 버텨준 저자에게 미안함과 고마움을 전하고 싶어서 샀다. '좋아요'를 누르는 마음이랄까.

　책은 샀으나 읽고 싶지는 않았다. 자세한 사정은 알고 싶지 않았고, 아니 안다고 생각했고, 무엇보다 내 것이든 남의 것이든 상처를 보는 건 괴롭다. 괴로운 건 질색이다. 하기 싫은 숙제를 해치우듯 버스 안에서 설렁설렁 책장을 넘겼다.

　세상을 향한 두 번째 말하기를 결심했다. 살기 위해 선택했던 첫 번째 말하기가 극심한 고통을 주었기에 한참을 주저했다. (…) 글을 쓰는 동안, 적어도 그 시간만큼은 외롭지 않았다. 나를 묵묵히 지지해주는 누군가와 나긋이 대화를 나누는 기분이었다.

  눈시울이 뜨끈했다. 혼자 백지를 채워나갈 때 비로소 안심이
되던 시간이 내게도 있었기에 그의 고독이 손에 잡힐 듯
다가왔다. 처음으로 그가 궁금했다. 김지은은 어떤 사람인가?
어떤 사람이기에 "여성의 역할은 침묵을 지키는 것"(바울로)이라고
가르쳐온 이 세상을 향해서 한 번도 아니고 두 번씩이나 말할
용기를 냈을까?

  당찬 투사를 상상하며 읽었다. 아니었다. 갑작스러운 미투
소식을 들은 지인들이 '오죽하면 그랬겠냐'고 이해하며 걱정했을
만큼, 그는 잘 참고 배려하는 사람이었다. 큰소리를 내기는커녕
큰소리로 이름이 불렸다고 울음을 터뜨리던 소심한 아이였다.
그런 사람이 두려움을 무릅쓰고 세상에 나선 것은, 후배가
자신 같은 피해자가 될 수 있다는 사실 때문이었다. 심신이
무너져내리는 제 고통도 고통이지만, 자신이 침묵하면 범죄가
계속되리란 사실에 용기를 냈던 것이다.

  "나의 상처는 어떻게든 숨기고 가릴 수 있겠지만, 멈추지 않는
범죄를 방조하며 살 수는 없었다."

  자신의 상처에만 마음을 쓰고, 상처 입지 않으려 침묵으로
범죄를 묵인하고, 남들도 다 그런다고 강변하는 세상에서, 그는
피해자보다 방관자로 사는 게 더 괴롭다고 말한다. 고발 이후 2차,

3차 가해가 이어지는 죽음 같은 시간, 제 손으로 제 몸을 때리고 자학하며, "제발 누군가 이 분노가 멈출 수 있게 '이해해. 공감해. 동의해' 하고 말해줬으면 좋겠다"라고 애원하면서도 그는 타인을 염려했던 것을 후회하지 않는다. 오히려 함께하겠다는 약속을 후배에게 지킬 수 있었음에 안도하고, 다른 피해자와의 연대를 배웠음에 감사한다.

그에게 왜 피하지 않았냐고, 왜 진즉 그만두지 않았냐고 묻는 이들이 있다. 그러나 범죄 사실을 처음 알린 날부터 대법원에서 범죄가 최종 인정되기까지 554일의 기록을 읽고 또 읽으며 나는 묻고 싶었다. 김지은 씨, 당신은 어떻게 이처럼 성실한 민주주의자가 될 수 있었나요? 당신은 어떻게 사막 같은 환경과 운명을 원망하는 대신 뜨거운 눈물로 초록을 일구는 선인장이 될 수 있었나요? "오랫동안 외면했던 고통을, 늦었지만 나는 진심으로 멈추고 싶었다. 미투를 했고, 삶을 포기하지 않았다"라고 말하는 당신의 그 힘을 배우기 위해 나는 지금 무엇을 해야 할까요?

단호하되 너그러운 그는 기다려줄 것이다. 부끄럽게 나이만 먹은 선배가 사막에 뿌리를 내릴 때까지. 그래서 나는 지치지 않고 나아갈 작정이다. 그래야 한다.

긴 세월을 살아온 생명체들을 찾아 십 년 동안 세계 곳곳을 다니면서 나는 필멸에 대해 생생하게 느끼게 됐다. 영원의 광대함에 직면할 때면 한 인간의 인생이 얼마나 짧은지 즉각적으로 와 닿았고, 동시에 분자처럼 작지만 계속해서 이야기를 풀어내는 순간들과 연결됨을 느낄 수 있었다.

p.31

필멸에 대하여

**레이첼 서스만,
《위대한 생존》**

모두가 떠나는 계절, 텔레비전에선 하루 종일 근사한 이국의
풍광과 먹거리를 보여주고 여행객들로 붐비는 공항을 중계한다.
아, 나도 뜨거운 햇볕과 숨 막히는 대기를 피해 떠나고 싶다.
하지만 이산화탄소를 다량 배출하는 비행기 여행은 갈수록
더워지는 이 땅을 더욱 뜨겁게 만드는 요인임을 기억한다.
텔레비전을 끄고 도서관으로 간다. 지구를 지키면서 더위에 지친
심신도 지키는 가장 쉬운 방법이 거기 있다.

  과연, 시원한 도서관에 들어서자 땀 젖은 몸이 개운해진다.
이제 마음을 시원하게 할 책만 찾으면 된다. 서가에 빼곡한
책들 사이로 책 한 권이 툭 튀어나와 있다.《위대한 생존》이란
사진집이다. 슬쩍 책장을 넘기다 사로잡히고 만다. 보기만 해도
몸이 차가워지는 '남극 바다와 송어의 피'로 시작해 어쩐지 가슴이

뭉클해지는 '섀클턴 묘 앞의 코끼리바다표범'까지, 처음부터
끝까지 어디서도 본 적 없는 독특한 풍경이 가득하다. 도대체
무엇을 찍은 건지 정체를 알 수 없는 사진도 많다.

이 모두는 사진작가 레이첼 서스만이 십 년 동안 과학자들과
협업해 찾은 '세상에서 가장 오래 살아남은 것들'이다. 얼마나
오래 살았느냐면, 적게는 2천 살에서 많게는 60만 살이나 되었다
한다. 2천 년이든 60만 년이든, 100년을 살기 힘든 인간으로선
상상이 안 되는 시간이다. 상상하기 힘든 것은 막막한 시간만이
아니다. 그린란드의 지의류가 100년에 1센티미터씩 자란다거나,
남극너도밤나무가 1억 8천만 년 전 추위를 피해 남극에서
북쪽 호주로 '이주'해 왔다는 이야기는 읽어도 믿기 어렵다.
또 트리니다드 토바고 바닷속에 있는 뇌산호와 지상에서 가장
건조한 아타카마 사막에 있는 야레타는 아무리 봐도 둥근 바위나
초록 조형물 같아서 생물체에 대한 내 모든 상상을 뛰어넘는다.

그뿐만이 아니다. 숲처럼 보이지만 전체가 한 그루인 사시나무
판도(8만 살), 땅속에 몸통을 숨긴 채 붉은 대지에 잡초 같은
잎들만 드러낸 아프리카의 지하 삼림(1만 3천 살), 메마른 사막
위에 말라비틀어진 화초처럼 드러누운 웰위치아(2천 살) 앞에선
나무에 대한 기존의 지식이 먼지처럼 흩어지고, 5068년을 산
브리슬콘 소나무가 "극단적인 조건에도 '불구하고' 생존해온 것이
아니라 극단적인 조건 '덕분에' 생존했다"는 사실은 생존에 대한

상식을 뒤흔든다.

서스만이 아시아, 아메리카, 아프리카, 유럽, 호주, 남극의 산, 들, 바다, 사막을 오가며 찾아낸 30종의 최고령 생물들은 이렇게 내가 알고 믿고 그리던 지식과 상식과 상상을 넘어 전혀 새로운 미지의 세계로 나를 데리고 간다. 그들을 보며, 서스만이 그랬던 것처럼 나도 놀라고 겁먹고 감동한다. 그리고 무엇보다 내 무지를 절감한다.

동네 도서관 한구석에서 나는 지구의 오랜 침묵을 듣고, 내가 모르는 지극한 아름다움을 본다. 이 이상의 여행이 있는가. 이 여행이 계속될 수 있도록 나는 그들이 나보다 오래 살기를 기도하며 내내 이 뜨거운 도시에 기꺼이 남을 것이다.

너는 피멍이 든 채 떠날 것이다.
너는 피멍이 든 채 떠날 테지만
이것이 네게 시를 주리라.

p.222

너는 피멍이 든 채로 떠날 것이다

이르사 데일리워드,
《뼈》

경자년은 지독히 힘들었다. 정초부터 병이 나고 얼굴이 깨지고 구설에 시달리더니 일 년 내내 갖은 일이 이어졌다. 코로나19로 보고픈 사람은 볼 수 없는데 왜 듣고 싶지 않은 말, 겪고 싶지 않은 일들은 거리두기가 안 되는지…… 어느 때보다 사람의 다스한 위로가 간절한 시간, 한 문장을 만났다.

"시련을 감내하라, 그게 너의/ 천부인권이니까./ 너 자신과 싸움을 벌여라. 나쁜/ 싸움을 하라."《그들이 묻거든》

괜찮아, 라는 말보다 훨씬 위로가 되었다. 머리에서 나온 말이 아니라 가슴 저 밑바닥, 뼛속 깊이에서 새어 나온 신음 같은 계명이 자기연민에 빠져들던 나를 깨웠다. 투정 부리지 마, 제대로 살아.

다정한 충고를 건넨 이는 젊은 흑인-여성-퀴어-시인 이르사

데일리워드. 근사하게 편집된 이미지들이 각축하는 인스타그램에
단지 텍스트를, 그것도 "이해하려면 이십 년이 걸리고 간이
망가지는 것들"을 쓴 텍스트를 올려서 15만 명의 공감을 끌어낸
이다. 인스타그램이 그런 공간이었나 잠깐 놀라다 이내 고개를
끄덕인다. 아름다움이 주목받는 게 인스타그램이라면, 그의
언어는 눈이 시릴 만큼 아름다우니까.

　　그러나 누군가는 말도 안 된다고 할 것이다. ""울지 마/
좀 있으면 너도 좋아할걸"이라고 말한/ '하나'로부터.// (…)
몸을 내주는 건/ 힘든 일인데/ 너는 정말 잘한다고 말하는
'다섯'"(《뼈》)과 같은 문장이 어떻게 아름답냐고 할 것이다. 더구나
그것이 시인의 '뼈'에 새겨진 '끔찍한' 자기 이야기라면, 그런
문장과 그걸 사는 삶에 무슨 아름다움이 있느냐고 반문할 것이다.
그러나 "진실은 아름다움이다, 예쁘건 예쁘지 않건."

　　처음 읽었을 때 이 시의 문장은 내게 절망이었다. 왜냐면
데일리워드를 읽으며 비로소 나는 내 언어가 왜 아름다움에 이를
수 없는지 깨달았기 때문이다. 통절한 진실로 지극한 아름다움을
보여주는 그의 시를 읽으며, 나는 내가 진실하지 않다는 것,
진실을 감당할 용기가 없다는 것, 제대로 살려고 쓰기 시작했는데
제대로 살지도, 당연히 제대로 쓰지도 못하고 있다는 것을 알았다.
울고 싶은 진실이었다. 나는 책을 덮고 눈을 감았다.

　　그러나 눈뜨기 싫은 아침이 지치지도 않고 이어질 때, 나를

이불 밖으로 나오게 한 것은 다시금 그의 문장이었다.

"기도로 해를 끌어내리며/ 나중을 기하고 있다면,/
그 빌어먹을 침대에서 나와라.// (…) 여기서 네 복무기간을/
채워라/ 형기를 채워라.// (…) 보라, 그들이 네 발목을 잡은 적은
없다./ 너였다, 너뿐이었다."《정신건강》

우울과 절망의 삽질을 날려버리는 준엄한 처방이 나를 깨웠다.
내 게으름은 변명의 여지가 없구나, 인정할 수밖에 없었다. 그것이
시작이었다. 똑같은 하루를 시작하는 시작. 이 하루가 저물 때
내 삶이 조금도 나아지지 않고 오히려 더 나빠질 수도 있음을
알면서도, 나는 하루를 시작할 수 있게 되었다. 거기 무슨 희망이
있느냐 묻고 싶다면, 세상에서 가장 아름다운 사람이 '마침내'
찾아낸 문장을 읽어보라.

오늘은 남은 날들의
첫날이다.
물론 또 다른 첫날들이
오겠지만
꼭 이런 날은 오지 않으리라.
-〈단퀴에스(마침내)〉

새날을 시작하는 데 이것이면 충분하지 않은가.

그들에게 접근하기가 더 어려웠던 이유는 성별에 따른 전통이 아예 존재하지 않기 때문이었다. 이곳에는 무엇이 '남자답고' 무엇이 '여자다운'지를 규정하는 일반적 기준이 전혀 없었다. 제프가 사모하는 여인의 손에서 과일 바구니를 빼앗으며 "여자는 짐 같은 거 드는 거 아니에요"라고 말하면, 셀리스는 진신으로 놀라며 물었다. "왜요?" 그는 "여자가 더 약하니까요"라고는 차마 말하지 못했다. 그녀는 그렇지 않기 때문이다.

p.152

페미니스트가 꿈꾸는
유토피아

**샬럿 퍼킨스 길먼,
《허랜드》**

영미 작가들의 단편을 모은 《그녀들의 이야기》를 보다가 샬럿
퍼킨스 길먼에 꽂혔다. 전에 그의 대표작 〈누런 벽지〉를 읽었을
땐 암담한 느낌이었는데, 이번에 읽은 〈변심〉은 통쾌한 반전으로
가슴속 미세먼지를 날려버린다. 내친김에 장편 《허랜드》도
읽는다. 《이갈리아의 딸들》 같은 여성주의 작품에 영향을 준
페미니즘 유토피아 소설의 고전이라니 호기심이 동한다.

이야기는 미국 청년 세 명이 여자들만 사는 나라,
허랜드(Herland)를 찾아가는 것으로 시작한다. 그들은 "완벽한
도로", 능률적으로 관리된 "천국 같은 나라"를 보고 남자의 존재를
확신한다. 하지만 지난 2천 년간 이 나라에 남자는 한 명도
없었단다. 그럼 아이는 어떻게? 아버지 없이 어머니 혼자 낳지요.
세 남자가 "처녀 출산"이라며 놀라자 허랜드 사람이 되묻는다.

"처녀는 뭐죠? 수컷에게도 해당되는 말인가요? 그리고
아버지에게서만 태어나는 생물도 있어요?"

하하하! 절묘한 비틀기에 웃음이 터진다. 여자 혼자 아이를
낳는다니 말도 안 되는 상상이라 할지 모른다. 한데 이런 상상이
2천여 년간 신앙이란 이름으로 유지되고 처녀 출산이라는 '말도
안 되는 말'까지 만들어낸 걸 생각해보라. 상상은 웃기기라도
하지만 현실은 웃기지도 않는다. 길먼은 '허랜드'를 통해 이
웃기지도 않는 현실을 풍자한다.

허랜드에는 남자 말고도 없는 것이 많다. 전쟁이 없고, 왕도
사제도 귀족도 소음 공해도 없으며, 무엇보다 경쟁이 없다. 그들
모두는 "자매였고 협력을 통해 함께 성장했다." 경쟁에 길들여진
남자들은 "경쟁이야말로 노동의 원동력"이라고 역설하지만
허랜드인들은 이해하지 못한다. 경쟁이 없어도 어머니가 자식을
위해 일하듯이, 허랜드는 서로를 위해 일하는 게 즐거워서 일하는
사회였으므로.

"모든 사람이 어머니가 되거나 어머니가 될" 허랜드에서
모성은 최고의 가치이며 아이는 가장 소중한 존재다. 가족도
없고 성(姓)을 물려주는 일도 없는 이곳에서 아이는 나면서부터
한 인간으로 대접받는다. 온 사회가 아이들의 육아실이자
놀이터이며 모두가 어머니로서 기쁨과 책임을 나눈다. 그러니
위험한 세상으로부터 아이를 보호하려 애쓰거나 자기 아이만

챙기는 엄마는 여기 없다.

허랜드의 모성은 제 가족만 보듬고 챙기는 기존 사회의
모성과는 전혀 다르다. 생명을 살리는 모성애는 자매애와 결합해,
페미니즘과 사회주의가 결합한 공동체 사회를 낳는다. 이것이
바로 지난 세기의 작가가 꿈꾼 유토피아다.

하지만 이 유토피아에도 그림자는 있다. 당대에 유행한
우생학이다. 빼어난 지성과 재기발랄한 상상력의 작가도 시대적
한계에서 완전히 자유롭지는 못했던 것. 그러나 1915년에 그가
풍자했던 가부장 사회의 모순이 지금도 여전한 걸 보면 작가의
한계를 운운하기도 민망하다. 백 년 전 그는 새로운 상상으로
시대를 넘으려 애썼건만 우리는 아직도 그 한계 안에 머물러
있으니 말이다.

《허랜드》를 읽고 〈누런 벽지〉를 다시 읽었다. 결말이 다르게
읽힌다. 집안에 가만있으라는 의사의 처방에 미쳐버린 여자
대신, 미칠 지경이 되어서도 탈출을 시도하는 여자가 보인다.
그것은 길먼 자신의 이야기였다. 치료란 이름으로 모든 지적인
활동을 금지당하고 신경쇠약에 시달렸던 그는, 마침내 집을 떠나
글쓰기로 스스로를 치유하고 여성을 정신병자로 만드는 가부장적
억압을 고발했다. 〈누런 벽지〉가 그 출발이라면 《허랜드》는
목적지였으니, 자신의 삶에서처럼 작품에서도 끝까지 이상을
추구한 작가가 말한다. 일어나, 다시 시작해!

모성뿐만 아니라 부성에도 사랑의 능력은 있어. 이걸 깨치면 전쟁보다는 평화를 부르짖을 수밖에 없지. 생태를 살리자고 할 수밖에 없어. 그래서 나는 희망이 있다고 봐.

p.14

모두가
사랑이었네

박정희,
《이이효재》

이이효재 선생이 돌아가셨다. 1924년 11월 세상에 와서 2020년 10월 4일에 떠나셨다. 분단사회학의 개척자, 1세대 여성학자, 군사정권에 맞선 민주화운동가, 호주제 폐지와 부모 성 같이 쓰기에 앞장서고 정신대문제대책협의회(정대협)를 통해 일본군 성노예제 문제를 국내외에 알린 여성운동의 대모……. 짧은 부고 기사가 다 담지 못할 만큼 더없이 꽉 찬 96년의 생애였다. 나는 그를 만난 적도 없고 잘 알지도 못하지만, 가시는 길에 인사 한마디 안 하는 건 이 땅에 사는 여성 후배의 도리가 아닌 줄 안다.

　이이효재란 이름만 알던 내가 그 존재에 눈을 뜬 건 돌아가시기 일 년 전 겨울에 열린 '이이효재를 말하다'라는 토크쇼를 보고서였다. 오랫동안 한국 사회의 원로들에 별 관심이 없다가 뒤늦게 철이 나서 부지런히 배워야겠다는 생각이 들었다. 그래서 당신을 볼 생각에 맹추위를 무릅쓰고 갔다.

지은희, 김금옥, 강인순 등 그에게 배우고 함께 활동한 이들이 자신이 아는 이이효재에 대해 이야기하는 자리였다. 노동운동의 대모 조화순 목사도 방청객으로 왔다가 두 분의 특별한 기억을 얘기해주셨다. 그 이야기들이 어찌나 놀랍고 재미있던지 주인공을 못 만난 아쉬움이 다 잊혔다.

사람들이 말하는 이이효재는 놀라움 자체였다. 사실 행사장에 들어선 순간부터 놀라긴 했다. 행사장 한편에 1960년대부터 그가 쓴 글과 활동을 보도한 신문 기사가 전시돼 있었는데, 평화·노동·협동조합·지역 등 주제가 너무도 넓고 다양해서 그를 여성운동가로만 알아온 게 민망했다(나중엔 그게 바로 페미니즘임을 알고 또 민망했다). 그가 분노하고 상상하며 제기했던 이슈들이 수십 년이 지나 당연한 현실이 되거나, 아직도 오래된 미래로 남아 있는 것을 보며 놀랍고 감사하고 부끄러웠다.

지인들이 뒷담화하듯 들려준 이야기는 더욱 흥미로웠다. 아흔다섯 나이에도 매일 대여섯 시간씩 책 읽고 공부하며 제자들에게 왜 공부 안 하느냐 야단을 치셨다는 얘기엔 정신이 번쩍 났고, 매일 아침 "남북이 화해하여 평화통일 이루자"라는 기도문을 백 번씩 외라고 제자들을 닦달했다는 말엔 웃음이 나면서도 뭉클했다. 그에게는 삶과 공부, 공부와 실천이 결코 다르지 않은 하나임을 실감했다. 분단사회학이라는 학문적 성과도, 정대협 같은 사회운동도 모두 머릿속에서 나온 것이 아니라 그의 삶에서 느낀 부채의식에서 비롯했다는 것도 새삼스러웠다. 삶이 던지는 문제에 답하기 위해 공부하고 실천하는 이들이 얼마나 적은지 아는 까닭이다.

돌아오자마자 작가 박정희가 그를 인터뷰하고 쓴 책 《이이효재》를 읽었다. 그의 삶을 더 깊고 자세히 알고 싶은 바람을 다 채울 순 없었지만, 그의 지행합일과 열정의 원천이 무엇인지는 분명히 알 수 있었다. 그것은 바로 사랑이다. 그는 이렇게 말한다.

> 일평생 내가 바라고 노력해왔던 모든 것들이 다 사랑이었음을 이제야 알겠다. 가부장제에 억눌린 여성들을 일으켜 세우는 것도, 여성을 차별하고 폭력을 행했던 역사를 바로잡는 일도, 정치적 독재가 힘없고 가난한 이들, 특히 더 취약한 여성의 희생 위에서 지탱되고 있기에 저항한 것도 모두 인간에 대한 사랑이었다.

그 간절한 사랑 덕분에 배우고 누린 것들이 많음을 이제야 깨닫는데 선생이 가셨다. 뒤늦은 감사 인사를 다짐으로 대신한다. 동서남북이 사랑하여 평화통일 이루자!

안다는 것은 상처받는 일이어야 한다고 생각한다. 안다는 것, 더구나 결정적으로 중요하기 때문에 의도적으로 삭제된 역사를 알게 된다는 것은 무지로 인해 보호받아온 자신의 삶에 대한 부끄러움, 사회에 대한 분노, 소통의 절망 때문에 상처받을 수밖에 없는 일이다. (…) 사랑하는 것은 상처받기 쉬운 상태가 되는 것이다. 상처받은 마음이 사유의 기본조건이다.

p.34

언어를 바꾸는
일

정희진,
《페미니즘의 도전》

인권운동가 이용수 씨의 기자회견[*] 이후 한동안 답답함과 무력감에서 헤어나지 못했다. 더구나 '군 위안부' 피해 생존자 쉼터를 지키던 소장의 비보가 전해진 뒤엔 아무 말도 떠오르지 않았다. 무슨 말을 하랴. 이 문제에서 눈을 돌려 익숙한 것, 감당할 수 있는 것, 덜 힘든 이야기를 하며 늘 그랬듯 피하고만 싶었다.

하지만 더는 그럴 수 없기에 막막한 심정으로 탁자 위의 책을 펼친다. 지난 한 달 시도 때도 없이 펼쳐보며 두 번 세 번 읽은 책,

[*] 2020년 5월 7일, 일본군 '위안부' 피해자 이용수는 기자회견을 열어 '일본군 성노예 문제 해결을 위한 정의기억연대'(정의연)와 전 이사장 윤미향의 활동 방식을 비판하고 성금 유용 의혹 등을 제기해 충격을 주었다. 검찰 수사와 보수단체의 집회가 밤낮없이 이어지던 6월 6일, 16년간 쉼터를 지킨 손영미 소장이 세상을 떴다. 2023년 2월 후원금 횡령 혐의 등으로 재판에 넘겨졌던 윤미향은 1심에서 대부분 무죄를 선고받았고, 1건의 유죄에 불복해 항소했다.

정희진의《페미니즘의 도전》이다. 나온 지 한참 된 책이다. 나도 오래전에 읽었는데 그때는 다 아는 얘기라고 생각했다. 어째서 그랬는지 모르겠다. 이번엔 뜻을 헤아리느라 거의 모든 문장을 읽고 또 읽었다.

책을 펼치자 머리말부터 밑줄 친 문장이 가득하다. 문장들을 읽는데, "의도적으로 삭제된 역사"를 되살려낸 이들은 고통을 겪고, 역사를 삭제했던 이들은 "불행을 경쟁"시키며 다시 삭제를 시도하는 오늘의 현실이 떠오른다. 그에 맞서 큰 소리로 읽는다.

"안다는 것은 상처받는 것이다. 상처에서 새로운 언어가 자란다."

이 문장이 나를 위로했듯 상처 입은 이들에게 위로가 되기를.

생각해보면 새로운 언어를 만들고 배우는 일, 더구나 막힌 귓구멍을 향해 말하는 일이 쉬울 리 없다. 그래도 "거의 모든 인간의 고통은 '말' 즉, 지배 규범을 내면화할 때 발생"하므로, 고통을 벗어나려면 새로운 언어로 말해야 한다. "언어는 차별의 시작이다."

그리고 언어를 바꾸는 건 차별을 금지하는 것보다 어렵다. 가령 나는 장애인차별금지법을 당연시했듯 장애인이란 말도 당연하게 여겼다. 한데 이 책은 장애인이란 말이 차별적임을 일깨운다. 장애/비장애, 정상/비정상을 가르는 절대적 기준이 없을뿐더러 구분할 필요가 없기 때문이다. 애초에 '정상'이라는 하나의 기준이

없다면, 늙으면 늙은 대로 병들면 병든 대로 각자 저마다의
조건에 맞춰 살 뿐, 굳이 장애인을 만들고 장애인 차별을 금지할
필요가 없는 것이다.

　여성/남성, 동성애자/이성애자, 흑인/백인의 구분도
마찬가지다. 사람은 한 가지로만 규정되지 않으며 그러길
바라지도 않는다. 더욱이 누가 피해자로 평생을 살고 싶겠는가.
피해자를 넘어 인권운동가로, 주체로 살고 싶었던 이용수 씨가
수십 년을 싸우고도 여전히 '순수한 피해자'임을 증명해야 하는
상황에 분노하는 건 당연하다. 하지만 분노할수록 그는 점점 더
'순진한 피해자'로 부각된다.

　지난 30년의 싸움에도 불구하고 "여성은 피해자일 때만
주체가 되는" 남성 중심 사회는 바뀌지 않았다. 침묵이 아니라
새로 30년을 기약해야 하는 까닭이다. 그 시작에 정희진의 책을
놓는다. 그가 안간힘으로 찾은 언어에서 우리의 기약을 이룰
희망을 본다.

죽음만큼 쉬운 일은 없다. 오히려 삶은 가혹하다. 삶은 어렵고 힘든 싸움이다. 삶은 학교에 다니는 것과 같다. 많은 숙제가 주어진다. 배우면 배울수록 숙제는 더 어려워진다. 가장 힘든 과제는 무조건적인 사랑을 배우는 것이다.

p.13

사람답게 살다가
사람으로 죽기

엘리자베스 퀴블러 로스,
《생의 수레바퀴》

오래 죽음에 관해 공부했지만 죽음이 뭔지는 모른다. 모른다는 사실을 깨달은 것으로 공부의 보람을 삼는다. 성급한 판단을 자제하게 되니까. 더 큰 보람도 있다. 삶의 소중함을 깨달은 것이다. 엘리자베스 퀴블러 로스의 자서전《생의 수레바퀴》같은 책을 읽으면 열심히 살고 싶어진다.

퀴블러 로스는 죽음학의 선구자로, 그가 1969년에 발표한 《죽음과 죽어감》은 이 분야의 고전이다. 세상엔 수많은 책이 있지만 세상을 바꾼 책은 극히 적다.《죽음과 죽어감》은 이 드문 책,《종의 기원》이나《자본론》처럼 우리 삶을 바꾼 극소수의 책 중 하나다. 죽어가는 환자 500여 명을 인터뷰하고 쓴 이 책 덕분에 세상은 비로소 죽음이 의료의 문제가 아닌 삶의 문제이며, 사람들이 어떻게 죽어가는지, 죽어가는 사람을 위해 무엇을 해야 하는지 알게 되었다. 환자를 대상화하는 의료에서 벗어나 환자 중심의 의학에 눈뜨게 되었다. 한마디로, 사람답게 살다가 사람으로 죽을 수 있게 되었다. 한 사람이, 책 한 권이 이런 변화를 열었다.

위인전을 읽고 인생의 좌표를 설정할 나이는 오래전에 지났다. 그래도 이런 어마어마한 일을 이룬 사람이 어떤 삶을 살았는지는 궁금하다. 혹시 그의 대단한 삶이 지리멸렬한 내 삶을 일신할 계기가 될지도 모른다. 그런 기대를 안고, 그가 일흔이 넘어, 여섯 차례의 뇌졸중 발작으로 남의 도움 없이는 살 수 없게 된 상태에서 온 힘을 다해 쓴 자서전을 읽기 시작했다. 결론부터 얘기하면, 책을 읽고 나는 잘 살기로 결심했다. 잘 살아야 한다, 살아야 한다, 끝까지 사는 것이 내 의무고 책임이다, 라고 받아들이게 되었다. 언제나 죽음을 하나의 선택지로 가슴에 품고 있던 내게는 무거운, 무서운 결론이었다.

"인간 존재의 본질은 단순히 살아가는 것에 있다"라는 저자의 말을 받아들인 건 그가 주장한 사후생을 믿어서가 아니다. 나는 그처럼 수호령과 대화하고 요정을 목격하고 유체 이탈을 경험한 적이 없다. 《죽음과 죽어감》이나 《죽음과 죽어감에 답하다》 같은 책에서 만난 그가 어떤 문제에든 명쾌한 답을 주는 스승이었다면, 자서전으로 만난 그는 믿을 수 없을 만큼 강하고 쉽게 이해하기 힘든 경험을 한 독특한 사람이었다.

그럼에도 나와는 퍽 다른 그의 인생 이야기가 나를 흔들었다. 세 쌍둥이의 맏이이자 900그램의 미숙아로 태어나서, 의사는 되지 말라는 부친의 말을 거역하고, 죽어가는 환자와 만나지 말라는 의사들의 말을 거부하고, 에이즈 호스피스를 하지 말라는 이웃들의 말을 듣지 않고, 오직 자기 내면의 목소리와 죽어가는 환자의 말에 귀 기울인 그의 뚝심과 활력이 나를 흔들었다.

나도 그처럼 펄펄 뛰는 생을 살고 싶었다. 비록 그는 열일곱 살에 이미 자신의 선택을 살기 위해 가족을 떠날 만큼 용기 있었고 나는 아직도 가족의 울타리를 벗어나지 못해 전전긍긍하는 형편이지만. 그래도 나는 그에게서 나를 보았고 희망을 읽었다. 여자라서 의심과 저항에 부딪혔으나 덕분에 문제를 새롭게 보게 됐다는 그의 말처럼, 어려움은 곧 성장의 기회임을 아는 까닭이다.

모든 사람이 고통에 의해 연결되고, 오로지 고난에 견디고 성장하기 위해 존재한다는 그의 믿음에 나는 기꺼이 고개를 끄덕인다. 그 믿음을 내가 잊지 않고 잃지 않기를 바라며, 어쩌면 있을지 모를 나의 수호령에게 기도한다. 부디 내가 주어진 숙제를 다 마치고 죽음이라는 "정말 멋진" 선물을 받을 수 있도록 도우소서.

보편적인 무지와 혐오의 시대에 트랜스젠더로
성장하는 것은 힘겹고 고통스러웠다. 나는 사람들이
덜 무지하고, 더 응원하고, 더 이해하는 미래의
세상에서는 이런 고통의 대부분을 예방할 수 있을
거라고 믿는다.

p.233

괴물이 되지 않기
위해

벤 바레스,
《벤 바레스》

책이 인생을 바꾸는지는 모르겠으나 생각을 바꾸는 건 분명하다. 프란츠 카프카가 말한 "얼어붙은 내면을 깨는 도끼" 같은 책을 만나면 이런 일이 일어난다. 십 년 전 그런 책을 만났다. 트랜스젠더 생물학자 조안 러프가든이 쓴《진화의 무지개》가 그것이다.

쉰두 살에 여성으로 성전환한 러프가든은 수많은 자료와 사례를 통해 다윈의 성선택 이론을 비판하고, 성역할에 관한 거의 모든 고정관념을 무너뜨린다. 나는 이 책을 읽고 비로소 동성애와 트랜스젠더가 비정상적인 예외가 아니라 동물계에서 흔히 볼 수 있는 '자연스러운 것'임을 알았다. 암수 성별은 고정불변이 아니며, 절반 정도의 동물과 대다수 식물이 일정 시기에 수컷이면서 암컷이란 사실도 알았다. 음경이 달린 암컷

점박이하이에나, 젖샘을 가진 큰박쥐 수컷, 다섯 개의 젠더를 가진 옆줄무늬도마뱀 같은 다양한 동물이 있으며, 전 세계에서 적잖은 사람이 여러 형태의 간성으로 태어난다는 것도 알았다.

사실을 알고 나니 '이성(二性)·이성애(異性愛)＝정상'이란 고정관념을 더 이상 유지할 수 없었다. 그때부터 동성애, 트랜스젠더 같은 성적 다양성을 자연스레 받아들이게 됐다. 이처럼 분명한 과학적 증거가 있으니 세상도 바뀌리라 생각했다.

십 년이 지났다. 그사이《진화의 무지개》는 절판됐고, 여남(암수)이라는 이분법으로 뭇 존재의 다양성을 부정하는 목소리는 줄지 않았다. 잘 벼린 도끼 같은 책도 얼어붙은 세상을 깨는 데는 역부족이구나, 답답해하던 그때《벤 바레스》를 만났다. 러프가든처럼 트랜스젠더 과학자인 벤 바레스가 암으로 세상을 뜨기 직전에 쓴 이 자서전에는 과학에 대한 열정과 사람에 대한 사랑, 과학계에 만연한 성차별에 대한 분노가 가득하다.

마흔세 살에 남성으로 성전환한 그는 자신의 경험을 토대로, 세상이 고집하는 이성애 중심주의와 남근중심주의를 향해 비판의 목소리를 높였다. 미국 하버드대학 총장 래리 서머스가 여성은 열등해서 이공계 교수가 못 된다고 했을 때, 바레스는 학술지《네이처》에 반박 글을 발표해 성차별을 공론화했고 끝내 서머스의 사임을 이끌어냈다.

그는 트랜스젠더 최초로 국립과학아카데미 회원이 될 만큼 인정받는 과학자였고 더는 여성도 아니었다. 주위의 눈총을 사면서 학계 성차별에 목소리를 높일 이유가 없었단 얘기다. 그러나 그는 "편견과 차별에 관한 한 우리 모두 괴물"이라며, 스스로 '괴물'이 되지 않으려 애썼다. 학회 내 성희롱을 근절할 대책을 마련했고, 여성을 강연자로 초청하지 않거나 여성에겐 과학상이나 연구지원금도 주지 않는 관행을 바꾸는 데 앞장섰다. 동료인 낸시 홉킨스가 그런 용기가 어디서 나오는지 걱정 섞인 질문을 하자 그는 말했다. "난 이런 일로 스트레스를 받지는 않아. 내가 스트레스를 받는 건 세상이 이렇게 불공평하다는 거야."

"보편적인 무지와 혐오의 시대에 트랜스젠더로 사는 것"은 내가 생각하는 것보다 훨씬 더 고통스러웠으리라. 하지만 그는 이를 통해 자신의 고통을 넘어 세상의 고통과 연대하는 힘을 키웠다. 그리하여 생의 마지막 순간, "훌륭한 인간이 되어 다른 사람을 돕고자 최선을 다했다"라고 당당히 말할 수 있는 삶을 살았다.

어떤 몸을 갖고 태어나느냐는 선택할 수 없지만 그 몸으로 어떤 인생을 사느냐는 선택할 수 있다. 벤 바레스는 자신과 타인을 돕기 위해 최선을 다하는 삶을 택했다. 인간이 할 수 있는 최고의 선택을 한 그를 어찌 존경하지 않으랴.

아이를 낳을지 여부는 여성의 인생과 행복과 존엄이 달린 문제다. 따라서 여성이 자율적으로 결정해야 한다. 정부가 이 결정을 통제한다면, 이는 여성을 자기 선택에 책임지는 성인으로 취급하지 않는 것이다.

p.120

악명높은 대법관은
"반대한다!"

아이린 카먼, 셔나 크니즈닉,
《노터리어스 RBG》

2021년 9월 세상을 뜬 미국 대법관 루스 베이더 긴즈버그는
말년에 진보·여성운동의 아이콘으로 떠올랐다. 젊은이들은
힙합 스타의 이름을 딴 "노터리어스 RBG"라는 별칭으로 부르며
그의 한마디 한마디에 열광했고, 그를 담은 굿즈와 패러디물이
넘쳐났다. 늙은 긴즈버그 대법관을 대중문화의 아이콘으로 만든
젊은 두 주역, 아이린 카먼과 셔나 크니즈닉의 책《노터리어스
RBG》는 이 열광의 일단을 보여준다.

　책에도 나오지만 그가 처음부터 이런 대접을 받았던 것은
아니다. 클린턴 대통령이 그를 대법관에 지명하면서 말했듯이
그는 "진보도 보수도 아닌 중도 성향"이었고, 한때는
페미니스트들로부터 격렬한 비판을 받기도 했다. 임신중절을
전면 허용한 1973년 대법원 판결(일명 '로 대 웨이드 판결')*을

비판했기 때문이다. 그는 사람들의 생각은 점진적으로 바꿔야 한다면서, 사회운동가와 입법부가 변화를 이끌기 전에 이런 판결을 내린 것은 성급하며 그만큼 역풍을 맞을 위험성이 크다고 주장했다. 심지어 보수 진영이 이 판결을 뒤집고 임신중절을 금지하려던 1993년에도 그는 판결의 "무모함"을 비판했다. 오랜 동료였던 페미니스트들은 배신감을 느꼈고 그에게 비판을 쏟아냈다.

그가 낙태에 반대했던 걸까? 혹은 사람들의 생각이 바뀔 때까지, 한국 정부가 내놓은 낙태죄 개정안에서처럼, 여러 단서를 달아서 천천히 '허용'해야 한다는 입장이었을까? 그러나 긴즈버그의 입장은 이런 식의 오해를 허용하지 않을 만큼 시종일관 분명했다. 그는 여성권익증진단을 창설하고 임신중절을 위해 싸우기 시작한 삼십대부터 여든일곱으로 세상을 떠날 때까지 단 한 번도 여성의 임신중지권을 부인하거나 유보한 적이 없었다. 대법관 인준청문회에서 "임신중절이 불가피한 경우가 아니어도 중절할 수 있는 권리가 주어져야 하나?"라는 질문을 받고 주저 없이 "결정권은 오직 여성에게 있다"라고 대답한

---

* 1973년 미국 연방 대법원이, 개인의 사생활을 존중하는 헌법에 의거해 낙태권을 인정하는 판결을 내린 것을 가리킨다. 낙태 합법화의 길을 연 기념비적 판결이자 가장 논란이 된 판결로 꼽히며, 지난 2022년 6월 보수 우위의 대법원에 의해 폐기되었다.

사람이었다.

그가 대법원 판결을 비판한 것은 '개인의 프라이버시'를
이유로 임신중절을 허용했기 때문이었다. 그는 가난한 여성은
임신중절을 선택하기 힘든 현실을 상기시키면서, 임신중절의
권리는 개인적 선택의 문제가 아니라 여성의 평등권 문제임을
분명히 했다. 또한 그가 말한 '점진적'이란 것도, '14주 이내' 등의
조건을 달아 낙태를 '허용'해야 한다는 의미가 아니라 모든 여성이
자유롭게 임신중절을 할 수 있도록 건강보험 같은 사회적 장치를
마련하는 것이 선언적 판결보다 선행돼야 한다는 뜻이었다.
2007년 보수화된 대법원에서 부분분만 낙태를 금지하자, 그는
대법원이 여성을 위하는 척하지만 "핵심은 여성의 '자기 운명에
대한 통제권'"이라고 말했다.

긴즈버그가 떠나고 한 달 뒤, 미국은 낙태에 반대하는 다국적
선언문에 서명했고, 같은 서명국 중 하나인 폴란드는 임신중지
전면 금지에 나섰으며, 한국 정부는 낙태죄 폐지를 권고한
헌법재판소의 결정을 뒤집는 개정안을 내놓았다. 긴즈버그가
살아 있다면 뭐라 했을까? 급진적인 판결의 후과라고 했을까?
천만에. 그이라면 철제 옷걸이를 들고 시위하는 폴란드 여성들과
연대하여, 여성의 운명을 통제하려는 미국과 한국 정부를 향해
"나는 반대한다" 하고 외쳤을 것이다.

우리가 욕심을 내지 않으면 우리 자손들을 무엇을
주어 살리잔 말이오? 우리가 비난을 받지 않으면
우리의 역사를 무엇으로 꾸미잔 말이오? 다행히 우리
조선 여자 중에 누구라도 가치 있는 욕을 먹는 자가
있다면 우리는 안심이오.

p.372

가치 있는 욕을 먹는다면
오히려 다행이오

나혜석,
《경희(외)》

'여자의 문장'에 나혜석을 빼놓을 수는 없다. 한국 역사에서 스스로 여성임을 천명하고 여성으로서 여성에 대해 여성을 위해 글을 쓴 첫째가는 이이므로. 그걸 알면서도 이 문제적 인간에 대해 말할 엄두가 나지 않아 지금껏 미뤄왔다.

그에 대해선 일찍부터 들어왔다. 소문 속의 그는 부잣집 딸로 태어나 그림이며 글이며 사랑이며 제 하고픈 일을 마음껏 한 자유주의자, 분방한 행보로 남의 입길에 오르내리다 행려병자로 눈 감은 기구한 여자였고, 나는 이런 그에게 별 관심이 없었다.

생각이 바뀐 것은 우연히 〈모(母) 된 감상기〉를 읽고서였다. 첫아이를 낳고 일 년 뒤에 쓴 글에는 임신 사실을 알았을 때의 당혹감과 두려움, "오장이 쏟아지는 듯"한 출산의 아픔, 잠 한숨 못 자는 육아의 괴로움이 적나라하게 담겨 있었다. 할 일이 많은데 임신해서 "너무나 억울하다"고 했고, 한시도 맘 편히 잘 수 없게 하는 "자식이란 모체의 살점을 떼어가는 악마"라고까지 표현했다. 출산과 육아, 모성에 관해서는 한결같이 기리고 상찬하는 말만 즐비한 세상에서 이미 백 년 전에 한 어머니가 이런 글을 썼다는 게 놀랍고 통쾌했다.

그때부터 작정하고 나혜석의 글을 읽었다. 1918년에 내놓은 단편 〈경희〉는 '조선 최초의 여성 서양화가'라는 수식어에 가려진 '소설가' 나혜석의 탄탄한 필력을 확인케 했고, 수십 편의 평론과 수필은 봉건적 가부장제에 맞서 자기를 실현하고 세상을 바꾸려는 여성 지식인의 강인한 의지를 보여주었다.

그럼에도 그의 글을 읽기는 쉽지 않았다. 혼외정사와 이혼의 전말을 고스란히 밝힌 〈이혼 고백장〉, "정조는 도덕도 법률도 아니요 오직 취미다"라고 선언한 〈신생활에 들면서〉 같은 글을 읽을 때면 긍정도 부정도 할 수 없는 난감함에 책장을 덮곤 했다. 다해야 500쪽짜리 책 한 권인 그의 전집을 읽는 데 거의 십 년이 걸린 까닭이다. 그 시간 동안 내가 느낀 불편함이 그의 파격적 행보나 과감한 솔직함 때문이 아니라, 내 안에 똬리를 튼 질기고 오랜 가부장적 사고 때문임을 이제 나는 안다.

오늘 다시 나혜석을 읽으며 나는 내가 일찍이 배우고 마땅히 해야 할 말을 발견한다. "임신은 여성의 거룩한 천직이며 그리 편한 일이 아니"라고 가르치는 남성 지식인에게, "알지 못하는 사실을 아는 체하는 것"이야말로 용서할 수 없다고 일갈한 것. 사랑은 육체가 아닌 영혼의 결합이라는 모윤숙을 비판하면서, 영육은 하나요 이성과 육체를 구분하는 것은 관념론에 불과하다 한 것. 거기에 남자가 벌어오는 것만 인정하고 여성의 가사일은 무시하는 성별 분업 사회가 잘못이라 주장한 것까지, 새겨야 할 말들이 한둘이 아니다.

　스물한 살 때 그는 가치 있는 욕을 먹는다면 오히려 다행이라며 세상 밖으로 나가겠다고 선언했다. 예상대로 그는 욕먹고 망신당하고 스러졌다. 그러나 백 년이 지난 지금, 그를 욕했던 가치 없는 문장은 잊혔으나 그의 문장은 눈 밝은 후손들에 의해 다시 읽히고 있다. 진정 어린 문장의 힘이다. 읽을 문장은 많고, 싸울 상대도 많고, 사랑할 이는 더더욱 많다. 부디 지치지 말자!

이 책에서 소개한 도서 목록

[1책] 여자가 쓰고 여자가 읽은 여여한 독서

제1부. 어디에나 있고, 아무 데도 머무르지 않는

어슐러 K. 르 귄, 《찾을 수 있다면 어떻게든 읽을 겁니다》, 이수현 옮김, 황금가지,
     2021.

어슐러 K. 르 귄, 《남겨둘 시간이 없답니다》, 진서희 옮김, 황금가지, 2019.

샬럿 브론테, 《제인 에어》(1·2), 류경희 옮김, 펭귄클래식코리아, 2010. / 《제인
     에어》(1·2), 유종호 옮김, 민음사, 2004.

비스와바 쉼보르스카, 《충분하다》, 최성은 옮김, 문학과지성사, 2016.

비스와바 쉼보르스카, 《끝과 시작》, 최성은 옮김, 문학과지성사, 2007(개정판
     2016).

비스와바 쉼보르스카, 《읽거나 말거나》, 최성은 옮김, 봄날의책, 2018.

카렌 블릭센, 《아웃 오브 아프리카》, 민승남 옮김, 열린책들, 2009.

이자크 디네센(카렌 블릭센), 《바베트의 만찬》, 추미옥 옮김, 문학동네, 2012.

김서령, 《여자전》, 푸른역사, 2017.

김서령, 《외로운 사람끼리 배추적을 먹었다》, 푸른역사, 2019.

유미리, 《도쿄 우에노 스테이션》, 강방화 옮김, 소미미디어, 2021.

유미리, 《골드러시》, 김난주 옮김, 솔, 1999.

캐시 박 홍, 《마이너 필링스》, 노시내 옮김, 마티, 2021.

데버라 리비, 《살림 비용》, 이예원 옮김, 플레이타임, 2021.

메리 루플, 《나의 사유 재산》, 박현주 옮김, 카라칼, 2021.

서보 머그더, 《도어》, 김보국 옮김, 프시케의숲, 2019.

한강, 《작별하지 않는다》, 문학동네, 2021.

앨리스 먼로, 《디어 라이프》, 정연희 옮김, 문학동네, 2013.

앨리스 먼로, 《미움, 우정, 구애, 사랑, 결혼》, 서정은 옮김, 뿔, 2007. (개정판: 웅진지식하우스, 2020)

앨리스 먼로, 《떠남》, 김명주 옮김, 따뜻한손, 2006. (개정판: 《런어웨이》, 황금주 옮김, 웅진지식하우스, 2020)

앨리스 먼로, 《행복한 그림자의 춤》, 곽명단 옮김, 뿔, 2010.

고정희, 《고정희 시 전집 1·2》, 또하나의문화, 2010.

조연정, 《여성 시학, 1980~1990》, 문학과지성사, 2021.

김명순 외, 《근대여성작가선》, 문학과지성사, 2021.

백신애 외, 《신여성, 운명과 선택》, 에오스, 2019.

마타 맥다월, 《에밀리 디킨슨, 시인의 정원》, 박혜란 옮김, 시금치, 2021.

에밀리 디킨슨, 《디킨슨 시선》, 윤명옥 옮김, 지식을만드는지식, 2011.

에밀리 디킨슨, 《고독은 잴 수 없는 것》, 강은교 옮김, 민음사, 2016.

샤오훙, 《가족이 아닌 사람》, 이현정 옮김, 문학과지성사, 2022.

안톤 체호프, 《사랑에 관하여》, 안지영 옮김, 펭귄클래식코리아, 2015.

제2부. 여성이 제 삶의 진실을 말한다면

벨 훅스, 《모두를 위한 페미니즘》, 이경아 옮김, 문학동네, 2017.

스테퍼니 스탈, 《빨래하는 페미니즘》, 고빛샘 옮김, 민음사, 2014.

누리아 바렐라, 안토니아 산톨라야, 《초보자를 위한 페미니즘》, 박도란 옮김, 시대의창, 2020.

버지니아 울프, 《3기니》, 태혜숙 옮김, 이후, 2007. / 오진숙 옮김, 솔출판사, 2019.

캐럴라인 크리아도 페레스, 《보이지 않는 여자들》, 황가한 옮김, 웅진지식하우스, 2020.

마리아 미스, 반다나 시바, 《에코페미니즘》, 손덕수·이난아 옮김, 창비, 2000(개정판 2020).

한나 아렌트, 《책임과 판단》, 서유경 옮김, 필로소픽, 2019.

아이리스 매리언 영, 《차이의 정치와 정의》, 김도균·조국 옮김, 모티브북, 2017.

카테리네 크라머, 《케테 콜비츠》, 이순례·최영진 옮김, 실천문학사, 2004.

베티 리어든, 《성차별주의는 전쟁을 불러온다》, 황미요조 옮김, 나무연필, 2020.

오드리 로드, 《시스터 아웃사이더》, 주해연·박미선 옮김, 후마니타스, 2018.

에이드리언 리치, 《문턱 너머 저편》, 한지희 옮김, 문학과지성사, 2011.

에이드리언 리치, 《우리 죽은 자들이 깨어날 때》, 이주혜 옮김, 바다출판사, 2020.

에이드리언 리치, 《더이상 어머니는 없다》, 김인성 옮김, 평민사, 2018.

록산 게이, 《헝거》, 노지양 옮김, 사이행성, 2018.

장필화 외, 《나의 페미니즘 레시피》, 서해문집, 2015.

시몬 드 보부아르, 《제2의 성》, 이정순 옮김, 을유문화사, 2021.

제3부. 우리의 역사는 다르게 적힌다

실비아 페데리치, 《캘리번과 마녀》, 황성원·김민철 옮김, 갈무리, 2011.

실비아 페데리치, 《혁명의 영점》, 황성원 옮김, 갈무리, 2013.

스베틀라나 알렉시예비치, 《전쟁은 여자의 얼굴을 하지 않았다》, 박은정 옮김, 문학동네, 2015.

바버라 에런라이크, 《지지 않기 위해 쓴다》, 김희정 옮김, 부키, 2021.

케이티 마튼, 《메르켈 리더십》, 윤철희 옮김, 모비딕북스, 2021.

슈테판 코르넬리우스, 《위기의 시대 메르켈의 시대》, 배명자 옮김, 책담, 2014.

미셸 쿠오, 《패트릭과 함께 읽기》, 이지원 옮김, 후마니타스, 2022.

신순애, 《열세 살 여공의 삶》, 한겨레출판, 2014.

전혜원, 《노동에 대해 말하지 않는 것들》, 서해문집, 2021.

김자현, 《임진전쟁과 민족의 탄생》, 주채영 옮김, 너머북스, 2019.

오드 아르네 베스타,《제국과 의로운 민족》, 옥창준 옮김, 너머북스, 2022.

최기숙,《처녀귀신》, 문학동네, 2010.

토비아스 휘비네트 외,《인종간 입양의 사회학》, 제인 정 트렌카 외 엮음, 뿌리의
　　집 옮김, 뿌리의집, 2012.

리사 울림 셰블룸,《나는 누구입니까》, 이유진 옮김, 산하, 2018.

수전 웬델,《거부당한 몸》, 강진영·김은정·황지성 옮김, 그린비, 2013.

에바 페더 커테이,《돌봄: 사랑의 노동》, 나상원·김희강 옮김, 박영사, 2016.

세라 블래퍼 허디,《어머니, 그리고 다른 사람들》, 유지현 옮김, 에이도스, 2021.

마리암 마지디,《나의 페르시아어 수업》, 김도연·이선화 옮김, 달콤한책, 2018.

최승아,《페르시아·이란의 역사》, 살림, 2018.

요시무라 신타로,《이란 현대사》, 장병옥 옮김, 한국외국어대학교출판부 지식출
　　판원(HUINE), 2012.

정혜경,《일본의 아시아태평양전쟁과 조선인 강제동원》, 동북아역사재단, 2020.

함동주,《천황제 근대국가의 탄생》, 창비, 2009.

가토 요코,《그럼에도 일본은 전쟁을 선택했다》, 윤현명·이승혁 옮김, 서해문집,
　　2018.

우치다 마사토시,《강제징용자의 질문》, 한승동 옮김, 한겨레출판, 2021.

메리 위스너-행크스,《케임브리지 세계사 콘사이스》, 류형식 옮김, 소와당,
　　2018.

타밈 안사리,《이슬람의 눈으로 본 세계사》, 류한원 옮김, 뿌리와이파리, 2011.

이희수 외,《더 넓은 세계사》, 삼인, 2022.

제4부. 보이는 세계 너머를 볼 수 있다면

레이첼 카슨,《침묵의 봄》, 김은령 옮김, 에코리브르, 2011.

린다 리어,《레이첼 카슨 평전》, 김홍옥 옮김, 샨티, 2004.

알렉스 맥길리브레이,《세계를 뒤흔든 침묵의 봄》, 이충호 옮김, 그린비, 2005.

린 마굴리스,《공생자 행성》, 이한음 옮김, 사이언스북스, 2007.

도리언 세이건 엮음,《린 마굴리스》, 이한음 옮김, 책읽는수요일, 2015.

임소연,《신비롭지 않은 여자들》, 민음사, 2022.

리사 펠드먼 배럿,《이토록 뜻밖의 뇌과학》, 변지영 옮김, 더퀘스트, 2021.

리사 펠드먼 배럿,《감정은 어떻게 만들어지는가》, 최호영 옮김, 생각연구소,
　　　2017.

템플 그랜딘, 리처드 파넥,《나의 뇌는 특별하다》, 홍한별 옮김, 양철북, 2015.

사이 몽고메리,《템플 그랜딘》, 공경희 옮김, 작은길, 2012.

템플 그랜딘, 캐서린 존슨,《동물과의 대화》, 권도승 옮김, 언제나북스, 2021.

김창희,《플로렌스 나이팅게일 평전》, 맑은샘, 2019.

크리스티 왓슨,《돌봄의 언어》, 김혜림 옮김, 니케북스, 2021.

카렌 암스트롱,《스스로 깨어난 자, 붓다》, 정영목 옮김, 푸른숲, 2003.

카렌 암스트롱,《마음의 진보》, 이희재 옮김, 교양인, 2006.

캐시 오닐,《대량살상 수학무기》, 김정혜 옮김, 흐름출판, 2017.

사너 블라우,《위험한 숫자들》, 노태복 옮김, 더퀘스트, 2022.

나오미 클라인,《미래가 불타고 있다》, 이순희 옮김, 열린책들, 2021.

주디스 루이스 허먼,《트라우마》, 최현정 옮김, 사람의집, 2022.

김진옥, 소지현,《극한 식물의 세계》, 다른, 2022.

에마 미첼,《야생의 위로》, 신소희 옮김, 심심, 2020.

웬디 미첼, 아나 와튼,《치매의 거의 모든 기록》, 조진경 옮김, 문예춘추사, 2022.

하세가와 가즈오, 이노쿠마 리쓰코,《나는 치매 의사입니다》, 김윤경 옮김, 라이
　　　팅하우스, 2021.

휘프 바위선,《치매의 모든 것》, 장혜경 옮김, 심심, 2022.

제니퍼 애커먼,《새들의 방식》, 조은영 옮김, 까치, 2022.

[2책] 나를 단단하게 만든 여자의 문장들

거다 러너,《가부장제의 창조》, 강세영 옮김, 당대, 2004.

시드라 레비 스톤,《내 안의 가부장》, 백윤영미·이정규 옮김, 사우, 2019.

미셸 바렛, 메리 맥킨토시,《반사회적 가족》, 김혜경·배은경 옮김, 나름북스,
　　　2019.

도리스 레싱 외,《분노와 애정》, 모이라 데이비 엮음, 김하현 옮김, 시대의창,

2018.

김영희, 《한국 구전서사의 부친살해》, 월인, 2013.

캐럴 길리건, 나오미 스나이더, 《가부장 무너뜨리기》, 이경미 옮김, 심플라이프, 2019.

캐럴 길리건, 《침묵에서 말하기로》, 이경미 옮김, 심심, 2020.

앨리슨 재거, 《여성해방론과 인간본성》, 공미혜·이한옥 옮김, 이론과실천, 1992.

로즈마리 퍼트넘 통, 티나 페르난디스 보츠, 《페미니즘: 교차하는 관점들》, 김동진 옮김, 학이시습, 2019.

김현경, 《사람, 장소, 환대》, 문학과지성사, 2015.

권김현영, 손희정, 박은하, 이민경, 《대한민국 넷페미史》, 나무연필, 2017.

앨리 러셀 혹실드, 《나를 빌려드립니다》, 류현 옮김, 이매진, 2013.

앨리 러셀 혹실드, 《감정노동》, 이가람 옮김, 이매진, 2009.

캐런 메싱, 《보이지 않는 고통》, 김인아 외 옮김, 동녘, 2017.

호프 자런, 《랩 걸》, 김희정 옮김, 알마, 2017.

아누 파르타넨, 《우리는 미래에 조금 먼저 도착했습니다》, 노태복 옮김, 원더박스, 2017.

이경숙, 《시험국민의 탄생》, 푸른역사, 2017.

브뤼노 몽생종, 《음악가의 음악가 나디아 불랑제》, 임희근 옮김, 포노, 2013.

뮤리얼 루카이저, 《어둠의 속도》, 박선아 옮김, 봄날의책, 2020.

토르디스 엘바, 톰 스트레인저, 《용서의 나라》, 권가비 옮김, 책세상, 2017.

김지은, 《김지은입니다》, 봄알람, 2020.

레이첼 서스만, 《위대한 생존》, 김승진 옮김, 월북, 2015.

이르사 데일리워드, 《뼈》, 김선형 옮김, 문학동네, 2019.

샬럿 퍼킨스 길먼, 《허랜드》, 권진아 옮김, 아르테, 2020.

루이자 메이 올콧 외, 《그녀들의 이야기》, 코호북스, 2020.

박정희, 《이이효재》, 다산초당, 2019.

정희진, 《페미니즘의 도전》, 교양인, 2005(개정판 2020).

엘리자베스 퀴블러 로스, 《생의 수레바퀴》, 강대은 옮김, 황금부엉이, 2009(개정판 2019).

엘리자베스 퀴블러 로스,《죽음과 죽어감》, 이진 옮김, 청미, 2018.

벤 바레스,《벤 바레스》, 조은영 옮김, 해나무, 2020.

조안 러프가든,《진화의 무지개》, 노태복 옮김, 뿌리와이파리, 2010.

아이린 카먼, 셔나 크니즈닉,《노터리어스 RBG》, 정태영 옮김, 글항아리, 2016.

나혜석,《경희(외)》, 이상경 책임편집, 범우사, 2006.